도서관 메이커스페이스

Library Makerspaces
The Complete Guide

데레사 윌링햄(Theresa Willingham) 지음
이 종 욱 · 오 영 옥 공역

도서관 메이커스페이스

2019년 5월 25일 1판 1쇄 인쇄
2019년 5월 30일 1판 1쇄 발행

옮긴이 _ 이종욱 · 오영옥
펴낸이 _ 김선태

펴낸곳 _ 도서출판 태일사(www.taeilsa.com)
　　　　대구광역시 중구 2·28길 26-5
　　　　전화 053-255-3602 | 팩스 053-255-4374
등록일자 _ 1991. 10. 10
등록번호 _ 제 6-37호

정가 22,000원

ⓒ이종욱 · 오영옥. 2019
ISBN 979-11-87268-31-4　93020

Translated from the English Language edition of Library Makerspaces: The Complete Guide, by Theresa Willingham with contributions by Chuck Stephens, Steve Willingham and Jeroen de Boer, originally published by Rowman & Littlefield Publishers, an imprint of The Rowman & Littlefield Publishing Group, Inc., Lanham, MD, USA. Copyright 2017 by Rowman & Littlefield. Translated into and published in the Korean language by arrangement with Rowman & Littlefield Publishing Group, Inc. All rights reserved.

No part of this book may be reproduced or transmitted in any form or by any means electronic or mechanical including photocopying, reprinting, or on any information storage or retrieval system, without permission in writing from Rowman & Littlefield Publishing Group

역자 서문

이 책은 2018년에 출판된 Theresa Willingham의 『*Library Makerspaces: The Complete Guide*』를 우리말로 옮긴 것이다. 국내외 도서관은 정보기술의 발전으로 급변하는 세상을 살아가는 이용자의 정보·교육·문화·오락 등의 다양한 요구를 충족시키기 위해 여러 형태의 창의 및 협력공간을 설치하고 있다. 대표적으로 메이커스페이스 즉, 사람들이 함께 모여 자원과 지식을 공유하고, 창작하고 협업하는 공간을 도서관에 도입하고 있는 추세이다. 우리나라에서는 2013년부터 '무한상상실'이라는 명칭으로 공공도서관에 메이커스페이스가 운영되기 시작하였고, 메이커 프로그램을 운영하는 도서관의 수는 계속해서 증가하고 있다.

이처럼 국내 도서관계의 메이커스페이스나 메이커 프로그램에 대한 관심은 확대되고 있지만, 아직까지 도서관 사서를 비롯한 관련 실무자, 예비사서들은 메이커스페이스의 정의나 기획 절차, 도구 및 장비, 프로그램과 행사, 관리 방법 등에 대해 잘 모르는 경우가 많다. 도서관 메이커스페이스에 대해 더 살펴보고자 하더라도 국내 몇몇 학술지 논문이나 해외 원서를 제외하고는 한글로 작성된 마땅한 교재나 서적을 찾아보기 힘든 편이다. 따라서 도서관에 도입할 새로운 유형의 공간이나 서비스에 관심이 있는 국내 도서관 분야 실무자, 학생, 나아가 연구자에게 조금이나마 도움이 되고자 하는 바람에서 본 역서를 출판하게 되었다.

도서관 메이커스페이스

작년 가을부터 시작한 번역 작업동안 이를 만만하게 여긴 나 자신을 여러 번 자책하였다. 포기하지 않고 마무리할 수 있도록 함께 작업해주신 오영옥 선생님께 감사를 표한다. 어색한 번역 표현을 가다듬기 위해 노력하였지만 번역서를 처음 출판하는 역자의 부족한 역량으로 인해 여전히 어색한 부분이 많다. 부디 독자께서 너그러이 읽어주셨으면 한다. 출판계의 어려운 사정에도 불구하고 선뜻 원서 출판사와 번역 계약을 체결하고 본 역서를 출판해주신 도서출판 태일사 김선태 사장님과 김창우 실장님께 감사의 인사를 전한다.

역자 대표 이종욱

목 차

|역자 서문| · 3
|서   문| · 11

도서관 메이커스페이스 101 · 23

- 용어 정의 ·· 24
- 왜 메이크(Make)하는가? ·· 25
- 역 사 ·· 27
- 도서관 메이커스페이스 ·· 30
- 공간 유형 ·· 34
- 프로그램 유형 ·· 38
- 프로그램 수준 ·· 41
- 인력 개발 ·· 43
- 서비스 대상 이용자 ··· 46
- 커뮤니티에 대한 효과: 메이커스페이스 성공 지수 ············ 48

메이커스페이스 기획 · 53

- 커뮤니티 요구 및 관심사 파악 ··· 55
- 커뮤니티 자산 매핑 ··· 66
- 계획 수립 및 예산 확보 ·· 69
- 구입 시 고려사항 ··· 72

- 관리 문서 개발 ··· 75
- 예산확보 방안 ··· 79
- 요약 및 유용한 자원 ·· 82

메이커스페이스 현황 · 87

- 도서관 메이커스페이스 유형 ································ 88
- 메이커스페이스의 현황 ······································ 91
- 새로운 메이커스페이스 사례 ································ 102
- 공공도서관 메이커스페이스 ································· 107
- 공립학교 메이커스페이스 ··································· 114
- 팝업 메이커스페이스 ·· 118
- 모바일 메이커스페이스 ······································ 124
- 우수 사례 요약 ·· 129

메이커스페이스 설계 · 133

- 접근성 및 이용성 ·· 136
- 포용성 및 접근성 ·· 139
- 우수 사례 ··· 144
- 도구 및 도구 이용을 위한 설계 ···························· 146
- 조명 ·· 148
- 배전 ·· 149
- 보관공간 ·· 151
- 안전 및 보안 ··· 156
- 모바일 메이커스페이스 ······································ 158
- 적응력 ··· 161

목 차

메이커스페이스 프로그램 · 165

- 취미 프로그램 ··· 167
- 전문 프로그램 ··· 174
- 교육 및 기술 프로그램(성인 및 청소년) ······························ 176
- 청소년 프로그램 ·· 183
- 시민 참여 프로그램 ··· 192
- 포용적 프로그램 ·· 193
- 도구와 자원 ·· 195

메이커 행사 · 201

- 메이커 페스티벌 ·· 204
- 코딩 행사 ··· 208
- 오픈 메이크 행사 ·· 216
- 대중문화 행사 ··· 218
- 기업가 행사 ·· 222
- 기타 특별 행사 ··· 226

메이커스페이스 물품 · 235

- 기본사항 ·· 237
- 수공구 및 전동공구 ··· 240

- 전문장비 …………………………………………………………… 247
- 대형장비 …………………………………………………………… 251
- 소프트웨어 및 하드웨어 ………………………………………… 253
- 공구 및 자원 대출 ……………………………………………… 253
- 소재파악 및 점검 ………………………………………………… 255
- 관리 ………………………………………………………………… 257

메이커 · 265

- 직원 메이커 ……………………………………………………… 266
- 자원봉사 메이커 ………………………………………………… 279
- 이용자 메이커 …………………………………………………… 282
- 커뮤니티 메이커 ………………………………………………… 283
- 재정지원 메이커 ………………………………………………… 285
- 메이커 마을 유지 ………………………………………………… 288

위험요소 관리 101 · 291

- 포기각서 및 동의서 ……………………………………………… 293
- 현장 감독 ………………………………………………………… 296
- 안전 문화 ………………………………………………………… 298

목 차

마무리 · 303

- 메이커스페이스 기획 …………………………………………… 303
- 우수 사례 참고 ………………………………………………… 304
- 모두를 위한 설계 ……………………………………………… 305
- 무한한 프로그램 개발 ………………………………………… 306
- 행사 활용 ……………………………………………………… 308
- 메이커스페이스 물품 ………………………………………… 309
- 인력 개발 ……………………………………………………… 310
- 위험요소 관리 ………………………………………………… 311

◼ 부록 : 견본 문서 / 315
　　　　유용한 자원 / 321
◼ 색인 / 327

서 문

도서관 메이커스페이스는 이용자의 비판적 사고와 문제해결 능력을 길러준다. 또한 서로 간의 협업뿐 만 아니라 커뮤니티 참여 기회도 제공하며, 기업가적 사고와 후속 세대의 STEM 직업탐색에도 유용하다. 이 공간에서는 책에서부터 3D 프린터까지의 다양한 도구에 대한 접근과 사람들 간의 접근을 제공한다. 도서관 메이커스페이스는 지역 커뮤니티 구성원들에게 자신의 미래를 창조하고, 문제를 해결하고, 메이킹할 수 있는 능력을 부여하는 효과적인 비형식 학습공간이다.

— 미국도서관협회[1]

    본서는 전 세계의 공공도서관과 대학도서관에서 창조적 공공 공간에 대한 관심이 높은 상황에 출판되었다. 도서관에서 커뮤니티 기반 메이커스페이스 및 관련 프로그램 개발에 관심이 많은 사서를 대상으로 한 이 책은 독자가 도서관과 커뮤니티의 메이커스페이스 지원 능력을 확인하는 기초 단계부터 보유 물품의 목록을 개발하고 관련 프로그램과 행사를 주최하는 단계까지 모두 다룬다. 이는 2년 이상 운영되고 있는 메이커스페이스의 우수 사례뿐만 아니라 도서관 메이커스페이스 개발에 관심이 있는 사서들에 대한 컨설턴트로서 쌓아온 필자의 경험을 바탕으로 한 것이다.
    아직도 메이커스페이스를 구축하지 않았거나 메이커스페이스를 운영하고 있으나 그 공간을 더 확장하고자 한다면 도서관을 위해 메이커스페이스 여행을 시작해야 하는 이유는 아주 많다.

---

[1] "American Library Association Supports Makerspaces in Libraries." *News and Press Center*. 2014. Accessed July 11, 2017. www.ala.org/news/press-releases/2014/06/american-library-association-supports-makerspaces-libraries

2014년 미국도서관협회(ALA: American Library Association)의 회장인 Barbara Stripling은 "메이커스페이스는 도서관이 커뮤니티와의 관계를 변화시키고 다양한 세대의 커뮤니티 구성원들이 단순히 정보의 소비자가 아닌, 정보의 창조자로서 역량을 강화시킨다." 라고 말하며 도서관 메이커스페이스 개발을 지지하는 성명을 발표하였다.[2]

이러한 ALA의 지지 성명이 발표된 지 얼마 지나지 않은 시점으로, 지금부터 2년 전 Jeroen De Boer와 함께 *Makerspaces in Libraries*를 집필하고 있을 때, 개발 단계에 있는 "수많은" 도서관 메이커스페이스를 조사하였다. 지금 이 글을 쓰고 있는 시점에서, 개인적으로 미국과 유럽에 있는 수천 명 사서에게 메이커 담당 직원 개발에 필요한 도움을 주었으며, 각자의 커뮤니티에 새롭게 도서관 메이커스페이스를 개발하고자 하는 도서관에 도움을 제공하였다. 이제 미국, 캐나다, 유럽에는 수천 개 공공도서관과 학교도서관에 메이커스페이스가 있다. 그리고 3D 프린터나 재봉틀 등의 기기에 접근이 가능한 "팝업" 및 소프트 메이킹 공간도 많다. 오늘날 "도서관 메이커스페이스"는 위키피디아에서도 다루어지고 있다(https://en.wikipedia.org/wiki/Library_makerspace). 또한 도서관이나 다른 기관에서의 메이커스페이스를 조사한 많은 연구도 있는데, 이러한 연구에서는 평등에서부터 커뮤니티에 대한 영향에 이르기까지 다양한 것을 살펴보고 있다.

---

[2] "American Library Association Supports Makerspaces in Libraries."

서 문

도서관 메이커스페이스는 왜 중요한가?

ALA 산하 Center for the Future Libraries의 센터장인 Miguel Figueroa는 2016년 3월 *Atlantic* 저널에 실린 논문에서 메이커스페이스를 "사람들이 지식을 소비할 뿐만 아니라 새로운 지식을 창조할 수 있게 하는 공간으로 확대되어야 한다." 고 하면서 이는 도서관 사명의 일부라고 언급하였다.[3] 또한 *Atlantic*에 실린 관련 논문인 "The Library Card"에서 Deborah Fallows는 도서관이 미국 도심의 생기 있는 곳이 되도록 하는 3가지 서비스 영역으로 기술, 교육, 커뮤니티를 제시하고 있다.[4] 도서관 메이커스페이스는 이 세 가지 영역에 대한 서비스와 영향력을 분명히 제시하고 있고, 도서관의 성과를 자연스럽게 확장하는 역할을 한다.

*'BiblioTECH: Why Libraries Matter More Than Ever in the Age of Google'*에서 John Palfrey 교수는 다음과 같이 말한다.

> 그동안 도서관은 민주주의 성공에 중요한 토대가 되었으며, 능동적인 시민으로서 역할을 하는데 필요한 기술과 지식을 제공해 왔다. 또한 도서관은 우리 사회에서 필수적인 모두를 평등하게 하는 기관으로서 역할을 한다. 커뮤니티에 숙련된 사서들이 근무하는 도서관이 존재하는 한, 우리가 공유하는 문화에 대한 일반인의 접근은 우리가 가진 돈만으로 결정되지 않는다는 사실이다.[5]

---

[3] Fallows, Deborah. "How Libraries Are Becoming Modern Makerspaces." *Atlantic*. March 11, 2016. Accessed July 11, 2017. www.theatlantic.com/technology/archive/2016/03/everyone-is-a-maker 473286.

[4] Fallows, Deborah. "The Library Card." *Atlantic*. March 11, 2016. Accessed July 11, 2017, www.theatlantic.com/magazine/archive/2016/03/the-library-card/426885.

[5] Palfrey, John G. *Biblio TECH: Why Libraries Matter More Than Ever in the Age of Google*. New York: Basic Books, 2015.

도서관 메이커스페이스는 도서와 인터넷 검색뿐만 아니라 도구와 기타 창의적 자원에 대한 검색을 제공함으로써 누구나 접근할 수 있는 공간이다. 그러나 우리가 *Makerspaces in Libraries*에서 언급한 것과 같이 기존 도서관 공간을 활용하여 메이커스페이스를 성공적으로 운영하고 사례에 자극받아 새로운 공간을 만들고자 하는 관심은 많겠지만, 이를 어떻게 진행해야 하는지 그리고 그것을 왜 해야 하는지 등에 관해 잘 모르는 사람들도 있다. 학교 및 공공도서관 사서들은 소장자료로 3D 프린터나 메이키 메이키(MaKey MaKeys), 리틀비츠(littleBits) 키트, 아두이노(Arduinos) 등과 같은 새로운 기기나 재료를 제공하게 될 것이다.

도서관 메이커스페이스 시작하기

일부 도서관과 커뮤니티에서 제기되는 질문은 '우리가 새로운 공간과 프로그램을 만드는 것은 이용자들이 필요하기 때문인가, 아니면 단순히 다른 사람들이 그렇게 하고 있기 때문인가?"이다. 이것은 메이커스페이스 / 해커스페이스 / 팹랩을 시작하려는 도서관이나 기관, 조직이 생각해 보아야 하는 것이다.

1991년에 출간된 *Crossing the Chasm*에서 저자 Geoffrey Moore는 기술을 일찍 받아들인 사람들과 그 기술을 이용하는 대중 사이에 갭(gap)이 존재한다고 주장한다.6) 이 저서는 제품 기술에 초점을 맞추고 있지만, 이는 다른 개념이나 아이디어에도 적용될 수 있다. 15년 후에 나온 "Rethinking Crossing the Chasm"에서 ReadWrite 블로거 Alex Iskold는 도서관 메이

---

6) Moore, Geoffrey. *Crossing the Chasm: Marketing and Selling High-Tech Products to Mainstream Customers*. New York: HarperBusiness, 2006.

서 문

커스페이스의 개발과 관련하여 다음과 같이 말한다.

> 얼리 어답터(early adopter)에게는 작동하는 것이 일반 이용자에게는 작동되지 않고 다른 식으로 작동되는 경우가 많다. 얼리 어답터는 일반적으로 기술 전문가이며, 이들은 파워 도구를 원하고, 기술과 생활한다. 일반 이용자는 기술 공포증이 있는 사람들이다. 이들은 대체로 하나의 버튼만 필요로 하며, 변화가 있으면 당황한다. 그나마 이들은 행운이라고 볼 수 있는데, 그 이유는 몇 년 전에는 그렇지 않았지만, 오늘날의 격차(chasm)는 커다란 문제를 발생시키기 때문이다.[7]

"당황스러움"과 "기술 혐오증"은 대부분 사서에게는 해당되지 않겠지만 일반적으로는 유효하다. 어떤 것이든 얼리 어답터들은 이미 관심 있는 새로운 아이디어를 가지고 실행에 옮기기가 더 쉽다. 그렇지만 새로운 아이디어나 개념을 처음 배우는 사람들에게는 학습 곡선이 가파를 수 있다. 기대치는 동일해서는 안 되며 그럴 수도 없다. 후기 이용자(later adopter)들이 격차를 극복할 수 있도록 좀 더 많은 도움을 주어야 하고, 더 명확한 목적, 더 많은 자원, 더 자세한 설명을 제공해야 할 것이다.

그렇지만 지속 가능한 공간을 개발하기 위한 접근방식은 동일하다. 이전에 우리의 책에서 언급한 것과 이번의 책에서 언급하는 공통된 테마는 커뮤니티가 정의하고 커뮤니티가 주도하는 공간의 필요성이다. 뉴욕에 있는 베테랑 Fayetteville Free Library의 팹랩에서부터 만들어진 지 얼마 되지 않은 플로리다의 Land O'Lakes Library Foundry 메이커스페이스까지, 성공적이고 창의적인 프로그램과 공간을 갖춘 도서관의 사서들도 동일한 조언을 한다. 소규모로 시작하라, 커뮤니티와 그 요구를 이해하라, 이해관계자 및 잠재적 커뮤니티 협력자와 서로 협력하고 공조하라.

---

7) Iskold, Alex. "Rethinking 'Crossing the Chasm.'" *ReadWrite*. August 6, 2007. Accessed July 11, 2017, http://readwrite.com/2007/(08/06/rethinking crossing_the _chasm/.

도서관이나 기타 기관에서 메이커스페이스에 관한 논의의 또 다른 이슈는 Maker Media의 설문조사에서 나타난 다양성과 포용성이다. 설문조사 결과, "메이커 운동은 교육 수준이 높고, 부유한 남성 위주로 이루어지고 있는 것"으로 나타났다.

메이커 운동의 경제적 효과는 2020년까지 최고 80억 달러가 예상되는 가운데 Will Holman은 *Places Journal*에 게재한 소논문 "메이커스페이스: 새로운 시민 인프라를 향하여"에서 "영속적인 운동의 탄생을 목격할 것인지, 아니면 시민적 혁신에 관한 유행을 따르는 또 다른 개념의 탄생을 목격할 것인지"를 물어볼 필요가 있다.[8]고 언급한다.

이러한 것들은 의도적이고 신중한 접근이 필요하다. 즉, 도서관이 고유의 사명을 다하고 이용자들이 긍정적이고 의미 있는 경험을 할 수 있게 도움을 주는 메이커 프로그램과 메이커 공간에 대한 접근성과 효과성을 측정하는 방법도 포함해야 한다는 것이다. 커뮤니티의 요구뿐만 아니라 도서관 직원의 열정과 관심을 이해하면 아무도 사용하지 않고 관심을 가지지 않는 3D 프린터와 많은 사람이 이용하는 재봉틀의 차이점이나 전자공학이나 웹 디자인보다 기계나 목공 관련 프로그램을 선호하는 커뮤니티를 이해하는 데 도움이 될 것이다.

본서는 경험이 많은 메이커스페이스 사서들이 더욱 포용적이고 다양한 프로그램을 통해 기존의 메이커스페이스를 개선할 수 있도록 새로운 자원을 제공할 뿐만 아니라 새로운 메이커스페이스를 위한 이상적인 시작점을 제공하여 더 나은 도서관 메이커스페이스 개발을 위한 기반을 제공한다.

---

8) Holman, will, Keller Easter ling, Jun Robbins, and Jeremy Till. "Makerspace: Towards a New Civic Infrastructure." *Places Journal*. 2015. Accessed July 11, 2017. https://placesjournal.org/article/jmakerspace-towards-a-new-civic-infrastructure/.

서 문

새로운 것

미국에는 9,000개 이상의 공공도서관과 10만 개에 이르는 공립 학교도서관이 있다.9) 이들 도서관에서는 창의적 노력과 기술 개발을 위해 접근성이 높은 인프라를 구축할 기회는 매우 중요하다. 이들 도서관 중 많은 도서관이 메이커스페이스 개발 2년차, 3년차, 그리고 그 이상의 연차에 돌입하고 있어 좋은 실천 사례와 자원이 늘어나고 있다. 따라서 이 분야에 새로 진입하고자 하는 초보자들은 이를 기반으로 훌륭하고 지속 가능한 메이커스페이스 및 프로그램 개발을 도모할 수 있을 것이다.

본 서는 경험 많은 도서관 메이커스페이스에 대한 포괄적 설문조사 결과와 연령과 능력에 상관없이 모든 사람을 위한 포용력 높은 메이커스페이스 개발을 다룬 최근의 연구 등을 반영하고 있어 본서를 바탕으로 우수한 사례들을 본보기로 삼을 수 있을 것이다. 본서는 프로그램 및 스페이스 개발과 관련한 세 가지 영역을 다루고 있는데, 이는 대체로 지식, 설계, 관리에 해당한다.

- 미국 전역의 도서관 메이커스페이스 문화 및 풍토, 우수 사례(1-3장)
- 물리적 공간 및 창의적 프로그램 설계 방법, 그리고 이 둘의 효과성 평가 방법(4-6장)
- 물품 및 직원 배치, 공간 및 프로그램 관리를 위한 자원 및 정보(7-9장)
- 간략한 체크리스트를 통한 요약(10장)
- 유용한 자원 추천

---

9) "Number of Libraries in the United States: ALA Library Fact Sheet 1." *American Library Association*. September 2015. Accessed July 11, 2017. www.ala.org/tools/libfactsheets/alalibraryfactsheet01.

이 책의 전반에 걸쳐, 도서관 메이커스페이스의 잠재적 및 실질적 성공 여부에 대한 척도를 평가하기 위해 Bill Derry, David Loertscher, Leslie Preddy가 개발한 uTEC Maker Model[10]을 적용하였다. uTEC Maker Model은 "창의성의 발달 단계"를 설명하는 모델로, "시스템이나 프로세스에 대한 수동적 사용부터 창의성 및 창조력의 궁극적 단계까지 발전함에 따라" 개인이나 그룹에 적용될 수 있다. 네 가지 단계는 사용하기, 팅커링, 실험하기, 그리고 창작하기이다. 오늘날 대부분의 도서관 메이커스페이스는 교실, 워크숍, 도구 지향 등 주로 "사용하기" 단계를 서비스하고 있다. 메이커들에게 "팅커링" 단계까지 서비스하는 공간은 거의 없다.

다음 장에서 더 상세하게 uTEC 모델에 관해 논하겠지만, 도서관 메이커스페이스가 Deloitte Center for the Edge 및 University of Southern California의 John Seely Brown이 말하는 "혁신의 생태계"[11]에서 중심이 되기 위해서는 도서관은 좀 더 민첩하고, 혁신적이어야 하며, 위험을 회피하지 말아야 한다. 그럴 때 비로소 도서관 메이커스페이스는 이용자들이 개인적으로 그리고 작은 그룹 단위로 실험하고 창조할 수 있는 진정한 창조의 장소가 될 수 있다. 이를 통해 도서관 메이커스페이스는 단순히 도구가 있는 장소에서 커뮤니티 필요 자원과 가치 있는 경제 상품으로 도약할 수 있게 되는 것이다.

목적을 갖고 21세기 프로그램과 공간을 디자인하는 것은 사서부터 봉사대상 커뮤니티에 이르기까지 모든 사람들에게 도움이 되고, '격차'를 없애며,

---

10) Derry, Bill, David V. Loertscher, and Leslie Preddy. "Makerspaces in the School Library Learning Commons and the uTEC Maker Model." *Teacher Librarian*, December 1, 2013, 48-51.

11) Garmer, Amy K. "Libraries in the Exponential Age: The Aspen Institute Dialogue on Public Libraries." *Aspen Institute Dialogue on Public Libraries*. January 8, 2016. Accessed September 4, 2016. www.libraryvision.org/libraries_in_the_exponential_age.

서 문

모든 사람이 이용할 수 있는 새로운 도구와 자원, 그리고 기회를 만들 수 있다. 메이커스페이스 프로그램의 효과를 측정할 수 있도록 하고, 영구적이고 지속할 수 있게 만드는 것은 큰 과제이다. 본서는 도서관 사서에게 필요한 포괄적인 도구 세트를 제공하여 이용자, 직원, 자원봉사자, 커뮤니티의 요구를 성공적으로 해결하도록 지원하는 것을 목적으로 한다.

도서관 메이커스페이스 101

제1장

제1장
도서관 메이커스페이스 101

> 우리의 역량을 강화하여 더 나은 도구, 더 나은 도서관, 그리고 더 나은 세계로 나아갈 수 있다.
>
> – Nicholas Schiller, "해커의 가치 ~ 도서관의 가치"[1]

 메이커스페이스를 처음 접하는 사람들은 이 책에서 다루는 단어와 개념들이 신선하고 새롭게 느껴질 수 있다. 메이커스페이스에 대해 어느 정도 연구를 수행하고 있는 사람들에게도 "메이커스페이스의 역사"나 "메이커스페이스 101"과 같은 부분은 당황스러울 수 있다. 최근 도서관 메이커스페이스에 대해 관심을 갖기 시작한 사람이라면 최초의 공공도서관 메이커스페이스는 2011년 뉴욕 Fayetteville Free Library Fabulous Laboratory(FabLab)을 운영하기 시작한 Lauren Britton Smedley의 덕분이라는 것을 알 수 있다. 메이커스페이스의 발전사를 따라가다 보면 다양한 메이커스페이스의 역사를 접할 수 있다. 이 주제에 관심 있는 사람들은 "메이커스페이스의 역사(History of Makerspaces)"를 구글(Google)에서 검색하면 수많은 읽을거리를 찾을 수 있다. 대부분의 사서들은 완벽하지는 않더라도 3D 프린터와 같은 새로운 기술에 대해 잘 알고 있으며, 메이커스페이스가 없는 곳이라도 최소 새로운 기술 하나 정도는 보유하고 있을 것이다.

---

1) Schiller, Nicholas. "Hacker Values Library Values." *ACRL, TechConnect Blog, Association of College and Research Libraries.* November 13, 2012. Accessed July 5, 2017. http://acrl.ala.org/techconnect/post/hacker-values-%E2%89%88-library-values.

제 1 장

본 장에서는 메이커스페이스의 전반적인 역사에 대해 살펴보고, 다음 장부터는 메이커스페이스의 다양한 형태, 그 안에서 이루어질 수 있는 프로그램 유형, 메이커스페이스의 주요 장점 등에 대해 상세하게 살펴보고자 한다.

용어 정의

메이커스페이스에 관한 논의에는 몇 가지 기본 용어가 등장한다. 이들 용어는 다음과 같다.

- 메이커(Makers)와 메이킹(Making): "메이커"는 2005년경에 고유명사가 되었고, 얼마 지나지 않아 널리 사용되었다. 오바마 대통령도 2014년 대통령 시절부터 백악관 메이커 페어(White House Maker Faire)에서 "메이커" 문화를 기념하였다. 그러나 "메이커"가 무엇이며, 그리고 "메이킹"이 무엇을 의미하는지에 대해서는 Chris Anderson의 책 *Makers: The New Industrial Revolution*(2012)에서 설명하고 있다.

  우리는 모두 메이커이다. 아이들이 그림 그리기, 블록쌓기, 레고, 공예 등을 좋아하는 것처럼 우리는 메이커로 태어났다. 많은 사람들의 취미와 열정에는 메이커에 대한 애착이 포함된다. 단순한 워크숍, 차고, 그리고 작업장에 관한 것이 아니다. 당신이 요리를 좋아한다면 당신은 주방 메이커이고, 당신의 스토브는 작업대가 된다. 당신이 화초를 좋아한다면 당신은 정원 메이커이다. 뜨개질과 바느질, 스크랩북, 구슬 장식, 십자수 모두가 메이킹이다.

  *메이커*라는 용어는 예술가와 공예가, 전기나 기계 애호가 및 목공예가, 시민 과학자, 팅커러(tinkerers) 등을 포함하며 창조적인 작업에 대한 열의와

그것을 공유하고자 하는 열정을 가진 사람이다. Lauren Britton Smedley는 대문자 M이 있는 "메이킹(Making)"은 "사회 혁명, 즉 우리가 학습하는 방법, 공유하는 방식, 협력하는 방법, 소비하고 생산하는 방식에서 모든 것을 변화시키는 혁명이다." 라고 말한다.[2]

- 메이커스페이스(Makerspaces) : 메이커들이 서로 모이는 곳으로, 이상적으로 자신들이 메이크(Make)하고, 창작하는 데 필요한 각종 도구와 공간, 그리고 자원을 제공한다.
- 해킹(Hacking) : 하드웨어 및 소프트웨어 중심의 메이킹을 의미한다. 간혹 부정적인 의미를 함축하기도 하지만 일반적으로 사용하는 것과 달리 이 용어는 대체로 해킹이라는 단어의 원래 의도를 가리킨다. 하드웨어 해커는 고치고, 다시 만들고, 업사이클(upcycle)하고, 용도를 다시 정하고, 다시 디자인하는 것을 좋아한다. 반면 소프트웨어 해커는 프로그래밍과 앱 개발을 좋아한다.

왜 메이크(Make)하는가?

2016년 *Public Libraries Online*에 수록된 기사에서 저자인 Elizabeth Hartnett는 다음과 같이 설명한다.[3]

---

[2] Smedley, Lauren Briton. "'Making' the Future: Conclusion of Making and the Maker Movement Blog Post Series." *Technology Social Change Group*. December 14, 2015. Accessed July 5, 2017. http://tascha.uw.edu/2015/12/making-the-future-conclusion-of-making-the-maker-movement-blog post-series

[3] Hartnett, Elizabeth J. "Why Make? An Exploration of User-Perceived Benefits of Makersaces." *Public Libraries Online*. November 28, 2016. Accessed July 25, 2017. http://publiclibrariesonline.org/2016/11/why-make-an-exploration-of user-perceived-benefits-of-makerspaces/.

제1장

　메이커스페이스에 대한 만족스러운 정의는 다음과 같다. 메이커스페이스는 개개인의 프로젝트에 대해 협력하는 사람들의 관심과 기술 수준에 맞게 장비 및 지침에 대한 유연한 접근을 제공하는 물리적 공간이다.

　메이커스페이스와 공공도서관 또는 기타 문화기관 간의 연계가 처음에는 생소할 수 있지만 이러한 기관들은 공통의 목표 즉, 접근의 평등, 커뮤니티 개발, 이용자와의 관계 형성, 그리고 평생학습 장려를 추구한다. 이러한 것들은 누구나 메이커스페이스에 대해 접근함으로써 얻는 이점들이다.

　메이커스페이스에 대한 긍정적인 효과가 보고되고 있다. 2013년의 한 보고서에 의하면 시카고 공공도서관(Chicago Public Library)의 YOUmedia 고등학생 이용자들은 다음과 같은 효과를 열거하고 있다.

- 안전감, 공동체 의식 및 소속감
- 관심 분야에 대한 심도 있는 참여
- 하나 이상의 디지털 미디어 능력 향상
- 학업, 의사소통 및 쓰기 능력 향상
- 고등학교 졸업 후의 진로에 대한 이해

　이 외에도 수많은 자료들이 메이커 운동은 경제 발전,[4] 커뮤니티 개발,[5] 그리고 시민활동[6]에 도움이 된다는 것을 증명하고 있다. 특히 도서관은 처음부터 메이커스페이스 개발의 최전방에 있었다.[7]

---

[4] Tierney, John. "How Makerspaces Help Local Economies." *Atlantic*. April 17, 2015. Accessed July 25, 2017. www.theatlantic.com/technology/archive/2015/04/makerspaces-are-remaking-local-economies/390807/.

[5] Paonessa, Laura, and Arianna Orozco. "What Is a Makerspace? How Does It Promote Community Development?" *Beeck Center*. October 5, 2016. Accessed July 25, 2017. http://beeckcenter.georgetown.edu/makcrspace-community-developement/.

[6] Smith, Adrian. "Tooling Up: Civic Visions, FabLabs, and Grassroots Activism." *Guardian*. April 4, 2015. Accessed July 25, 2017. www.theguardian.com/science/political-science/2015/apr/04/tooling-up-civic-visions-fablabs-and-grass roots-activism.

[7] Hartnett, "Why Make?"

역 사

 인터넷에서 찾을 수 있는 도서관 메이커스페이스의 재미있는 역사 중 하나는 도서관에서의 "메이킹"을 포괄적으로 다룬다는 것이다. 블로거인 Bound는 "도서관 메이커스페이스 간략사"[8]에서 메이커스페이스의 기원을 1873년 Gowanda Ladies Social Society라고 주장한다. 이 모임의 구성원들은 서로 만나 차 마시고, 퀼트(quilt)를 하고, 자수를 뜨고, 바느질하고, 사교 활동을 하고, 책을 교환하였다. 이들의 사교 클럽은 Gowanda Free Library로 성장하였으며, 지금도 운영되고 있다.

 New Jack Librarian 블로그에서 Mita Williams는 메이커스페이스의 기원을 그보다 더 이른 시기로 보고 있다. 그는 기계학연구소(Mechanics' Institute)를 "메이커스페이스의 원형"이라고 부른다. 이 연구소는 1821년 10월 스코틀랜드 에든버러에서 시작되었으며, "노동자에게 도서관과 성인교육, 특히 기술 분야의 교육"을 제공하였다.[9] 이 연구소는 숙련된 노동력을 원하던 지역 사업가들의 자금지원하에 시작되었으며, 한때 전 세계적으로 700개 이상의 기계학 연구소가 존재하였다.

 Bound는 메이커스페이스의 역사에 피츠버그 카네기 도서관(Carnegie Library of Pittsburgh)도 포함시키고 있다. 이 도서관은 1905년에 지역 아이들을 위해 바느질과 바구니 세공 워크숍을 정기적으로 개최하였다. 그리고

---

[8] "A Brief History of Makerspaces in Libraries." *Bound*. March 30, 2014. Accessed July 5, 2017. http://boundbooksandlibraryblog.blogspot.com/2014/03/a-brief-history-of-makerspaces-in.html.

[9] Williams, Mita. "Hackerspaces, Makerspaces, FabLabs, TechShops, Incubators, Accelerators. Where Do Libraries Fit In?" *New Fack Librarian*. February 2, 2015. Accessed July 5, 2017. http://litbrarian.newjackalmanac.ca/2015/02/hackerspaces-makerspaces-fab-labs.html.

1933년부터 전해 내려온 기술들을 청소년들에게 가르침으로써 지역의 문화 유산을 보존하기 위해 강좌를 개설한 캐나다의 매니토바 공예 박물관 및 도서관(Manitoba Crafts Museum and Library)도 포함 시켰다. 초기의 도구 도서관(tool libraries) 중 하나는 연방 커뮤니티 개발 블록 지원금으로 개발된 Rebuilding Together Central Ohio Tool Library이다. Central Ohio Tool Library(www.rtcentralohio.org/tool-library/)는 지금까지도 운영되고 있으며, 200가지가 넘는 다양한 유형의 공구와 5,000가지 이상의 개별 수공구 및 전동 공구를 제공한다.

그러나 도서관 이외의 장소에서 지금 우리가 알고 있는 미국의 메이커스페이스와 해커스페이스는 1990년대 말 유럽의 해커 운동으로 거슬러 올라간다.[10] 해커스페이스는 하드웨어 중심이고 전자와 컴퓨터 기술에 중점을 두는 곳으로 오늘날 일반적으로 메이커스페이스이라고 부르는 장소보다 더 광범위한 창작 공간 즉, 예술 및 직물 작업부터 다목적 팅커링(tinkering)에 이르기까지 모든 것을 포함하는 공간이다. 미국에서 2007년에 문을 연 최초의 해커스페이스는 NYC Resistor와 워싱턴 DC에 있는 HacDC였다. 2008년에는 샌프란시스코의 Noisebridge가 그 뒤를 이었다.

메이커스페이스는 2005년 처음 등장하였는데, 이때는 개인 차고만큼 작거나, 30,000평방 피트의 테크숍(TechShop) 처럼 넓은 공간에서 시작되었다. 거의 같은 시기, 샌프란시스코에서 *Make* 잡지가 최초의 메이커 페어를 주최하여 메이커스페이스 성장에 초석이 되었다. 2014년 샌프란시스코와 뉴욕에서 개최된 두 개의 대표적인 메이커 페어가 메이커 기념식을 열어 215,000명을 유치하였다. 그리고 2015년까지 도서관 메이커 페스티벌 등을 포함한 10여 개의 독립적인 메이커 페스티벌이 전 세계에서 열렸다. 메이커스페이스와

---

10) Benton, Cristina, Lori Mullins, Kristin Shelley, and Tim Dempsey. *Makerspaces: Supporting an Entrepreneurial System*. Working paper, Michigan State University, 2013.

"메이킹"은 이제 그야말로 유명해지게 되었다.

유럽에서는 메이커스페이스의 성장세가 훨씬 더 두드러졌다. 2008년 United Kingdom에는 단 하나의 메이커스페이스만이 있었지만, 2015년에는 100개 정도로 거의 모든 지역에 하나씩 생겼으며, 특히 대도시는 1개 이상의 메이커스페이스가 있었다.11) 유럽을 비롯하여 세계의 많은 지역에는 일반적으로 팹랩이 많이 보급되어 있다.

유럽에서 해킹 및 메이킹과 관련된 정보를 제공하는 Makery는 전 세계에 있는 메이커스페이스에 대한 포괄적인 명부를 보유하고 있다. 구체적으로 해당 명부에서는 500개 이상의 팹랩, 해커스페이스, 아트, 미디어 및 기타 창작 스페이스를 찾을 수 있다.12) 아프리카에는 Fab Foundation과 BongoHive가 지원하는 200개 이상의 스페이스가 있다. 그리고 미국기계공학회(American Society of Mechanical Engineers)는 인도에 있는 150개 스페이스와 동남아시아의 75개 스페이스 이상을 각각 지원하고 있다.13)

그때나 지금이나 전형적인 커뮤니티 해커스페이스와 메이커스페이스는 회원제를 바탕으로 하며, 취미인들의 헬스클럽처럼 운영된다. 일반적으로 서로 다른 회원 등급에 따라 도구와 자원에 대한 차별화된 접근을 제공한다. 2013년에는 메이커스페이스의 34%가 회원제였으며, 이보다 낮은 비율의 메이커스페이스는 회원제나 일일 이용료를 부과하였다. 회원가입 비용은 월 30달러에서 200달러까지 다양하며,14) 이는 주로 운영비 및 유지비용으로 사용된다.

---

11) "Open Dataset of U.K. Makerspaces: A User's Guide." *Nesta*. Accessed July 5, 2017. www.nesta.org.uk/publications/open-dataset-uk-makerspaces-users-guide.

12) "Map of Labs." *Makery*. Accessed July 5, 2017. www.makery.info/en/map-labs/.

13) Brown, Anna Waldman. "Definitive Maker Map Mapping." *Districts: Stories of Digital Design*. April 21, 2015. Accessed July 5, 2017. http://district life/2015/04/21/definitive-maker-map-mapping/.

14) Smedley, Lauren Britton. "Democratized Tools of Production: New Technologies Spurring the Maker Movement." *Technology Social Change Group*. August 18,

제1장

도서관 메이커스페이스

공공도서관에 메이커스페이스를 만든다는 생각은 커뮤니티 자원으로서의 도서관 사명과 목표에 따라 자연스럽게 생겨난 것이다. 하버드의 버크만 센터(Berkman Center for Internet and Society)의 수석 연구원이며 하버드 도서관 랩(Harvard Library Lab)의 공동관장인 David Weinberger 박사는 플랫폼으로서의 도서관을 논할 때, 도서관 메이커스페이스가 우수 사례를 만들 수 있다고 주장한다.15) 그는 도서관은 "우리가 가끔 방문하는 포털"보다는 "도시의 거리나 보도, 그리고 대학의 강의실이나 캠퍼스 등과 같이 언제 어디서나 이용 가능한 지속적인 인프라" 가 되어야 한다고 말한다.

Weinberger 박사에 의하면 플랫폼으로서의 도서관은 "다양한 사람과 아이디어가 네트워크화 되고, 도서관 자원을 통해 끊임없이 활기를 띠고 유지되는 공간이다. 플랫폼으로서의 도서관은 '어디서(where)' 보다 '어떻게(how)'를 강조하며, 컨테이너(container)보다 하이퍼링크(hyperlinks)이고, 단순한 허브(hub)보다는 소란스러운 곳(hubbub)이다." 라고 말한다.

한 걸음 더 나아가 Nicholas Schiller는 "해커 가치 ~ 도서관 가치" 에서 피력한 아이디어로 도서관의 전통적인 개념을 허물고 있다. 그는 공유, 개방, 협력, 체험 활동 등으로 해커 가치와 도서관 가치 간에 유사성이 있다고 주장한다. 그는 "해커 가치를 도서관 서비스에 주입함으로써 우리는 더 이상 기본 관념에 머무를 필요 없다. 우리의 역량을 강화시켜 더 나은 도구, 더

2014. Accessed July 5, 2017. http://tascha.uw.edu/2014/08/democratized-tools-of-production-new-technologies-spurring-the-maker-movement/.
15) Weinberger, David. "Library as Platform." *Library Journal*. September 4, 2012. Accessed July 5, 2017. http://lj.libraryjournal.com/2012/09/future-of libraries/by-david-weinberger/#.

FryskLab. *Jeroen De Boer*

나은 도서관, 그리고 더 나은 세계로 나아 갈 수 있다." 고 말한다.16)

협력적 커뮤니티 개념은 Lauren Britton Smedley가 Fayetteville Free Library 팹랩을 발전시킨 개념이다. 2012년 Library as Incubator 프로젝트에서 Britton은 "메이커스페이스는 사람들이 서로 모여 자원과 지식을 창출하고 협력하며 공유하는 장소이다. 이는 공공도서관의 사명 및 비전과 완벽하게 부합하는 개념이며 아이디어다." 라고 기술한다.17) 3D 프린터를 도서관 컬렉션에 추가하는 것은 복사기나 스캐너와 같은 2D 프린터를 갖는 것과 다를 것이 없다. 실제로 Fayetteville Free Library 팹랩도 처음에는 3D 프린팅에 중점을 두었지만 2010년부터는 새로운 기술에 중점을 두고 있다.

---

16) Schiller, "Hacker Values Library Values."
17) "The Oh-So Fabulous Lab at the Fayetteville Free Library." *Library as Incubator Project.* March 21, 2012. Accessed July 5, 2017. www.libraryasincubator project.org /?p=3335.

제1장

Britton은 "도서관은 사람들이 무료로 메이커 운동을 경험할 수 있는 공간을 제공한다." 라고 언급하면서 도서관과 메이커스페이스는 자연스럽게 궁합이 맞는다고 보고 있다.

2012년 네덜란드인 사서 Jeroen De Boer는 FryskLab 프로젝트를 시작하였고, 이것은 "물리적 및 디지털 도구의 이용 그리고 지식 공유가 일어나는 공간"으로 유럽 최초의 이동식 모바일 팹랩이 되었다.[18] FryskLab 프로젝트는 청소년들에게 창의적, 기술적, 기업가적 역량을 쌓는 것을 목표로 하는 이동 가능한 플랫폼이며, 궁극적으로 지역 전반의 혁신적 역량 향상을 꾀하였다.

2013년 작가이며 사서인 John Burke는 "도서관 메이커스페이스 설문조사"를 실시하였고, 109명의 응답자 중 41%가 이미 자신의 도서관에서 메이커스페이스나 메이커 관련 활동 및 프로그램을 제공하고 있으며, 36%는 이와 비슷한 프로그램 개발에 착수하였다는 사실을 확인하였다.[19] 당시 확인된 메이커스페이스의 절반 이상이 공공도서관에 있었고, 나머지 대부분은 대학도서관에 있었으며, 공립학교도서관은 비율이 낮게 나타났다.

50,000개 이상의 공공도서관이 있는 유럽의 경우, 유럽 공공도서관 네트워크 테스크 포스 연합(European Association Network Task Force on Public Libraries)은 공공도서관의 현황과 방향에 대해 심도 있게 살펴보았다. 테스크 포스가 발행한 2015년 최종 권고사항 보고서에는 메이커스페이스 운동이 매우 중요한 부분을 차지한다는 것을 알 수 있다.

---

18) De Boer, Jeroen. "The Business Case of FryskLab, Europe's First Mobile Library FabLab." *Rafelranden*. February 2016. Accessed July 5, 2017. http://jeroendeboer.net/2016/02/12/publication-the-business-case-of-frysklab-europes-first-mobile-library-fablab/.

19) Price, Gary. "Results from 'Makerspaces in Libraries' Study Released." *LF INFOdocket*. December 16, 2013. Accessed July 5, 2017. www.infodocket.com/2013/12/16/results-of-makerspaces-in-libraries-study-released.

유럽의 공공도서관들은 현재 디지털 시대를 위한 변혁기에 있다. 인터넷 보급과 공공 소비 형태의 변화로 도서대출 및 인쇄매체 정보 등 전통적인 서비스 수요가 감소되었고, 사람들이 공공도서관에 갖는 신뢰를 바탕으로 정보서비스 변화의 필요성이 제기되었다.[20]

테스크 포스는 유럽 도서관 메이커스페이스의 영속적인 네트워크 구축을 하고자 회원 도서관을 위한 도구 및 자원을 포함한 구체적인 목표와 지침을 설정하여, 견고한 도서관 메이커스페이스 인프라 기반을 마련하고 있다.

아스펜 연구소(Aspen Institute) 소장인 Walter Isaac은 도서관은 혁신을 위한 자연스러운 협력자라고 주장한다. 그는 "커뮤니티 형성 및 협력 구축은 도서관의 핵심이다." 라고 하면서 공공도서관에 대한 내용을 아스펜 연구소 보고서에 기고했다. 혁신적인 프로그램과 공간 사용은 "도서관 본 모습으로의 회귀" 라고 주장한다. 해당 보고서에서 뉴욕 공공도서관 관장 Mary Lee Kennedy는 "공공도서관은 단순히 책의 보관소로 시작한 것이 아니라 토론과 대화의 장소였으며, '지식의 탱크'였다." 라고 기술하고 있다.[21] 메이커스페이스는 도서관을 도구 상자를 갖춘 지식의 탱크로 만드는 것이다.

그러나 도서관이 혁신적인 공간 사용 및 프로그램 운영을 해야 하는 가장 설득력 있는 이유는 아마도 Britton이 Fayetteville Free Library 팹랩에서 발견한 것처럼 도서관을 방문한 적이 전혀 없는 사람들이 도서관에 오고 있기 때문일 것이다.

---

[20] "Final Recommendations Europeana Association Network Task Force on Public Libraries." *Europeana Pro*. December 2015. Accessed July 5, 2017. http://pro.europeana.eu/files/Europeana_Professional/Europeana_Network/europeana-task-force-on-public-libraries-final-report-dec2015.pdf.

[21] Garmer, Amy K. "The Aspen Institute - CHAPTER II - Leveraging the Exponential Edge." *Aspen Institute*. 2015. Accessed July 5, 2017. http://csreports.aspeninstitute.org/Dialogue-on-Public-Libraries/2015/report/details/0143/Libraries-2015.

그렇다면 그들은 왜 오는가? 팹랩, 해커스페이스, 메이커스페이스, 또는 혁신센터 등 이런 공간들을 일컬을 수 있는 또 다른 명칭들 간에는 어떤 차이가 있는가?

공간 유형

창작을 목적으로 사용하는 공간을 일컫는 용어는 많다. 해커스페이스와 메이커스페이스와 같은 용어들은 서로 혼용하여 사용하는 경우가 많고, 이 두 용어를 구별할 줄 아는 사람들은 이들 용어를 선별적으로 사용하는 경우가 종종 있다. 코워킹(co-working) 공간이나 기술 허브(technology hubs)와 같은 용어들은 메이커스페이스나 해커스페이스의 요소들이 있을 수 있지만 본질적으로 상업적인 용어이고, 도서관과 연관된 용어는 아니다. 따라서 여기서는 도구와 자원이 축적되어 있는 창작 도서관 공간을 일컫는 포괄적 의미로 "메이커스페이스"를 사용하고자 한다. 그러나 문화적·역사적 측면과 이처럼 다양한 공간 유형의 전통적인 요소를 도서관 설계과정에 통합시킴으로써 얻을 수 있는 잠재적 가치를 위해 이들 용어 간의 차이점을 살펴볼 필요가 있다.

메이커스페이스

우리는 이장의 서두에서 메이커스페이스에 관해 간략하게 언급하였다. 일반적으로 메이커스페이스는 독립적인 공예, 수리 및 제작에 주력하는 경향이 있다. 교실 크기의 넓이부터 수천 평방피트에 이르기까지 규모와 크기에 상당한 차이가 있을 수 있다. 기본적인 예술용품과 작은 수공구부터 환기용 폐인트 부스와 CNC 기계에 이르기까지 다양한 물품을 비축할 수도 있다. 대부분의 도서관 공간이 예술과 바느질부터 크고 작은 전자 및 기계 관련 프로젝트를 수행하기 위해 기존의 여러 공간을 활용할 수 있다면 그 즉시 메이커스페이스로 간주될 수 있다.

팹랩

제작 랩(Fabrication Labs) 또는 "팹랩(FabLabs)"은 주로 교육 기관과 연계되어 있거나, 재단이나 조직의 후원을 받는다. 또한 팹랩은 신속한 시제품화 및 특허 개발을 통해 제조업과 산업 육성에 중점을 두고 있다. Fayetteville Free Library FabLab은 "Fabulous Lab, 멋진 Lab"을 의미하는 것으로, 원래의 팹랩 개념을 재치 있게 표현한 것이다. 대부분의 팹랩은 도구부터 목적까지 모든 팹랩이 공통으로 갖추어야 할 몇 가지 요소들을 제시하는 팹 헌장(Fab Charter)의 정신과 의도를 반영한다. 팹랩이 갖추어야 할 일반적인 요소들은 다음과 같다.

- 커뮤니티 자원으로서 역할을 해야 하며, 주중에 일정 기간 시민들에게 개방해야 한다.
- 오픈 소스 아이디어를 존중해야 한다.
- 랩에서 구체화하고 있는 상업 활동을 지원해야 한다.
- 랩과 프로젝트 개발에 활용할 수 있는 공통된 일련의 도구, 역량, 프로세스를 가지고 있어야 한다.
- 보다 광범위한 국제사회의 팹랩에 참여해야 한다.

팹랩은 유럽에서 시작되었기 때문에 유럽에서 가장 일반적이다. 그렇지만 북미 지역에도 몇몇 유명한 팹랩이 있다.

제1장

해커스페이스

핵랩(hacklabs)이나 핵스페이스(hackspaces)로 알려진 해커스페이스(Hackerspaces)는 컴퓨터 공학 및 프로그래밍 커뮤니티에서 성장한 것으로 기술적인 측면에 중점을 두고 있다. 팹랩도 본질적으로 기술에 중점을 두고 있지만, 해커스페이스는 공식적인 공통된 테마나 헌장이 없어 좀 더 자유분방한 편이다. 이 해커스페이스는 일반적으로 정교한 전자제품부터 전문적인 전동 공구까지 도구와 장비를 체계적으로 갖추고 있다.

모바일 메이커스페이스 (또는 모바일 팹랩)

모바일 메이커스페이스는 책 대신에 도구를 구비한 메이킹을 위한 북 모바일이다. 원서의 공동저자인 Jeroen De Boer가 개발한 유럽 최초의 모바일 팹랩인 FryskLab은 과거 농촌이나 벽지의 지역사회가 경험할 수 있도록 제작된 "이동도서관(librarymobile)" 과 같은 것으로 레이저 커터, CNC, 비닐 커터, 3D 프린터, 3D 스캐너, 컴퓨터와 노트북 등을 구비하고 있다.

팝업 메이커스페이스

모바일 메이커스페이스나 팹랩과 마찬가지로 팝업(pop-up) 메이커스페이스도 제한된 공간에서 접근을 최대화하려는 방법이다. 팝업 메이커스페이스는 넓은 장소 확보나 용도 변경이 불가능한 도서관이나 메이커스페이스에 대한 충분한 관심이 없어 지역사회에서 장소를 확보하거나 도구 또는 장비를 구입하기 위한 자금 확보가 어려운 도서관에 적합하다. 이와 같은 유형의 메이커스페이스는 사용하지 않을 때 쉽게 보관할 수 있도록 특별히 개조한 카트 형태로 모바일 메이커 스테이션으로 구성된다. 팝업 메이커스페이스는 커뮤니티의 관심분야에 따라 예술 카트, 모바일 재봉 스테이션, 창의적인 요리 장비를 갖춘 카트, 그리고 글쓰기와 공예를 포함하는 진(zine) 워크숍으로 활용할 수 있다.[22]

청소년 메이커스페이스

도서관 가운데 특히 학교도서관은 예술, 공예, 게임 제작, 코스프레 소품 제작, 그리고 의상 제작, 음악 제작 등에 초점을 맞춘 청소년 메이커스페이스로 구성할 수 있다. 청소년 메이커스페이스를 시작하여 메이커스페이스에 대한 인식을 높이고, 이에 따라 증가하는 관심분야를 지원하는 방식으로 메이커스페이스를 성장시키는 편이 쉬울 수도 있다.

혁신 센터

혁신 센터(Innovation Centers)는 세계의 많은 지역, 특히 남아메리카, 인도, 아프리카, 아시아 일부에서 커뮤니티를 위한 디자인 및 제작 교육에 중점을 두고, 사람들이 모여 학습하고 창작할 수 있는 공간이다. 이들 공간은 국제개발 혁신 네트워크(International Development Innovation Network)와 연계하여 다양한 재료로 시제품화 및 제품 제작에 필요한 도구와 장비를 공유할 수 있도록 한다. 이런 공간들은 "사회적 공익을 추구하는 사명"을 통해 메이커스페이스, 팹랩, 그리고 해커스페이스와 차별화를 도모하고 있다.[23]

---

22) Rogers, Melissa. "Compositional Craft: Zine Workshops as Pop-Up Makerspaces." *Digital Rhetoric Collaborative*. April 7, 2016. Accessed July 5, 2017. www.digitalrhetoriccollaborative.org/2016/04/07/compositional-craft-zine-work-shops-as-pop-up-makerspaces/.

23) "International Development Innovation Network." *Innovation Centers*. Accessed July 5, 2017. www.idin.org/innovationcenters.

제1장

프로그램 유형

프로그램 기획은 골치 아픈 문제일 수 있다. 공공 메이커스페이스를 개발하는데 있어 도서관의 큰 자산 중 하나이면서 도서관 메이커스페이스가 직면하는 가장 큰 도전과제는 공공도서관 관리 모델이다. 회원 기반 메이커스페이스는 회원들이 상호 협력적으로 관리하거나 헌장에 따라 운영되지만 도서관 메이커스페이스는 메이킹과는 전혀 관련 없는 다양한 관료주의적 과정에 따라 시민 관리 체제로 개편되고 있다. 회원 기반 시설에서 메이커들이 자율적이고 편리하게 이용할 수 있도록(예, 쉽게 들어가서 도구를 사용할 수 있는 것)하기 위해서는 도서관 메이커스페이스에 사전 등록과 시간제한을 할 수 있다.

또한 도서관 프로그램의 구조화된 모델(아이들의 스토리 타임, 강의, 워크숍, 수업)은 의도치 않게 도서관 메이커스페이스를 교실 상황으로 몰고 갈

도서관 메이커 페스트 프로그램(MakerFest program), Tampa Bay Library Consortium. *Theresa Willingham*

수 있다. 다시 말해, 다양한 "메이커" 유형의 프로그램, 예를 들면, 3D 프린팅 수업, 아두이노 워크숍, CAD, 비디오 편집, 그리고 기타 기술 관련 수업 및 워크숍 등은 독립적인 메이킹 역량 발휘 기회를 거의 제공하지 않는 교실 상황으로 이끌 수 있다. 어느 정도의 지원 학습은 바람직하나 공공도서관이나 다른 기관에서의 가장 효과적인 메이커스페이스는 장비 사용에 익숙해진 사람들이 자유롭게 와서 독자적인 프로젝트를 수행할 수 있는 개방형 시설 기능을 지원하는 것이다. 즉, 좋은 프로그램은 사람들이 이러한 목표에 도달할 수 있도록 도움을 주는 것이고, 좋은 관리 모델은 사람들이 계속해서 방문하여 무언가를 만들고 탐구하도록 하는 것이다.

여기서 "프로그램"이란 교육과정 형식 수업 및 워크숍부터 구조화되지 않은 협력적, 독립적 메이킹이 가능한 의도적인 기회 창출에 이르기까지 모든 것들을 의미한다. 프로그램은 다음과 같은 것으로 구성할 수 있다.

- 워크숍 및 강의 : 3D 프린팅 소프트웨어, 코스프레 의상제작 등을 포함한 모든 것
- 오픈 메이크(Open make) 세션 : 메이커스페이스 자원에 접근이 가능하도록 하는 것
- 각종 콘테스트
- 전자제품 수리 카페
- 메이커 페스티벌
- 전통 공예 및 기타 "전통적" 메이킹 및 학습 기회
- 로봇공학
- 아마추어 무선 통신
- 프로젝트 기반 프로그래밍(예, 진(zine) 워크숍, DIY 미디어, 디지털 스토리텔링)
- 시민 과학 프로젝트

제1장

가장 바람직한 도서관 프로그램은 이용자 커뮤니티가 가치 있다고 생각하고, 즐기는 프로그램이다. "Making in the Library Toolkit"[24])에서 University of California, Irvine 인류학과의 Mimi Ito 교수가 만든 HOMAGO에서는 좋은 메이커 프로그램의 궁극적 목표를 제시하고 있다.

HOMAGO는 "놀면서 시간을 보내고(hanging out), 빈둥거리고(messing around), 무언가에 푹 빠져보기(geeking out)"를 의미하는 약자이다. 이 Toolkit은 도서관 이용자, 특히 10대에게 좋은 경험을 할 수 있도록 하는 것이며, 여기에서 이들은 다른 사람들과 어울릴 수 있고 자신의 진도에 따라 창의성과 새로운 기술을 습득할 수 있다. "10대들이 새로운 기술을 습득하고 얼굴에 미소를 띤 채 프로그램을 마친다면, 이것이 곧 성공의 척도이자 프로그램을 평가하는 하나의 방법"이라는 것을 Toolkit에서 기술하고 있다. 메이커스페이스를 사용하는 성인들에게도 이와 동일한 성공의 척도를 적용할 수 있을 것이다.

Lisle Library District 청소년 서비스 부관장이며 Make It at Your Library의 공동 설립자인 Vicki Rakowski가 말한 것처럼 궁극적으로 도서관 메이커스페이스의 목표는 이전에 존재하지 않았던 어떤 것을 만들어 낼 기회를 도서관 이용자들에게 제공하는 것이며, 이것은 '제3의 공간' 개념의 중요성을 강화하는 것이다.[25]) *Makerspace in Libraries*에서 자세하게 논한 제3의 공간(the third space), 또는 장소(place)이자 개념(concept)은 도서관을 집도 직장도 학교도 아닌 장소로서 사교하고, 대화하며, 사고하고, 함께 탐구하러 가는 장소로 여기는 것이다.

---

24) "Making in the Library Toolkit." *Young Adult Library Services Association*. 2014. Accessed July 5, 2017. www.ala.orgl/yalsa/sites/ala.org.yalsa/files/content/MakingintheLibraryToolkit2014.pdf.

25) "Making in the Library Toolkit."

프로그램 수준

메이커 유형을 탐구하는 uTEC 메이커 모델은 Bill Derry, David Loertscher, Leslie Preddy가 만든 모델로, *Teacher Librarian* 2013년 12월호에 처음 등장하였다.26) 이 모델은 가장 기초적인 이용자(U)부터 최상위 메이커로 진화하는 과정을 설명하고 있는데, 도서관 메이커스페이스 프로그램 개발 및 평가에 도움이 될 수 있는 개념이다. 도서관 메이커스페이스의 범위와 목적

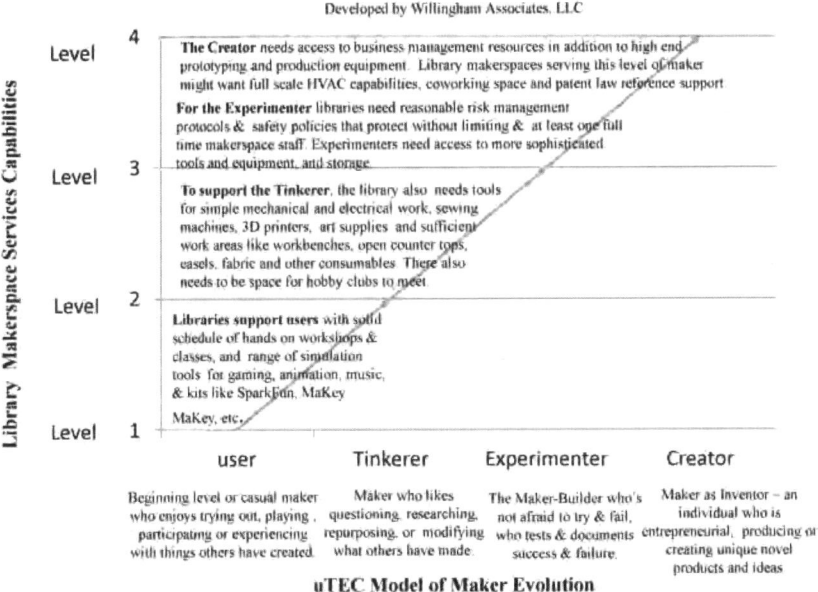

도서관 메이커스페이스 성장 목표 지침. *Theresa Willingham*

---

26) Derry, Bill, David V. Loertscher, and Leslie Preddy. "uTEC Maker Model." *UTEC Maker Model*. 2014. Accessed July 5, 2017. https://sites.google.com/site/utecmakermodel/.

에 따라 특정 워크숍과 수업만을 지원하게 되면 이용자들은 가장 기본적인 수준에서 도구나 장비를 접하여, 3D 프린팅 열쇠고리와 같이 이미 다른 사람들이 만든 것을 다시 제작하는 작업에 머물 가능성이 많다.

팅커링(Thinkering) 수준을 지원하는 프로그램은 이용자가 좀 더 독자적으로 다른 사람의 작품을 수정하고, 새로운 것을 만들기 위해 예상치 못한 방식이나 의도하지 않은 방식으로 도구나 자원을 사용할 수 있게 지원한다. 메이커스페이스는 이용자들이 기존의 지침에서 벗어날 수 있도록 하여 이용자의 능력을 확장시켜 기초적인 관심에서 기술 개발로 이끌어 준다.

uTEC 모델에서 메이커의 세 번째 수준은 실험하기이다. 이것은 메이커가 새로운 방식으로 일을 시작하여, 자신만의 새로운 지식과 콘텐츠를 창조하는 수준을 말한다. 이 수준에서는 전문지식이 개발되고 수정작업이 완전한 용도 변경을 할 수도 있다. 이 수준에서 실패는 필수적 요소이며, 새로운 창작 방향을 제시하는 경우가 많다. 도서관은 이용자에게 이런 수준의 메이킹이 가능하도록 하여 다양한 위험을 극복하도록 하고 이용자들에게 더 많은 자율성을 부여해야 한다.

최상위 수준의 uTEC 메이커 경험은 창작하기이다. 이 수준은 독립적인 사고, 발명, 혁신, 그리고 의도적 행위를 특징으로 한다. 이 수준에서 창작자는 새로운 어떤 것을 만들고, 영향력을 발휘하며, 적극적인 탐구와 참여를 통해 기존의 것과 다른 것을 만들어낸다.

메이킹의 수준 또는 범주는 절차적이거나 독립적 단계로 볼 수 있다. 혹자는 그 수준을 넘어서 더 앞으로 나가려는 욕구가 없이 단순히 팅커(tinker)를 원할 수도 있다. 또 다른 사람들은 가능한 것을 학습하여 보다 세련된 수준에서 창작하고 싶을 수도 있다. 그러나 어느 수준에서도 단순히 공간과 자원을 제공한 뒤 기다리면 창조적 표현이 불가능하다. "접근만으로는 충분하지 않다. 도서관에 메이커스페이스를 둔다고 해서 모든 것이 충분하다는 것이 아니기 때문이다. 홍보가 이루어져야 한다. 접근성만 제공하고 아무것도 하지 않는다면 그것을 사용하는 사람들이 스스로 선별하여 사용할 수 밖에 없다."27)

성공적인 이행, 관리, 그리고 많은 사람들에게 다가갈 수 있고 커뮤니티에 가장 많은 영향을 미칠 수 있는 메이커스페이스 자원 및 프로그램 홍보를 위해서는 인력 개발이 매우 중요하다.

인력 개발

"Libraries and Makerspaces: A Revolution?" 에서 Melody Clark는 "이용자들에게 메이크 하는 방법을 가르치기 위해서는 사서들을 어떻게 훈련시켜야 하는가?" 라고 질문한다. "첫 번째 부분은 왜 이것이 자신들이 해야 할 일인지를 사서들이 이해할 수 있도록 도움을 주는 것이다." 라고 하며, 그녀는 아래와 같이 언급한다.

> 이것에 대한 전문가가 될 필요가 없다는 점, 그들이 비교적 동등한 조건에서 이 일을 하게 되었다는 점을 이해할 수 있도록 도움을 주어야 한다. 전문가로서의 사서가 아닌, 조력자(facilitator)로서의 사서를 생각해 볼 필요가 있다. 이것은 메이커스페이스 뿐만 아니라 새로운 서비스를 제공하는 다른 사서들에게도 적용된다. 시도하고 실천함으로써 배우는 것이 좋다는 것을 사서에게 알려 줄 필요가 있으며, 자신이 하는 것을 반드시 알고 있어야 할 필요가 없다는 것을 알려 주어야 한다.

---

27) Clark, Melody. "Libraries and Makerspaces: A Revolution?" *Technology Social Change Croup*. June 13, 2014. Accessed July 5, 2017. http://tascha.uw.edu/2014/06/libraries-makerspaces-a-revolution/.

제 1 장

　도서관 메이커스페이스 설계자, 인력 개발자, 팅커러, 실험자, 그리고 스스로의 권리를 가진 창조자로서 우리의 경험으로 볼 때 사서들이 일반적으로 도서관 이용자들에게 읽는 법을 가르칠 필요가 없듯이 "도서관 이용자들에게 메이크 하는 법을 가르칠 필요"가 없다고 생각한다. 물론 글을 읽고 쓰는 법을 가르치는 것은 도서관 업무의 일부이지만, 도서관을 이용하는 대다수 사람들은 이미 읽을 줄 알고 독서의 즐거움에 빠지거나 새로운 독서 경험을 갖고자 서가를 살펴보기 위해 도서관을 이용한다. 같은 방식으로 서고 사이에서 메이커스페이스를 담당하는 사서들은 이용자들이 타고난 메이킹 능력을 발견하거나 새로운 어떤 것을 창작하려는 욕구를 가질 수 있도록 촉진할 뿐이다.
　메이커 프로그램이 어떤 이유로 21세기 사서 업무의 일부인지를 이해하는 것이 중요하다. 그리고 시도하고 실천함으로써 배우는 것이 합당할 뿐만 아니라 필수적이라는 것에 동의해야 한다. 또 한편으로는 우리가 무엇을 하는지 어느 정도는 알아야 할 필요가 있다. 전혀 모르면 어떤 업무든 이를 수행하는 것이 불편하고 어렵기 때문이다.

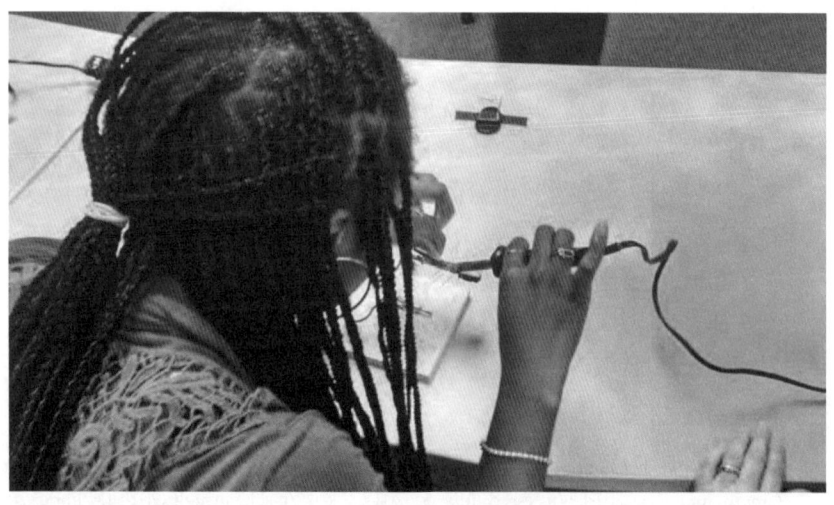

직원개발 훈련, Tampa Hillsborough County Library, *Theresa Willingham*

우리는 사서들이 도서대출 업무를 수행하는데 James Joyce's *Ulysses*나 Kafka를 이해할 필요가 없듯이 3D 프린터나 3D 모델링의 내부 원리를 완벽하게 이해해야 한다고 제안하는 것은 아니다. 그렇지만 메이커스페이스에 종사하는 사서들이 가장 효과적인 메이커스페이스 사서가 되기 위해서는 메이킹을 좋아하고 이해할 필요가 있다. 도서관에 들어오는 사람들은 사서들이 책에 관한 일정 수준의 전문지식을 가지고 있고, 책을 좋아할 것이라고 기대한다. 마찬가지로 도서관 메이커스페이스를 사용하는 사람들은 담당 사서들이 경험 많은 메이킹 전달자라고 생각할 것이다.

이상적인 인력 개발은 도서관 관리자들이 직원과 자원봉사자들의 창작적 관심과 타고난 재능을 확인하는 것에서 시작된다. 그들의 재능과 관심을 활용하여 사서들이 자신의 열정을 메이커 작업대로 가져가도록 한다. 궁극적으로 메이커 경험과 메이커스페이스는 물리적 공간 그 자체가 아니라 공간 속 사람들에 관한 것이기 때문이다. 메이커 운동과 메이커 커뮤니티는 만들어진 것을 공유하는 것, 창작을 수정하는 것, 창작에 바탕을 두는 것, 그리고 새로운 방식으로 창작을 재미있게 하는 것에 관한 일이기 때문이다. 효과적이고 지속적인 도서관 메이커스페이스는 메이킹하는 것, 실험하는 것, 그리고 창작하는 것을 좋아하는 사람들로 구성된다.

모든 사람의 잠재된 메이커 본능을 일깨우는 인력 개발은 도서관 메이커스페이스와 프로그램을 효과적으로 운영하는 능숙한 사서 양성뿐만 아니라 다른 직원에게도 긍정적인 영향을 주는 좋은 메이커스페이스의 필수 요소이다. 메이커스페이스를 위한 좋은 인력 개발은 며칠 또는 몇 주내에 이루어져야 하며 다음과 같은 요소들을 포함해야 한다.

- 메이커 역사와 문화에 대한 오리엔테이션
- 예술, 직물, 전자제품 등 다양한 창의적 경험

- 직접 해보는 팅커링 기회
- 창의성, 디자인, 발명 및 혁신에 관한 토론
- 오픈 메이크 세션
- 도구 오리엔테이션
- 잠재적인 커뮤니티 협력자 식별을 위한 자산 매핑 훈련

인력 개발은 사서들이 이해하지 못하는 많은 일을 두려워하지 않고, 도서관 이용자들과 함께 메이킹 경험을 공유하며 즐거워하는 창작자로 인식될 때 성공할 수 있다. 메이커 운동의 핵심 원리를 이해하고 스스로를 메이커로 여기는 열정적인 직원이 활기차고 발전적인 메이커스페이스를 만들기 위한 핵심이다. 이런 메이커스페이스에서는 이용자들도 그 일부가 되기 위해 흥미를 갖고 열의를 다한다. 책을 좋아하는 사서가 높은 대출율을 자랑하고 최고의 참고서비스 직원이 되는 것과 마찬가지이다.

서비스 대상 이용자

도서관 메이커스페이스는 기존 이용자층과 동일한 이용자층에 서비스를 제공해야 한다. 나아가 기존 프로그램이 연관성이 낮거나 관심 밖의 것이어서 서비스를 제대로 이용하지 않고 있는 커뮤니티 구성원에게도 다가가야 한다. 도서관 메이커스페이스가 서비스하는 이용자는 회원제 메이커스페이스 즉, 고급(high-end) 취미 보유자들, 발명가, 복잡한 도구와 자원을 찾는 기업가, 그리고 그 도구와 자원을 위해 기꺼이 돈을 지불할 의향이 있는 사람들과는 다르다. 도서관 메이커스페이스 이용자는 10대나 젊은 사람, 가족, 그리고 여성인 경우가 많다. 이는 메이커 운동에 대해 대체로 백인, 남성, 고학력자

들이 높은 인식을 가졌다는 것을 감안하면 긍정적인 변화이다.

2012년 메이커 페어에 참가한 16만 명 중 거의 70%가 남성이었으며, 그 중 대부분이 대졸 이상의 학력 보유자로 평균 수입 117,000달러였다.[28] 2013년 스탠포드 대학교의 3차 연례 FabLearn 컨퍼런스에서 전 MIT 부교수인 Leah Buechley 박사에 따르면 2005년과 2013년 사이에 출판된 *Make* 잡지의 표지 테마 가운데 전자제품과 관련된 테마가 절 반 이상을 차지할 정도로 압도적으로 많았고, 운송수단(31%), 로봇(22%), 로켓(8%), 음악(5%) 관련된 테마가 그 뒤를 이었다. 또한 그녀는 *Make* 표지 인물 40명 중에서 85%는 백인과 소년이었다는 점도 지적하며, 세라믹, 의상 제작, 뜨개질, 그리고 기타 비전문적인 공예(craft skills)도 메이킹에 포함되어야 한다고 하였다.[29]

기술적인 팅커링, STEM(과학·기술·공학·수학), 그리고 전자자료 조립이 메이커들의 역량을 강화하는 경제적인 힘이므로 여성 및 유색인종이 이런 활동에 참여하지 않게 되면 권력은 공평하게 배분되지 않을 것이다." 라고 Britton은 언급한다.[30]

다행히 메이커들의 대부분이 선하고, 친절하며, 자신의 커뮤니티가 발전하기를 원하는 사회적 의식이 있는 사람들이기 때문에 지금까지 다양한 분야의 능력자들, 모든 인종과 배경, 성 정체성을 가진 사람들이 참여하고 있고, 모든 유형의 커뮤니티를 포함하는 활발한 운동으로 변하고 있다. 도서관은 지역사회 중심부에 위치하여 접근성이 좋고, 많은 사람들을 유치할 수 있다는 점에서 메이커 운동의 적합지이다. 도서관은 보편적 설계 원칙(principles of universal design)[31]을 적용하여 창조적 공간을 만들 수 있는 최적의 조건에

---

28) Britton, "Making' the Future."
29) Quattrocchi, Christina. "MAKE'ing More Diverse Makers." *EdSurge*. October 29, 2013. Accessed July 5, 2017. www.edsurge.com/news/2013-10-29-makeing-more-diverse-makers.
30) Britton, "Making' the Future."

있다. 4장에서 다시 다루겠지만 이로 인해 모든 사람들이 공간, 도구, 자원에 접근할 수 있고, 도서관은 커뮤니티의 관심분야, 문화 및 요구를 대변할 수 있게 된다.

커뮤니티에 대한 효과: 메이커스페이스 성공 지수

메이커스페이스에서 실패는 필연적인 것이기 때문에 일반적인 방법이 아닌, 다른 성공 척도로 커뮤니티에 대한 효과를 조사해야 한다. 또한 효과 측정은 서비스를 제공받는 커뮤니티에 따라 크게 달라질 수 있다. 이러한 측정 방법이 정확하지는 않더라도 도서관이 지속적으로 창작 프로그램과 공간을 확장하기 위해 자금을 지원받아야 한다면 필요하다.

Britton은 "(메이킹으로) 인한 창의성과 다양한 사고는 건강한 사회의 핵심요소이며, 이는 개인의 행복에도 좋다. 이런 것이 협력을 통해 이루어질 때 커뮤니티의 삶의 질을 변화시킬 수 있다."[32]는 점을 제시한 연구를 인용한다. 이러한 변화를 정량화하는 작업이 쉽지는 않겠지만 오클랜드의 도서관들은 메이커스페이스 성공의 측정 지표가 될 수 있는 4가지 요소들을 식별하고 정량화를 시도하였다.

1. Grow-like-weed-itude : 이는 도서관 직원과 시스템의 관점에서 메이커스페이스 아이디어의 유연성과 지속 가능성을 측정한다. grow-like-weed-itude의 척도는 영구 또는 반영구적인 메이커 활동을 제공하는

---

31) "Making a Makerspace? Guidelines for Accessibility and Universal Design." DO-IT. 2015. Accessed July 5, 2017. www.washington.edu/doit/making-makerspace-guidelines-acessibility-and-universal-design.

32) Britton, "Making' the Future."

도서관 수와 도서관에서 이루어지는 메이커 행사의 연간 증가율로 측정할 수 있다.

2. Social-interesting-ness : 이는 온라인 및 오프라인에서의 도서관 커뮤니티의 관심을 메이커스페이스의 아이디어와 활동이 얼마나 잘 반영하는지를 측정한다. 오클랜드 도서관들은 소셜미디어 공식 "likes + shares (X2) + comments(X4) = 팬의 수"를 사용한다. 만약 지역신문에 도서관 메이커스페이스에 관한 이야기가 나오면 그것은 "사회적 관심도(social- interesting-ness)"에 대한 확실한 척도이다.

3. Filling-in-form-ability : 이는 Social Lean Canvas 형식에 정보를 채울 수 있는 정도에 따라 도서관 메이커스페이스 비즈니스 모델의 엄정성과 품질을 측정한다. Social Lean Canvas는 사회적 기업이 비즈니스 모델을 이해하고 구축하는데 도움을 주기 위해 설계된 도구이다. 모든 Social Lean Canvas form에 정보를 채울 수 있다면 반복 가능한 도서관 메이커스페이스 모델을 보장할 수 있다.

4. What-would-Andre-say : 이 척도는 오클랜드에서 글을 모르는 아이들을 대상으로 행하는 봉사활동에서 비롯된 성공 척도로 스토리텔링의 효과로 측정한다. 도서관 메이커스페이스가 어떤 종류의 이야기를 만들 수 있는가? 얼마나 많은 프로젝트나 활동이 커뮤니티의 긍정적 효과와 관련이 있는가? 최고의 성과는 도서관 메이커스페이스가 자신의 삶에 지대한 긍정적인 영향을 미쳤다고 믿는 사람들과 소통하는 것이다.[33]

도서관 메이커스페이스의 커뮤니티에 대한 효과는 다양한 관점, 즉 역량 강화, 기술 향상, 지식 증가 등을 통해 드러낼 수 있다. 이전에는 도서대출

---

33) "Measuring Makerspaces." *Feddabonn*. October 1, 2014. Accessed July 5, 2017. http://feddabonn.com/2014/10/measuring-makerspaces/.

권수가 커뮤니티 효과의 척도였다면, 지금은 그런 척도들은 난해한 것이 되었다. 오클랜드 도서관들은 "메이커스페이스 성공 지수" 평가를 위한 하나의 방법을 찾은 것일 뿐이다. 도서관들이 자신의 커뮤니티를 위해 살펴볼 수 있는 다른 성공 척도들도 있을 것이다.

도서관 메이커스페이스는 기업가 정신을 장려하고, 소기업 성장을 지원하며, 인력양성 및 전문 인력 개발을 제공하고, 노동력 유지율을 증가시킴으로써 경제 발전에 이바지할 수 있다. 또한 교육, 회복력 및 커뮤니티 개발을 통해 지역사회에 이바지할 수 있다.

2014년 워싱턴대학교 정보대학원(University of Washington Information School(iSchool))은 도서관에서 유용하고 쓸모 있는 피드백을 얻기 위해 만든 정교한 세 번째 Impact Survey를 발표하였다.[34] 이전에는 그 조사가 주로 기술적 서비스에 중점을 두었지만, 2014년 조사는 어린이 프로그램 등 다른 도서관 서비스들을 조사하였다. 비록 도서관 메이커스페이스의 효과를 구체적으로 검토하지는 않았으나 이 데이터는 미국 도서관 정보기술 이용자의 8%가 지난해 사업을 위해 이러한 자원들을 사용하였다는 것을 보여준다. 이는 도서관들이 커뮤니티 소기업을 지원함으로써 커뮤니티 경제를 튼튼하게 하는데 이바지했다는 것을 제시한다.

도서관이 창의적 공간 및 프로그램을 개발함에 따라 어떤 성공 척도가 관련성이 높은지를 확인하면, 이런 공간들의 설계 및 구현에 확실한 방향성을 설정할 수 있고, 지속 가능한 공간 창출을 하는 데 도움이 될 것이다.

---

34) Becker, Samantha. "Impact Survey: Measuring Your Library's Impact." *Public Libraries Online.* July 22, 2015. Accessed July 5, 2017. http://publiclibraries online.org/2015/07/impact-survey-meauring-your-librarys-impact/.

메이커스페이스 기획

제2장

제2장
메이커스페이스 기획

> 메이커스페이스는 사람들이 함께 모여 자료를 공유하고 새로운 기술을 배우는 협력 학습 환경이다. 메이커스페이스는 반드시 특정 재료나 장소에서 파생되는 것이 아니라 커뮤니티 파트너십, 협력 및 창작에 대한 사고방식에서부터 시작된다.
>
> — Library as Incubator Project[1]

공공도서관이든 학교도서관이든 간에 가장 성공적인 도서관 메이커스페이스는 지속 가능하고, 적응력이 있으면서, 역동적인 곳이어야 한다. 도서관 행정은 이러한 세 가지 주요 특징과 관련하여 밀접하게 연관되어 있다. 따라서 이러한 창의적인 공간을 설치하고 운영하는 데 있어 핵심 동반자가 되어야 한다. 다른 도서관이나 사서들이 메이커스페이스를 설치한다고 하여 모든 도서관에서 사서의 업무를 메이커스페이스 영역으로 확장하는 것은 바람직하지 못하다. 메이커스페이스를 시작하고자 하는 도서관은 이용자의 역량을 강화하고, 정보를 제공하는 것이 도서관의 사명이며, 메이킹(making)을 통해 이를 보완한다고 생각하고 노력해야 한다.

이는 도서관 메이커스페이스 개발과정의 가장 초기 단계에서 다루어져야 하는 중요한 부분이다. 최첨단 공간을 만들고자 하는 결정은 적당한 위험을 감수해야 하며 혁신의 첨예한 부분이 잘려나가는 것도 받아들여야 한다. 토

---

[1] "A WAPL Recap." *Library as Incubator Project*. May 13, 2012. Accessed July 17, 2017. www.libraryasincubatorproject.org/?p=4594.

제 2 장

마스 에디슨의 명언 즉, "세상에 규칙이란 없다. 우리는 무언가를 이루려 노력하고 있을 뿐이다."를 명심할 필요가 있다.

물론 세상에는 규칙이 있어야 하지만 에디슨의 요점을 잘 받아들일 필요가 있다. 성취와 성공은 가급적 제약이 없는 곳에서 꽃 피울 수 있기 때문이다. 도서관 메이커스페이스의 모든 측면을 세세하게 관리하려는 위험기피적 행정은 노력의 결과에 부정적인 영향을 끼칠 수 있다. 도서관 메이커스페이스가 도서관의 다른 부분이나 프로그램과 동일한 방식으로 운영될 것이라 기대하는 것은 거의 불가능하다. 성공적인 메이커스페이스는 번잡스럽고, 지저분하며, 커뮤니티 주도적이고, 자원봉사자가 많으며 프로그램이나 활동이 자발적이고 소란스러운 편이다. 메이커스페이스를 도입하려는 도서관이나 이미 운영하고 있는 도서관은 메이커스페이스에 대한 경험에 개방적인 태도를 가질 필요가 있으며, 도서관을 새로운 방식으로 운영하더라도 이용자에게 최상의 서비스를 제공하려는 유연함을 보여야 한다.

기관과 커뮤니티의 지지를 받을 수 없다면 시간과 세금을 낭비하는 것이다. 도서관 메이커스페이스에 대한 전폭적인 지원은 프로그램 운영이 저조한 도서관에는 새로운 힘을 불어넣을 수 있고, 도서관을 경제적, 사회적, 학문적 측면에서 커뮤니티의 중심으로 만들 수 있다.

본 장은 도서관 메이커스페이스에 대해 도서관 행정이 관심과 유연성을 가지고 지원하는 것을 전제로 기술하였다. 이러한 지원체계를 염두에 두고, 도서관 커뮤니티의 요구를 충족시키면서 재정적 및 인적 자원을 효율적으로 활용하여 효과적이고 지속 가능한 도서관 메이커스페이스를 설치하는데 필요한 방법, 도구, 자원 등을 살펴보고자 한다.

이 여정의 첫 단계는 도서관 커뮤니티의 요구와 관심분야를 이해하는 것이다. 도서관의 행정적 지원이 확보되어 있는 경우, 다음 단계로 커뮤니티를 이해하는 것이 필요하며, 이는 성공적인 메이커스페이스를 만드는 데 필수적이다. 도서관이 행정적 지원을 하지 않거나 방관적 태도를 보이는 경우도 있다. 이러한 경우에는 커뮤니티 요구와 관심을 정량화하고 새로운 프로그램과 공간 활용을 통해 이용자에게 좀 더 양질의 서비스를 제공하기 위한 방안을 보여주는 것이 메이커스페이스 시작에 있어 필수적이다. 이러한 노력은 메이커스페이스에 대한 커뮤니티의 현실적 지원이 전혀 이루어지지 않을 때 도움이 될 수 있다.

커뮤니티 요구 및 관심사 파악

Community Tool Box(http://ctb.ku.edu/en)는 캔자스 대학에 의해 개발된 것으로 건강한 커뮤니티를 만들거나 사회 변화를 추구하는 집단이나 조직을 지원하기 위한 것으로 유용한 온라인 자원이다. 즉, 도서관 메이커스페이스는 건강한 커뮤니티를 만들고, 사회 변화를 추구하는 공간이므로 Community Tool Box를 활용하는 것이 유용하며, 해당 도구 상자에서 제공되는 많은 자료들은 도서관의 공공 창작 공간과 프로그램 개발에 직접 활용할 수 있다.

Community Tool Box에서 가장 유용한 도구 중 하나로, 특히 공공도서관에서 메이커스페이스를 계획할 때 가장 먼저 적용할 수 있는 것은 "제3장의 커뮤니티 요구 및 자원 평가"이다.2) 메이커스페이스를 시작하기 전에 어떤 서비스를 어떻게 제공하려 하는가에 대한 이해와 이러한 서비스가 도서관의 사명과 목적에 부합하는지 살펴보는 것이 중요하다.

---

2) "Chapter 3: Assessing Community Needs and Resources." *Community Tool Box*. Accessed July 17, 2017. http://ctb.ku.edu/en/table-of-contents/assessment/ assessing-community-needs-and-resources.

Community Tool Box는 요구(needs)를, "현재 어떠한지(What is)와 이상적으로 어떻게 되어야 하는지에 대한 차이"로 정의하고 있다.

> 요구는 개인이나 집단, 그리고 커뮤니티 전체에 의해 느껴질 수도 있는 것으로, 음식이나 물에 대한 요구처럼 구체적일 수도 있고, 커뮤니티의 응집력처럼 추상적일 수도 있다. … 상황을 자세하게 살펴보는 것은 정말로 필요한 것이 무엇인지를 밝히는 데 도움이 될 수 있고, 이는 차후 개선방법을 유도하게 된다. 자원이나 자산은 삶의 질을 높이는데 활용되는 모든 것을 포함하며, 여기에는 개인, 조직 및 기관, 건물, 조망, 장비 등이 포함된다.[3]

창작공간의 설치가 커뮤니티의 구체적인 요구를 해결하지 못하거나, 존재하지도 않는 문제에 대해 해결책을 제공하려는 노력은 시간적, 금전적, 인력 낭비로 이어질 수 있다. 이것은 재봉틀을 좋아하는 사람에게 3D 프린터를 제공하는 것과 같다. 이러한 기기 또는 자원에 이용자가 무관심함에도 불구하고 서비스를 제공하는 것은 투자대비 효용성이 떨어지는 행위로 볼 수 있다. 따라서 커뮤니티 환경과 이용자 요구 및 관심분야를 이해하려고 시간을 투자하는 것은 도서관의 장기적 성공과 존립 가치를 높이는 것이다.

커뮤니티 요구와 관심을 평가하기 위해 도서관은 Eureka! Factory(본서의 원저자인 Theresa Willingham과 남편 Steve가 운영)와 같은 외부 전문 컨설턴트를 고용하여 Impact Survey[4] 라는 전문적인 평가 도구를 사용할 수도 있고, 아니면 Office of Community Services에서 만든 7단계를 적용할 수도 있다. 이 7단계는 이웃이나 마을 또는 학교 공동체와 같은 커뮤니티에 적용할 수 있다. 각 단계에 대한 설명은 다음과 같다.

---

[3] "Chapter 3: Assessing Community Needs and Resources."
[4] Becker, Samantha, and Maggie Buckholz. "Impact Survey: Understand Your Community's Technology Needs." *WebJunction*. September 5, 2013. Accessed July 17, 2017. www.webjunction.org/events/webjunction/Impact_Survey. html.

1. **범위를 설정하라** : 이 단계에서는 평가하려는 것이 무엇인지를 파악할 필요가 있다. 메이커스페이스를 설치하려는 이유가 도서관 후원이 줄어들기 때문인가? 행정적 지시 때문인가? 커뮤니티의 요청 때문인가? 도서관 프로그램의 효과성에 대한 평가를 받은 지가 오래되어 커뮤니티 전반의 정서를 파악하고자 하는 것인가?
2. **평가방법을 결정하라** : 이용자 설문조사와 포커스 그룹을 직접 수행할 것인지? 아니면 외부 전문가의 지원을 받을 수 있는 예산이 있는가? 커뮤니티의 기존 또는 잠재적 파트너와 협력하여 커뮤니티의 요구를 파악하는 것이 더 나은가? 커뮤니티의 파트너와 같이 평가를 수행하는 것은 도서관 프로그램에 대한 이들의 참여를 높이고, 도서관의 서비스 및 지원을 평가하는 과정에서 도서관을 커뮤니티 자산으로 인식하는 데 도움이 된다. 이는 더 많은 평가 자원, 도구, 예산을 활용하는 데에도 도움이 된다. 무엇보다 중요한 것은 다른 커뮤니티 기관 또는 파트너와 연계하는 것은 도서관과의 관계를 견고히 하여 평가 결과를 논의하고 적용하는 데에도 도움이 될 것이다.
3. **자료를 수집하라** : 수집하는 데이터는 기본적으로 두 가지 유형 즉, 1차 및 2차 데이터가 있다. 2차 데이터에는 커뮤니티의 인구조사 데이터 즉, 직장, 수입, 인종/민족성 등과 같은 인구통계 데이터나 도서관 이용자의 특성, 대출, 프로그램 참여 등과 같은 도서관 이력 데이터 등이 포함될 수 있다. 1차 데이터는 설문조사나 자체적인 포커스 그룹을 통해 획득한 데이터이다. 포커스 그룹은 다양한 이해관계자 예를 들어, 이용자, 커뮤니티 기관, 청소년 등을 포함할 수 있다. 1차 데이터 수집의 경우, 가장 유용한 정보를 수집하기 위해서는 적합한 질문을 하는 것이 중요하다. 이용자들이나 이해관계자들이 도서관에서 보고, 경험하고 싶어 하는 것이 무엇인지 알 필요가 있다. 그리고 이용자나 이해관계자가 공유할 수 있는 기술이나 자원이 무엇인지 파악하여야 한다. 자료 수집에 대해서는 뒤쪽에서 더 자세히 다루고자 한다.

4. 주요 결과를 정리하라 : 이 단계에서는 질적 및 양적 평가 기법을 모두 활용할 수 있다. 질적 평가 기법의 예로는 기본적인 SWOT 분석을 통하여 강점, 약점, 기회, 위협요소를 식별할 수 있다.5) 양적 정보는 대출 통계부터 후원 정보까지 다양한 측면을 살펴볼 수 있다. 이러한 수치 데이터는 추후 비교나 진척 상황을 파악하기 위한 기준자료로 활용되므로 중요하다고 볼 수 있다. 그렇지만 직원이나 이해관계자를 포함한 모든 이들의 의견이나 감정 상태를 이해하려는 노력이 필요하며, 이러한 노력은 전략적 계획이나 의사결정을 위한 전체 그림을 파악하는 데 유용하다.
5. 질적 및 양적 정보를 분석하라 : 강점, 의견차이, 해결과제, 그리고 기회의 관점에서 질적이고 양적인 정보를 분석하는 것이 필요하다.
6. 우선순위를 정하고 실행계획을 세워라 : 실행계획은 가능한 한 구체적이어야 하며, 주요 결과와 핵심 이해 관계자들로 부터 확인한 기회와 강점을 고려하여 문제해결을 위한 방안을 모색하여야 한다. 이러한 핵심 인물은 포커스 그룹 토의 과정에서 발견할 수도 있을 것이다.
7. 결과를 공유하라 : 도서관의 내·외부 이해관계자뿐만 아니라 디스커버리 세션(discovery session)에 참여한 사람들과 주요 결과를 공유할 필요가 있다. 이로 인해 이 활동에 참여하는 모든 사람들에게 메이커스페이스의 일원이 되게끔 하고, 주인 정신과 참여를 유도할 수 있다. 모든 사람들이 소속감과 정보를 받고 있다고 느끼면, 이들은 주인 정신을 갖게 되고, 도서관은 이용 가능한 인적 및 재정적 자본을 효율적으로 활용할 수 있는 기회를 갖게 된다.6)

---

5) Renault, Val. "Section 14: SWOT Analysis: Strengths, Weaknesses, Opportunities, and Threats." In "Chapter 3: Assessing Community Needs and Resources." *Community Tool Box*. Accessed July 17, 2017. http://ctb.ku.edu/en/table-of-contents/assessment/assessing-community-needs-and-resources/swot- analysis/main.
6) "CCF/SCF Tools Conducting a Community Assessment." *Office of Community Services, Administration for Children and Families*. September 18, 2012. Accessed July 17, 2017. www.acf.hhs.gov/ocs/resource/conducting-a-community-assessment-1.

포커스 그룹

포커스 그룹(Focus group)은 특정 커뮤니티나 이슈에 대해 깊이 이해할 수 있는 주요 도구이다. 도서관 메이커스페이스와 관련하여 조사를 할 때 포커스 그룹을 이용하면 담당 사서는 직원이나 자원봉사자로부터 이용자 선호도 등에 대한 모든 정보를 얻을 수 있다. 그리고 새로운 프로그램을 개발하는 경우, 일반 대중과 커뮤니티 협력자로부터 관심과 지지를 이끌어 내는데 도움을 받을 수 있다.

설문조사를 통해 얻은 정보와 포커스 그룹을 통해 얻은 정보에는 차이가 있다. 설문조사는 대체로 범위가 좁게 설정되어 수량화된 데이터를 생성하기 위한 목적이 있고, 포커스 그룹은 설문조사와는 달리 이슈나 요구에 관한 개방적이고 질적인 심층 데이터를 제공한다. 이러한 두 가지 유형의 데이터는 도서관의 현재와 미래에 대한 모습을 포괄적으로 보여준다고 할 수 있다.

포커스 그룹을 효과적으로 활용하기 위해서는 당면 과제 즉, 메이커스페이스 및 메이커 방식의 창작 프로그램 개발에 대한 이해를 높이고, 유용한 관점을 제시해줄 수 있는 이해관계자의 유형을 파악하는 것이 중요하다. Eureka! Factory가 주최하는 디스커버리 세션(Discovery Session)에서는 일반적으로 도서관 이해관계자를 다음의 4가지 유형으로 세분화하고 있다.

1. 직원 및 자원봉사자
2. 커뮤니티 리더
3. 이용자 및 후원자(도서관 친구)
4. 청소년 및 청년

개개 도서관은 모두 상황이 다르기 때문에 도서관마다 이해관계자 유형을 세분하는 방법이 다를 수 있다. 다만 여기서 중요한 것은 이용자와 서비스 제공자의 일반적인 유형을 식별하고, 이들을 하나의 공동체로 화합하게 하고, 토론 중재자와 여러 이슈에 대해 논의해 보는 것이다.

포커스 그룹 참여자를 모집하는 것은 과학적인 방식으로 되는 것은 아니지만 디스커버리 세션(Discovery Session) 참여자를 선정하는데 사용할 수 있는 몇몇 우수 사례들이 있다. 다음은 참여자 선정 시 고려할 수 있는 요소들이다.

- 도서관에 대한 참여자의 관심 및 참여 수준
- 이해관계자 유형 - 이용자, 자원봉사자, 후원자(도서관 친구), 행인 등
- (재정, 기술, 프로그램 측면의) 미래 파트너쉽 가능성

참여자는 개인적으로나 초대장(RSVP, 부록의 포커스 그룹 초대장 예시 참고) 등으로 초대할 수 있다. 초대장에는 목적이나 의도, 포커스 그룹 소요시간, 주요 안건, 피드백 활용 및 배포 방식 등이 명확하게 기술되어야 한다. 그룹의 참여자 수를 결정하는 데는 모든 참여자가 발언 기회를 얻고 기록담당자가 정보를 효율적으로 정리하는 데 적합한 10명 내지 12명 정도가 좋다.

적절한 질문을 하는 것이 중요하며, 때로는 약간의 시행착오를 겪을 수도 있다. 일반적으로 서로 다른 그룹을 위한 조금씩 다른 유형의 질문들을 준비하는 것이 효과적일 수 있다. 예를 들어, 커뮤니티 사업가들에게는 이용자나 직원보다 좀 더 외부적인 질문을 할 수 있다. 이와 같은 상황에서는 파워포인트를 활용하여 논의할 질문을 제시해서 주제에 집중할 수 있도록 할 필요가 있다. 또 포커스 그룹의 취지를 간략하게 소개하는 것이 필요하며, "메이커(Maker)"나 "메이커스페이스(Makerspace)"와 같이 자주 사용하는 용어도 정의를 해 주는 것이 도움이 되며, 모든 사람이 동일한 어휘를 사용하는 것

메이커스페이스 기획

이 좋다. 이용자들에게 보편적으로 물어볼 수 있는 질문은 다음과 같다.

- 도서관을 이용하는 빈도와 목적은 무엇입니까?
- 도서관을 이용하면서 가장 마음에 드는 부분은 무엇입니까?
- 도서관의 개선사항으로는 어떤 것이 있습니까?
- 도서관의 "메이커" 프로그램 또는 "메이커스페이스" 운영에 대해 어떤 생각을 가지고 계십니까?
- 오락, 취미, 예술, 공예 등의 목적으로 어떤 것을 즐깁니까?
- 도서관 외부에서 어떤 강의, 작업 공간, 자원 등을 활용합니까?
- 도서관에서 관심분야나 취미에 어떤 것을 지원하기를 바랍니까?
- 공간 활용이나 배정, 운영시간, 안전 대책에 대해 어떤 의견을 가지고 있습니까?

포커스 그룹 수행 시 진행자는 참여자에게 응답을 이끌어내는 유도 질문을 하는 것이 바람직하지 않지만, 수많은 디스커버리 세션을 통해 어떤 형식으로든 유도 질문 없이는 유용한 대답을 얻는 것이 어려운 것이 밝혀졌다. 특히 메이커스페이스나 메이커 운동이 생소한 개념이거나 참고할 만한 것이 없는 커뮤니티에서 유도 질문 없이는 유용한 대답을 이끌어 내기가 더욱 어렵다. 따라서 포커스 그룹에서 도구와 장비에 관한 질문을 한다고 가정할 때, 이에 대한 사진 자료를 슬라이드로 제시할 수 있다. 참여자들이 휴식과 재미를 위해 어떤 것을 만드는 걸 좋아하는지 또는 어떤 활동을 하는지를 질문하는 과정에서 정원 가꾸기, 뜨개질, 악기 연주, 예술 작품이나 보석 만들기 등의 다양한 사진 자료를 활용할 수 있을 것이다.

사업체 커뮤니티 토론의 경우, 자격증, 근로자 직업훈련 및 직업능력 개발, 기업의 지원 등에 도움 되는 프로그램이나 자원에 대한 부가적인 질문을 포함할 수 있다. 이러한 사업체 담당자와의 면담에서는 발명, 스타트업, 멘토링 등에 대한 사진 자료를 활용하여 지금 사용하고 있는 프로그램의 범위에 대한 참여자의 이해를 높일 수 있다.

특히 이용자에게 취미나 특별한 관심사를 묻거나 직원, 자원봉사자 및 후원자에게 도서관 관련 주제에 대한 질문을 하여 대화의 주제를 자연스럽게 확장시킬 수 있다. 유용한 정보를 얻을 때까지 대화의 주제 범위를 넓혀야 하며, 조금이라도 관련이 있다면 해당 정보를 포착하여야 한다. 특정 주제 관련 논의 과정에 참여자들이 가치 있는 것, 예를 들면, 잠재적 커뮤니티 협력자의 이름, 자원 활용에 대한 통찰력, 겉으로 드러나지 않았던 근본적 문제점 등을 제시하는 경우를 발견하게 된다. 필요한 경우에는 그 부분으로 다시 되돌아 가야한다. 그렇지만 특정 주제에 대한 논의가 장황해지거나 주제에서 벗어나게 되면 다음 질문으로 넘어가야 한다. 특히 관련 없는 질문에서 이전 논의 주제에 대한 정보가 나올 것을 대비하여 메모할 수 있는 준비가 되어 있어야 한다. 그리고 최대한 많은 정보를 얻는 것이 바람직함을 명심하여야 한다.

설문조사

온라인 및 인쇄형태의 설문조사는 포커스 그룹에서 다루었던 것과 비슷한 질문을 포함할 수 있다. 그렇지만 설문조사는 대체로 응답을 선택하도록 하여 좀 더 수량화할 수 있는 결과를 제시한다. 예를 들어, 도서관 메이커스페이스에서 어떤 것을 하고 싶은지에 대한 질문에서 개방형으로 응답을 요구하지 않고, 선택 가능한 보기(예, 게임 디자인, 3D 프린팅, 앱 개발, 전통공예 등)를 제시할 수 있다. 상황에 따라 복수 응답이 가능하게 할 수도 있다. 설문조사는 객관식 질문 외에 몇 가지 개방형 응답 질문을 포함하여 대략 10문항 이내로 한다. 또한 설문조사는 메이커스페이스나 창의적 프로그램을 통해 기술을 공유하고 싶은 사람들의 연락처를 수집할 좋은 기회가 될 수도 있다. 따라서 "공유하고 싶은 기술"에 관한 문항을 반드시 추가하여야 한다.

설문조사 연구에 관한 하버드 대학교 프로그램(Harvard University Program on Survey Research)은 유용한 설문 개발에 필요한 도구와 정보를 제공한다. 하버드 대학에 따르면 이상적인 문항은 다음과 같은 세 가지 목표를 달성한다고 한다.

1. 의도하는 본질적인 개념을 측정한다.
2. 의도치 않은 다른 개념을 측정하지는 않는다.
3. 모든 응답자에게 동일한 의미를 전달한다.

좋은 설문을 개발하기 위한 기본 지침은 다음과 같다.

- **설문조사 형태를 결정한다.** 온라인인지, 직접 수집하는지, 인쇄형태인지, 자기기입식(self-administered)인지 아니면 누군가의 도움을 받는 형태인지 등을 결정하여야 한다.
- **짧게 한다.** 어떤 형태의 설문조사이든 간에 5분 내로 완료되도록 노력하여야 한다.
- **문항의 순서에 신경 쓴다.** 어떤 문항의 경우 다음 문항에 영향을 미칠 수 있으므로 계획을 잘 세워야 한다. 일반적인 질문으로 시작하여 구체적인 질문으로 옮겨가는 것이 좋다.
- **민감할 수 있는 질문은 뒷부분으로 옮긴다.** 인구통계학적 정보 또는 사회경제적 수준 등과 같은 질문은 설문의 끝부분으로 옮기는 것이 좋다.
- **평가 척도는 1부터 7까지로 제시하는 것이 좋다.** 온라인 설문조사의 경우 드롭 다운(drop-down) 메뉴보다는 라디오 버튼(radio button) 형태가 더 좋다.
- **가장 좋은 질문은 간결하고 명확하다.** 기술 전문용어, 애매한 단어, 복잡한

문장구조, 두 가지 이상을 측정하는 이중 질문을 피하여야 한다. 각각의 질문은 하나의 주제나 이슈를 다루어야 한다. 그리고 유도적, 연상적, 정서적 언어나 어조를 사용하는 것도 피하는 것이 좋다.7)

    설문조사는 많은 응답을 얻을수록 좋다. 따라서 설문조사를 가능한 오랫동안 실시하여 다양한 인구통계학적 특성을 가진 사람들로부터 응답을 얻는 것이 좋다. 설문 기간은 한 달 이상이 적합하며, 3주 이내는 바람직하지 못하다. 도서관 내부와 도서관 커뮤니티에서 설문을 적극적으로 홍보하여야 설문지를 폭넓게 배포할 수 있으며, 설문에 대한 접근성을 높일 수 있다. 설문지는 온라인과 인쇄 출력형태로 제공하여야 한다. 온라인 형태의 설문지는 도서관 내부의 사람들이 쉽게 접근할 수 있는 키오스크, 참고 데스크 또는 대출 데스크에서 이용할 수 있도록 제작되어야 한다. 설문지에 대한 링크도 도서관 웹사이트와 관련 소셜미디어를 통해 쉽게 접근할 수 있어야 하며, 링크가 활성화되어 있는 동안에는 주기적으로 홍보하여야 한다.

    가능하면 현장으로 나가서 도서관을 이용하지 않는 사람들과 소통하려는 노력이 필요하다. 구체적으로 메이커스페이스에 참여하지 않는 사람들을 효과적으로 참여시켜 신속한 질문에 응답할 수 있도록 3~4개의 문항으로 구성된 짧은 형태의 설문이 도움 될 수 있다. 다시 한번 강조하지만, 많은 사람들에게 피드백을 받을수록 수집 데이터가 더욱 유용하게 활용된다는 점이다.

---

7) "Tip Sheet on Question Wording." *Harvard University Program on Survey Research.* November 17, 2007. Accessed July 17, 2017. https://psr.iq.harvard.edu/files/psr/files/PSRQuestionnaireTipSheet_0.pdf.

분석

수집한 데이터의 결과를 분석하는 것은 인쇄형태나 온라인으로 설문조사를 하여 데이터를 수집하는 것과는 전혀 다른 별개의 문제로 어려운 부분일 수 있다. 그러므로 숙련된 외부 전문가를 통해 결과를 분석하는 것이 좋은 방법이다. 하지만 올바르고 적절한 질문을 통해 데이터를 수집한 경우에는 자체적으로 결과를 해석하는 것도 좋은 방법이다.

대부분의 온라인 설문조사 플랫폼은 도표와 그래프를 활용하여 맞춤화되고 시각화된 보고서를 생성해 준다. 이러한 시각화된 보고서를 통해 특정 범주와 필드 결과를 좀 더 세밀하게 살펴볼 수 있다. 해당 도서관 커뮤니티의 일반적인 관심사, 요구, 기대사항, 그리고 기존의 기술과 사업 추세와 관련된 통찰력 있는 응답들을 살펴보는 것이 좋다.

해당 커뮤니티는 주로 예술에 관심이 많은지 아니면 기술에 관심이 많은지? 이용자의 평균 연령은 어떻게 되는지? 문화유산 공예나 상업적인 것에 관심 있는 문화 공동체가 있는지? 특히 본인들이 소유한 기술을 공유하는데 관심 있는 사람들을 파악하는 것은 새로운 메이커스페이스의 잠재적인 인적자원 및 자본에 포함시킬 수 있어 매우 유용하다. 포커스 그룹과 이용자 및 지역사회에 대한 설문조사를 통해 도서관 커뮤니티에 대한 이해를 높이는 것은 도서관이 유용한 프로그램을 개발하고 공간을 배치하는 데 도움을 줄 수 있다.

포커스 그룹과 설문조사는 이용자 커뮤니티를 이해하는 데 도움을 주지만 자산 매핑은 도서관 외부 및 도서관 서비스 대상 지역의 자원에 대한 이해를 높이는 방안이 될 수 있다.

제 2 장

커뮤니티 자산 매핑

커뮤니티 자산 매핑의 가치를 가장 잘 기술하고 있는 것은 ABCD Institute (Asset-Based Community Development)의 설립자인 John McKnight와 Jody Keretzman의 연구이다. 이러한 장소기반 커뮤니티 개발 프레임워크의 기본적 원리는 도서관에 커뮤니티 기반의 메이커스페이스를 개발할 때 효과적으로 적용할 수 있다. 기본 원리는 다음과 같다.

1. 모든 사람은 재능을 가지고 있다.
2. 모든 사람은 무언가를 기여할 수 있다.
3. 모든 사람은 관심분야가 있으며, 그들의 열정은 행동의 동기가 된다.[8]

ABCD Institute가 개발한 Asset Mapping Toolkit의 서론에서 Dan Duncan은 "견고하고, 안전하며, 건강한 이웃과 커뮤니티는 해당 지역주민과 협회의 강점과 역량에 달려있다." 고 기술한다. "우리는 지역주민의 잠재력을 이끌어내지 않고는 견고하고, 서로 배려하는 동네를 만들 수 없다. '우리가 필요로 하는 것을 얻기 위해 우리가 이미 가지고 있는 것들로 무엇을 할 수 있습니까?' 는 우리가 할 수 있는 최선의 질문이다."

Northwest Regional Educational Laboratory에 근무하는 Diane Dorfman의 저서 *Mapping Community Assets Workbook*도 특정 지역에 관한 가장 유용한 자원들을 식별하는데 활용할 수 있는 기획 도구이다. 이 워크북에서는 자산 매핑의 중요성에 대해 다음과 같이 설명한다.

---

[8] Duncan, Dan. *Asset-Based Community Development: Asset Mapping. Asset-Based Community Development Institute.* Accessed July 17, 2017. http://hdaniels- duncanconsulting.org/pdfs/Asset Mapping Toolkit.pdf.

자산 매핑은 "커뮤니티 개발 운동이며. … 당신이 살고 있는 곳에 대해 잘 모르면, 당신이 서비스를 제공하기 위해 무엇을 어떻게 활용해야 하는지 어떻게 알 수 있는가? 이미 존재하는 자산에 대한 기초적 지식 없이 견고하고, 활발한 커뮤니티를 구축하는 방안을 어떻게 알 수 있는가?

Diane Dorfman은 자산 매핑이 자산 간의 연계성을 보여주어 자산에 대한 다양한 접근방법을 제시하여 주기 때문에 매우 중요하다고 설명한다. "자산을 어떻게 획득하고 이용하는지에 대한 내용과 그러한 자산을 획득하고 이용하려는 사람들은 모두 자산이 될 수 있다. 자산과 자산 사이의 관계를 파악하여 쉽게 이용할 수 있도록 하는 것이 커뮤니티가 존재하는 이유이다." 도서관 메이커스페이스는 커뮤니티의 유형 가운데 하나이다. 구체적으로 도서관 메이커스페이스는 창조적 커뮤니티의 일종으로 도서관 주변의 자산을 파악해서 해당 커뮤니티를 구축하고, 실행 및 지속 가능한 커뮤니티를 만드는데 도움을 줄 수 있다.[9]

자산 매핑이 자산을 식별하는 과정이라면 참여적 자산 매핑(Participatory Asset Mapping)은 커뮤니티를 구성하는 사람, 장소, 경험을 구체적으로 표현하는 보완적 과정이다.[10] Healthy City의 프로젝트인 Community Research Lab은 사회적 불평등을 해결하고자 하는 노력으로 기존 커뮤니티의 장점을 구축함으로써 전략적 계획을 지원하고자 참여적 자산 매핑을 활용하고 있다. 이처럼 도서관 메이커스페이스 개발을 위한 전략적 계획을 지원하기 위해서도 같은 절차를 활용할 수 있다. Community Research Lab에 따르면, 참

---

9) Dorfman, Diane. *ABCD Toolkit: Mapping Community Assets Workbook. Northwest Regional Educational Laboratory.* September 1998. Accessed July 17, 2017. www.abcdinstitute.org/docs/Diane Dorfman-Mapping-Community-Assets-WorkBook (1)-1.pdf.

10) Burns, Janice C., Dagmar Pudrzynska Paul, and Silvia R. Paz. Participatory Asset Mapping. Community Science. April 2012. Accessed July 17, 2017. www.communityscience.com/knowledge4equity/AssetMappingToolkit.pdf.

제 2 장

여적 자산 매핑이란 "개개인이 속한 커뮤니티에서 긍정적인 구조를 구축하기 위하여 가슴, 머리 그리고 손을 활용할 수 있는 인적 자본과 역량을 인식하는 것" 이다.

"인적 자본" 은 도서관이나 다른 어떤 곳에서도 메이커스페이스를 가능하도록 하는 것이며, 커뮤니티 자산 매핑은 나아가야 할 방향에 대해 계획을 세우는 데 도움이 된다. 커뮤니티 자산 매핑을 위한 방법은 매우 다양하다. 그렇지만 가장 손쉽게 할 수 있는 방법 가운데 하나는 구글 지도를 통해 적당한 도서관 반경 내의 예술부터 제조업에 이르기까지의 다양한 범주를 검색하는 것이다.

자산 맵은 메이커스페이스 개발 및 프로그램에 도움 될 수 있는 것이라면 무엇이든 포함할 수 있다. 구체적으로 포커스 그룹과 설문조사 결과의 분석에 따라 자산에는 기계 공장에서부터 정원 관련 물품 센터, 재단사부터 목공, 기계 공학자부터 예술가에 이르기까지 다양한 것이 있을 수 있다. 모호해 보이거나 부적합해 보이더라도 잠재적 자산이라면 고려하여야 한다. 예를 들면, 근처의 액자가게에서 대부분 쓸모없거나 재활용되는 액자용 대지나 유리, 목재 등도 무료로 구할 수 있는 귀중한 자원이 될 수 있고, 상황에 따라 프로그램 운영의 파트너가 될 수도 있다.

도서관 서비스 반경 내의 다양하고 많은 자산을 식별하고 난 뒤에는 "질문"하는 연습을 해야 한다. 그러한 자산의 위치만 알고 있는 것은 충분하지 않고, 자산을 보유한 사람들과 이야기할 필요가 있다. 그런 사람들을 개별적으로 만나 도서관에서 무엇을 하고 있는지 설명을 하거나 오픈 하우스 특별 행사를 열어 초대할 수 있다. 오픈 하우스 행사에는 자산을 보유한 사람들에게 향후 계획을 위해 무엇을 하고 있는지, 커뮤니티에서 무엇을 하고 싶은지 설명하여, 이들을 프로그램 협력자가 되도록 한다.

잠재적인 새로운 자산이 즉각적으로 투입되면 좋겠지만 그렇지 않다면 이들에게 메이커스페이스 진행 상황에 대해 지속적으로 알려주어야 한다. 특히 방, 강의실 및 프로그램에 대한 명명권(naming rights), 즉 이름을 부여하는 것과 비전통적인 파트너에 대해 열린 마음을 가져야 한다.

창조적 도서관 공간에서 커뮤니티가 원하는 것이 무엇인지 그리고 어떤 파트너와 협력해야 하는지를 확실하게 파악한 후에 메이커스페이스 계획 및 예산을 구체화할 수 있다.

계획 수립 및 예산 확보

도서관 메이커스페이스의 계획 수립 및 예산 확보를 위한 다양한 방법이 있다. 저자가 Eureka! Factory의 구성원으로서 공공도서관 작업을 할 때, 여러 가지 메이커스페이스 도구와 자원관리 기능이 있는 맞춤형 예산 도구를 사용하였다. 이를 활용하여 모든 도서관 고객의 요구를 충족시키기 위한 예산을 분류할 수 있었다. 예산은 메이커스페이스가 설치될 공간의 크기, 자료 및 기기의 유통 출처(물품 기부 대 규격품 구입), 목적 및 주안점(도구를 준비할 것인지 아니면 주로 회의 장소로 활용할 것인지) 등에 따라 달라진다.

제 2 장

Type	Space Name	Category	Item	Example	Unit Cost	Quantity	Total Budget	Price source	Link or Notes
Equipment	Flex Space	Art	Easel – tabletop	American Easel 24 Inch	$13.00	8	$104.00	Amazon	https://amzn.com/B000MM49QC
Equipment	Flex Space	Art	Easel - floor	US Art Supply AI Studio Easel	$50.00	2	$100.00	Amazon	https://amzn.com/B00PR8ZMJQ
Equipment	Flex Space	Textile	Sewing machine	Janome Magnolia 7325	$330.00	4	$1,320.00	Amazon	https://amzn.com/B00J8VEM8S
Equipment	Flex Space	Textile	Serger	Janome MOD-Serger	$260.00	2	$520.00	Amazon	https://amzn.com/B01BKTQ3CS
Equipment	Flex Space	Textile	Thread spool rack	Mini Mega Rak	$19.00	2	$38.00	Michaels	https://michaels.com/10453541.html
Equipment	Flex Space	Textile	Adjustable Dress Form	Singer DF251, Medium/Large	$230.00	1	$230.00	Amazon	https://amzn.com/B00OLNDFOK
Equipment	Flex Space	Textile	Assorted Quilting Rulers	Omnigrid Ruler Pack	$24.00	4	$96.00	Amazon	https://amzn.com/B001CE38J5
Supplies	Flex Space	Textile	General sewing supplies	Generic	$300.00	1	$300.00	Wal-Mart	
Supplies	Flex Space	Textile	General Art supplies	Generic	$400.00	1	$400.00	Michaels	
Supplies	Flex Space	Textile	Ironing board	Generic	$60.00	1	$60.00	Amazon	https://amzn.com/B0048F5GXO
Supplies	Flex Space	Textile	Steam Iron	Any	$35.00	1	$35.00	Amazon	https://amzn.com/B01D1P9V00
Supplies	Flex Space	Power Tools	Glue gun, high temp	Surebonder PRO2-100	$31.00	4	$124.00	Amazon	https://amzn.com/B006IY3S9K
Supplies	Flex Space	Material	Glue sticks – 50pc/bag		$5.00	4	$20.00	Harbor Freight	http://goo.gl/I38GZs
Equipment	Flex Space	Automated Tools	Silhouette Portrait Vinyl Cutter	Silhouette Portrait	$150.00	1	$150.00	Amazon	https://amzn.com/B009GZUPFA
Software	Flex Space	Art	Gimp (free version of photoshop)		Free	2		Online	https://www.gimp.org/
Equipment	Culinary Space	Culinary Tools	Induction Compatable Cookware	Various, as needed (total budget)	$1,000.00	1	$1,000.00	Amazon	https://amzn.com/B00OQJ7YFI
Equipment	Culinary Space	Culinary Tools	Cooking Utensil Set	Amco Stainless Steel 5-Piece	$21.00	4	$84.00	Amazon	https://amzn.com/B002YKVMS2
Equipment	Culinary Space	Surface & Storage	Mobile Kitchen Cart	Boraam 98520 Sonoma Kitchen Car	$230.00	4	$920.00	Amazon	https://amzn.com/B00RE11M7S
Equipment	Collaborative	Furniture	Collaboration Station Seating	POWWOW modular	$8,100.00	1	$8,100.00	EKO	http://www.ekocontract.com
Equipment	Youth Space	Surface & Storage	Lego League Compitition Table	Custom built	$150.00	1	$150.00	Locally made	http://goo.gl/GPFxTb
Equipment	Florida Room	Textile	Quilting Frame	Edmunds American Legacy	$106.00	2	$212.00	Amazon	https://amzn.com/B0046HJ7DO
Equipment	Florida Room	Textile	Embroidery/Stiching Scroll Frame	Edmunds Stitchers Floor Stand	$53.00	2	$106.00	Amazon	https://amzn.com/B002WE1JUS
							0		
Total							$54,385.50		

도서관 메이커스페이스 예산편성 도구, Eureka! Factory

메이커스페이스 기획

Type	Budget
Equipment	$ 49,210.50
Software	$ 3,608.00
Supplies	$ 1,567.00
(blank)	$ -
Grand Total	$ 54,385.50

Space Name	Budget
Collaborative	$ 23,600.00
Culinary Space	$ 2,614.00
Flex Space	$ 16,207.00
Florida Room	$ 318.00
Studio Space	$ 11,096.50
Youth Space	$ 550.00
(blank)	$ -
Grand Total	$ 54,385.50

Category	Category Costs
Art	$ 914.00
Audio	$ 1,803.50
Automated Tools	$ 3,350.00
Computer Hardware	$ 22,119.00
Culinary Tools	$ 1,694.00
Design	$ 1,900.00
Electrical Tools	$ 390.00
Furniture	$ 10,500.00
Hand Tools	$ 480.00
Material	$ 220.00
Measuring Tools	$ 60.00
Music	$ 1,128.00
Power Tools	$ 244.00
Surface & Storage	$ 1,820.00
Textile	$ 3,317.00
Video	$ 4,446.00
(blank)	$ -
Grand Total	$ 54,385.50

Eureka! Factory 도서관 메이커스페이스 예산편성 도구. *Eureka! Factory*

 Eureka! Factory 도서관 메이커스페이스 예산 편성 도구는 기기유형(장비, 물품 및 소프트웨어), 공간유형(메이커스페이스 내부), 주제 분야 범주 등의 항목으로 구성된다. 각각의 품목에는 명칭, 상표, 모델 예시, 단가 예시, 필요 수량, 품목별 예산합계, 가격 정보원 및 상세 정보에 대한 URL 또는 노트 등의 정보를 포함하는 것이 바람직하다. 이러한 품목은 필요에 따라 필터링 및 그룹화 또는 배열할 수 있다. 해당 도구를 개발한 Steve Willingham은 다음과 같이 말한다.

 이 도구는 도서관이 메이커스페이스 설문조사 결과를 검토하는 데 유익하다. 다시 말해, 커뮤니티 메이커들의 요청, 희망 사항 및 요구를 충족시키는 데 필요한 실질적 장비, 소모품 및 소프트웨어 구입에 대한 재정적 현실에 대한 설문조사 결과를 검토하는 데 도움을 준다. 예를 들면, 커뮤니티 이용자들은 직물이나 예술에 관심이 많은 데 비해 도서관이 전자 도구나 장비에 너무 많은 돈을 쓰고 있는 것은 아닌지? 커뮤니티 이용자들이 오디오/비디오 제작에

제 2 장

관심이 있는 데 금속 가공 장비나 소모품에 예산을 많이 쓰고 있는 것은 아닌지? 등의 질문에 해당 도구를 활용할 수 있다. 궁극적으로 이 도구는 도서관 메이커스페이스의 목적 및 목표와 비교하여 메이커스페이스 예산의 재정적 현실을 살펴보는 것에 도움이 될 것이다. 또한 메이커스페이스 프로그램의 재정적 제약 내에서 수용 가능한 해결책을 찾는 데 도움이 된다.

규모가 큰 메이커스페이스는 규모가 작고 도구가 많은 공간보다 비용이 적게 들 수 있다. 그리고 규모가 작더라도 커뮤니티의 지원이 많아 이용자들이 원하는 장비를 많이 갖춘 곳은 규모가 크다라도 특별한 목적 없이 무관심한 이용자가 많은 곳보다 더욱 생산적이고 활용도가 높을 것이다. 따라서 메이커스페이스를 시작하기 전에 구체적인 도서관 커뮤니티를 이해하여야 하며, 어떠한 행정적 지원을 받을 수 있는지를 파악하여야 한다.

구입 시 고려사항

재료는 다양한 곳에서 구할 수 있으며, 몇몇 필요한 소모품은 독점 공급업체로부터 구할 수 있다. 기존의 공급업체를 통해 필요한 품목을 주문하는 것이 쉬울 수 있겠지만 비용면에서 항상 효율적인 것은 아니다. 메이커스페이스가 민첩해야 하는 만큼 이를 지원하는 체계도 민첩하여야 한다. 도서관 직원이 소모품이나 자원을 주문 및 재주문하는 데 많은 시간이 소요되는 다중 결제, 관료적 행태, 구식의 물품 구입이나 장비구입 시스템은 메이커스페이스 계획과 작업장을 만들기 전에 재검토되어야 한다. 예를 들어, 3D 프린터 필라멘트를 재공급 받는데 6개월이 걸리거나 연관성이 낮은 프로그램을 위해 도서관이 6개의 랩탑을 같이 사용해야 하거나 자원을 요청하기 위해 10여 개의 문서 양식과 3개의 부서가 필요하다면 도서관 메이커스페이스는 혼란에 빠질 수 있다.

메이커스페이스를 위한 별도의 도서관 예산이 편성되어 있지 않고, 일반적인 분관 예산에 통합되어 있으면 장단점이 있다. 품목별 지원이 없이 도서관 예산에 통합되어 있으면, 메이커스페이스의 요구는 도서관의 다른 비용으로 대체될 수도 있다. 따라서 도서관 메이커스페이스가 자체 예산을 융통성 있고 편리하게 사용하는 것이 가장 이상적이다. 이를 위해 도서관 친구 단체(library friends group)와 협력하는 것은 구입과 메이커스페이스 예산 요구를 능률적으로 할 수 있는 효율적인 방법 중 하나이다.

도서관은 효율적인 예산 분배를 위해 이용자, 도서관 요구, 선호도, 예산 제약 등을 모두 고려하여 최종 결정을 내려야 한다. 예산 배정 시 몇 가지 주요 고려사항은 다음과 같다.

- 직원 : 메이커스페이스 공간에는 전담 직원을 두는 것이 이상적이다. 기존 직원을 도서관 메이커스페이스에 재배치할 것인지, 아니면 전문 직원을 채용할 것인지, 혹은 메이커스페이스 공간을 커뮤니티 자원봉사자 중심으로 운영하도록 할 것인지 등을 검토할 수 있다.
- 자문위원 : 도서관은 메이커스페이스의 사전 업무나 개발에 외부 자문위원을 활용할 것인가?
- 장비 : 2015년 *Makerspaces in Libraries* 책을 저술할 때, 3D 프린터의 기본 가격은 약 1,500달러였다. 요즘 쓸 만한 3D 프린터는 약 300~500달러 정도이다. 수공구나 전동도구, 재봉틀, 오디오/비디오 장비 등은 다양한 공급업체를 통해 구입할 수 있고, 지역 협력업체를 통해 현물로 구할 수도 있다. 여기서 주의할 점은 모든 것을 한꺼번에 구입할 필요는 없다는 것이다. 메이커스페이스라는 새로운 공간에 짧은 기간 내 가장 많이 이용될 수 있는 물품을 구비 하는 것이 커뮤니티의 참여를 많이 이끌어내고, 이를 통해 장기적으로 새로운 물품 구매에 대한 요구를 정당화시킬

수 있다. 참고로 Makerspace.com이 개발한 고등학교 메이커스페이스 도구 및 재료 지침서는 도서관 메이커스페이스 요구에 적합한 장비 리스트를 제공하고 있다.11)

- **보험** : 메이커스페이스에서의 활동이나 위험요소 등을 감안하여 보험의 범위를 조정할 필요가 있다.
- **설계 및 리모델링** : 메이커스페이스를 처음부터 만드는 것이 아니라 도서관의 기존 공간의 일부로 포함될 수 있으면 비용을 줄일 수 있다. 이동식 벽, 전기 콘센트, 오디오/비디오 사용을 위한 화이트보드나 크로마키(Chroma key) 스크린, 대형 장비가 사용되는 경우 냉난방과 환기(HVAC) 시스템을 고려하여야 한다. 상황에 따라서는 도서관의 기존 공간에 휴대용 또는 부가적인 기능을 추가하는 것이 더 바람직할 수도 있다.
- **소모품** : 소모품에는 3D 프린터 필라멘트, 납땜이나 예술 및 공예재료, 사무용품, 비닐 시트 등이 있다. 메이커스페이스에 따라서는 재료나 소모품에 대한 요금을 부과하기도 하고, 전체 예산에 미리 책정해 놓기도 한다.
- **관리** : 관리비용은 많은 금액은 아니더라도 고려하여야 한다. 도서관 직원이나 자원봉사자가 정기적인 점검을 할 수 있고, 큰 기계가 아닌 작은 용품에 대해서는 직접 고칠 수 있다. 예를 들어, 드릴 프레스, 톱, 재봉틀 등과 같은 기기는 정기적이고 전문적인 검사와 서비스가 필요하다.
- **소프트웨어 라이선스 갱신** : 소프트웨어 라이선스는 소프트웨어 종류에 따라 매년 또는 수년마다 갱신하여야 한다. 이러한 소프트웨어 라이선스 갱신에는 관련 비용이 들 수 있다.

공간 활용계획과 관련하여 외부 전문가의 자문이 유용할 수 있다. 그렇지만 기본적인 도서관 공간설계 우수 사례를 적용하는 것도 좋은 방법이다.12)

---

11) *High School Makerspace Tools and Materials. Makerspace.com. http://spaces.makerspace. com/wp-content/uploads/2012/04/hsmakerspacetoolsmaterials-201204.pdf.*

12) Lesneski, Traci. "10 Steps to a Better Library Interior: Tips That Don't Have to

공간 활용계획에 있어서 다른 도서관과 마찬가지로 4가지 기본 기능 즉, 학습, 체험, 회의, 창작을 고려해야 할 것이다.13) 그리고 기존 도서관에서와는 달리 메이커스페이스 설계 계획에는 제작 공간에서 발생하는 소음과 먼지 또는 폐기물이 더 많고 복잡하다는 점을 추가로 고려해야 한다. 이는 그렇게 힘든 문제는 아니지만, 공간 활용을 계획할 때 고려해야 한다. 이외에도 공간 활용방안에는 여러 가지가 있는데, 예를 들면, 팝업 메이커스페이스, 모바일 메이커 스테이션 및 이동용 설비 등이 있다.

관리 문서 개발

메이커스페이스 초기 단계에서 조직 체계를 성문화하는 것은 강한 추진력을 갖게 할 뿐만 아니라 다른 도서관에서 이를 활용할 수 있도록 한다. 도서관을 위한 메이커스페이스 핸드북은 자주 참고되고 정기적으로 재평가되고 갱신되는 "살아있는 문서"여야 한다. 이것은 특히 학교 환경에서 유용하다. 그 이유는 학생들이 메이커스페이스를 커뮤니티 규칙이 있는 독특하고 특별한 장소로 간주하도록 하기 때문이다.

문서는 도서관 메이커스페이스의 설계, 주안점 및 의도에 따라 달라진다. 수공구나 전동공구로 공간을 채우는 경우, 핸드북에는 공구 사용 수칙, 사전교육, 공간 관리, 안전 및 대여 시 필요사항에 관한 내용이 포함되어 있어야

Cost a Lot." *Library Journal*. August 16, 2011. Accessed July 17, 2017. http://lj.libraryjournal.com/2011/08/buildings/10-steps-to-a-better-library-interior- tips-that-dont-have-to-cost-a-lot-library-by-design/#_.

13) "Zones and Spaces: Model Programme for Public Libraries." *Agency for Culture and Palaces*. December 6, 2016. Accessed July 17, 2017. http://modelpro-grammer.slks.dk/en/challenges/zones-and-spaces/.

한다. 예술과 공예의 공간 위주로 되어 있으면, 문서는 좀 유연할 수 있지만 메이커스페이스 프로그램의 사명과 목표를 확인할 수 있도록 적당한 곳에 있어야 하며, 정교한 장비를 구비하게 되어 규모가 커질 것을 대비하여 자료를 추가할 수 있어야 한다.

기본사항

목차는 도서관 상황을 고려하여 다음의 항목을 포함하여야 한다.

- 도서관장의 환영사 및 메이커스페이스 소개(사명 및 목표 포함)
- 메이커스페이스 정책 및 규칙
- 회원/이용자 동의서

메이커스페이스 정책 및 규칙

구글에서 "도서관 메이커스페이스 정책"을 검색하면 수천 건의 결과를 얻을 수 있다. 개별 도서관의 요구와 목표를 충족시킬 수 있는 정책이 최고의 정책이라 할 수 있다. 기본적인 사명이나 계획부터 만드는 것이 정책을 개발하는 기본 토대가 될 수 있다.

- 주로 어린이를 위한 공간인가?
- 주로 예술 분야로 특화된 공간인가?
- 기술 훈련을 지원할 것인가?
- 시제품 개발 목적인가?

이용자 및 직원과의 포커스 그룹은 위와 같은 질문에 대한 해답과 그 외에도 공간 활용의 목적과 중점 분야에 대한 해답을 얻는 데 도움 된다. 우선 메이커스페이스의 목적에 대해 공감하면 보다 세부적인 것을 시작할 수 있다. 메이커스페이스 정책과 규칙 부문은 다음과 같은 정보를 포함한다.

- 운영시간
- 회원자격 : 메이커스페이스는 누가 어떤 상황과 서비스 조건에 따라 사용할 수 있는가? 메이커스페이스를 사용할 수 있는 연령은? 특정 연령의 어린이가 이용하기 위해서는 보호자가 필수적인가? 메이커스페이스 사용은 도서관 회원증이 있는 회원으로 제한할 것인가?
- 도서관 정책 및 규칙 : 메이커스페이스 정책은 기존 도서관 정책과 연계되거나 자체적인 고유한 규칙들로 구성될 수 있다. 여기서 중요한 것은 이러한 정책과 규칙은 명확하고 이해하기 쉽게 기술되어야 한다는 것이다.
- 행동수칙 : 명료한 행동수칙은 메이커스페이스를 이용하는 모든 사람이 존중하게 되고, 이를 통해 메이커스페이스는 즐거운 것들로 가득 찰 수 있다. 행동수칙을 따르지 않았을 때의 결과에 대해 명확하게 밝힐 필요가 있다.
- 예약정책 : 메이커스페이스 공간을 이용하기 위해서는 어떤 예약절차를 거쳐야 하는가? 이용 가능한 시간은 어느 정도인가?
- 안전규칙 : 메이커스페이스의 도구나 장비를 사용하는 사람들에게는 누구나 오리엔테이션을 의무화하여야 한다. 메이커스페이스 이용과 관련된 안전 사항은 명확하게 밝혀야 하며, 구체적으로 오리엔테이션 수업과 관련된 부분을 비롯하여 이용자가 자신의 안전장비(예, 안전 안경)를 스스로 준비하여야 하는지 또는 어떤 유형의 창작 활동이 허용되고 금지되는지 등을 포함하여야 한다.
- 관리 및 보수 : 일반적인 타운 홀(town hall)은 메이커스페이스에서 유용할 수 있다. 적극적인 메이커스페이스 이용자는 시설관리와 유지관리 계약을 통해 직원의 업무량을 경감시켜주고 시설을 사용할 수 있는 권한도 얻을 수 있다. 이 섹션은 도구와 장비의 사용과 관련하여 공간이 어떻게

사용되고 유지되는지 그리고 공간 내 도구와 기기사용에 대한 사용자의 기대치를 알려준다.

회원/이용자 동의서

개별 도서관은 자체적인 메이커스페이스 정책을 만들고, 이를 어떻게 시행할 것인지를 결정하게 된다. 따라서 도서관 조직 체계나 메이커스페이스 이용 의도에 따라서는 회원 동의서가 활용될 수도 있고 활용되지 않을 수도 있다. 그러나 당장은 아니더라도 나중을 대비하여 회원/이용자 동의서를 만들어 놓는 것이 좋으며, 동의서에는 메이커스페이스 이용과 관련한 이용자와 직원의 행동 양식 정도만 기술하여도 된다. 핸드북에 포함하기 좋은 표준화된 회원/이용자 동의서에는 다음과 같은 사항을 기술하면 된다.

- 회의, 내빈, 접근, 정리 등의 메이커스페이스 이용에 관한 내용 기술
- (광고 및 마케팅, 브로슈어 제작, 웹사이트 및 소셜 미디어에) 참여자의 사진 이용, 장비의 이용, 안전수칙 등에 관해 이용자가 읽고, 안전 규칙에 대해 설명 받았다는 내용 기술
- 메이커스페이스에서 발생하는 개인의 상해, 물품의 분실이나 파손에 대해 도서관의 책임을 면제시키는 사항 등을 기술(필요에 따라 기본 표준 문안을 수정할 수 있음)

어떤 형태이든 간에 이러한 동의서를 활용하고자 한다면, 매년 이용자들로부터 이것을 받아 파일로 보관할 수도 있고, 이러한 필수 서류나 오리엔테이션을 모두 완료했음을 증명하는 배지를 이용자의 도서관 회원증에 부착하는 방법도 있다.

도서관 메이커스페이스 핸드북은 온라인뿐만 아니라 모든 이용자에게는 디지털 사본으로 이용할 수 있어야 하고, 현장에서는 인쇄자료 형식으로 쉽

게 접근 할 수 있어야 한다. 메이커스페이스가 진화하고 변화하면, 핸드북도 이러한 변화를 반영하여야 한다. 메이커스페이스 핸드북에는 요구사항과 책임이 핵심이며, 공간, 도구, 장비 사용 및 행동에 대해서는 가능한 한 적게 다루도록 한다. 메이커스페이스 핸드북을 가지고 있는 것은 안전, 투명성 및 품질 관리에 대한 의도와 노력을 보여주며, 성숙, 전문성, 배려의 환경을 조성할 수 있다.

예산확보 방안

메이커스페이스에서 가장 힘든 부분은 지속 가능한 사업 모델을 갖는 것이며, 도서관 메이커스페이스도 지속가능한 사업이 되어야 한다. 대체로 초기 예산을 확보하는 것은 쉬운 편이지만 장기적이고 지속 가능한 계획을 세우지 않으면 도서관 메이커스페이스는 다른 메이커스페이스와 마찬가지로 손쉽게 폐쇄될 수 있다.

*Makerspaces in Libraries*에는 2011년 John Boeck와 Peter Troxler가 연구한 팹랩 비즈니스 연구를 소개하고 있는데, 이 연구에서 제시한 팹랩의 8가지 비즈니스 모델[14] 가운데 다음의 3가지 유형이 도서관 메이커스페이스에 적용될 수 있다.

- 보조금 기반 모델 : 주요 수입원이 공적 또는 사적 자금이다.
- 기관 기반 모델 : 주요 수입원은 없으나 지출이나 서비스가 모 기관 즉, 도서관에 의해 지원되는 것이다.

---

14) Boeck, John, and Peter Troxler. "Sustainable FabLabs." *FabWiki*. August 17, 2011. Accessed July 17, 2017. http://wiki.fablab.is/images/e/ef/Factsheet_Lab-Sustainability_Fab7.pdf.

• 교육 활동 모델 : 주요 수입이 강의나 워크숍 비용으로 생겨나는 것이며, 메이커스페이스 강사에 의해 서비스가 계획되고 제공된다.

각 유형에 대하여 좀 더 자세히 살펴보면 다음과 같다.

보조금 기반 모델(Grant-based Model)

보조금 기반 모델은 전담 직원이나 자원봉사자가 자금 신청서를 계속해서 작성하고 지속적으로 신청하여야 한다. 앞으로 당분간은 메이커스페이스를 지원하는 보조금 수혜기회가 많을 것이라는 점은 긍정적인 측면이다. 그렇지만 대다수의 보조금은 체계적인 운영 지원을 하지 않는다는 점이 부정적인 측면이다. 다른 보조금 기반 프로그램과 마찬가지로 이 모델은 보조금 신청 요건에 대한 이해가 필요하고, 설득력 있는 보조금 신청 제안서를 작성할 수 있는 능력이 요구된다. 또한 메이커스페이스를 유지할 수 있도록 지속적인 보조금을 확보하여야 한다는 점이다.

기관(도서관) 기반 모델(Institutionally Embedded Model)

도서관 메이커스페이스는 정의에서 드러나는 바와 같이 기관 즉, 도서관에 소속되어 있어 대부분의 경우, 기존 도서관 예산으로 메이커스페이스의 개발이나 운영을 지원한다. 독립적이거나 사설 회원 기반 메이커스페이스와는 달리 도서관에 소속된 메이커스페이스는 현장 직원 배치에 강점이 있는데, 그 이유는 해당 도서관에 이미 전담 직원이 있거나 해당 도서관 차원에서 기존 직원을 연수시켜 메이커스페이스를 운영하는데 필요한 기술이나 지식을 습득시킬 수 있기 때문이다. 기관 기반 모델은 보조금 기반 모델과 함께 가장 신뢰할 수 있는 예산확보 모델이다. 하지만 이 모델은 지속적이고 장기간에 걸친 예산 확보를 위해서는 행정적, 지역적, 때로는 주 정부 차원에서 강력한 지원이 있어야 한다. 그리고 이 모델은 앞서 언급한 포커스 그룹, 설문조사 및 보고서와 같은 성과 자료의 개발에 많은 노력을 기울여서 커뮤니티 요구와 가치에 대한 근거를 확보해야 하며, 예산을 유지할 수 있도록 측정 가능한 성과물을 제시할 수 있는 평가 과정이 필요하다.

교육 활동 모델(Educational Activities Model)

이 모델은 도서관의 사명이나 목적에 따라서 다소 어려운 모델일 수 있다. 도서관 메이커스페이스는 3D 프린터나 녹음 스튜디오와 같은 메이커스페이스 공간을 유지하는데 재료비나 이용료와 같은 최소한의 수익을 발생시키는 유료 기반 구조가 있어야 한다. 공공도서관에서는 이러한 수익 모델을 간과하기 쉽지만, 이는 부차적인 예산확보 방안으로 고려할 만한 가치가 있다.

또 다른 예산확보 방안으로는 명명권(naming rights), 기부금(endowments), 도서관 친구(Friends group), 개인 기부자 등이 있다. 특히 도서관 친구 단체는 메이커스페이스 개발과 운영에 있어서 가장 좋은 협력자가 될 수 있다. 따라서 이들을 기획 초기 단계에 참여시켜 관심과 협조를 요청하는 것은 대중의 참여를 유도하고, 능률적인 자금 조달을 가능케 하여 메이커스페이스 공간을 효율적으로 활용하는 데 있어 필수적이다. 도서관 친구 가운데 은퇴한 전문가, 기술자 또는 기능보유자 등이 많이 있으므로, 이들은 메이커스페이스 프로그램 운영을 위한 잠재적인 인적자원이 될 수도 있다.

제 2 장

요약 및 유용한 자원

지금까지 다룬 도서관 메이커스페이스 개발의 예비 단계는 다음과 같이 요약할 수 있다.

1단계: 행정적 지원을 확인하라.
- 메이커스페이스 개발 전에 행정 및 도서관 직원회의를 개최하여 메이커스페이스 설치의 장단점, 선호도, 요건 등에 대해 완전히 이해하도록 하고, 해당 공간의 사명과 목표, 결과에 대한 기대사항에 대해 의견일치를 이루도록 한다.
- 메이커스페이스의 효과적인 운영을 위해서는 행정적 감독이 합리적이어야 하며, 도서관은 프로그램 운영, 예산, 관리와 관련하여 창의성을 발휘할 수 있도록 자율성과 민첩성을 가지도록 한다.

2단계: 커뮤니티 요구와 관심을 분석하라.
- 포커스 그룹을 구성한다.
- 설문조사를 한다.
- 포커스 그룹 및 설문조사의 결과를 평가하여 모든 수준에서 이해당사자의 선호도를 결정한다.

3단계: 잠재적 커뮤니티 협력자를 발굴하기 위해 커뮤니티 자산맵을 개발하여 확인된 요구와 관심을 지원할 수 있도록 하라.

4단계: 설문조사와 커뮤니티 자산/지원에 기초하여 메이커스페이스 예산과 계획을 수립하라.

5단계: 도서관 메이커스페이스 사명, 목표, 안전기준 및 행동양식을 성문화하라.

이러한 단계별 과업을 달성하기 위해 창조적 공간과 프로그램을 개발하는 도서관은 다양한 기관의 자원을 활용할 수 있다. 다음은 유용한 자원들을 나열한 것이다.

- University of Kansas' Community Tool Box의 섹션 8, "Identifying Community Assets and Resources"[15]
- "MakerEd Program Planning and Management"[16]
- *Makerspace: STEM/STEAM Skills for the Creative Economy*[17] - 캘리포니아 중심의 자원 안내서이나 모든 도서관의 메이커스페이스 프로젝트에 참고할 수 있음
- John Burke's "Makerspace Resources"[18] - 특히 메이커스페이스 재정과 기부 자원에 대해 기술하고 있음
- "Renovated Learning,"[19] - 학교도서관 사서인 Diana Rendina이 만든 것으로 학교도서관 메이커스페이스를 위한 자원 제공

---

15) Berkowitz, Bill, and Eric Wadud. "Section 8: Assessing Community Assets and Resources." *Community Tool Box*. Accessed July 17, 2017. http://ctb.ku.edu/en/table-of-contents/assessment/assessing-community-needs-and-resources/iden-tify-community-assets/main.
16) "MakerEd Program Planning and Management." *Maker Education Initia-tive*. Accessed July 17, 2017. http://makered.org/resources/program-planning/.
17) Feinstein, L., M. Daniel DeCillis, and Laurie Harris. *Makerspace: STEM/STEAM Skills for the Creative Economy. California Council on Science and Technology*. April 2016. Accessed December 7, 2016. http://ccst.us/publications/2016/2016makerspace.pdf.
18) Burke, John. "Makerspace Resources." *Miami University*. March 28, 2013. Accessed July 17, 2017. www.users.miamioh.edu/burkejj/makerspaces.html#funding.
19) Rendina, Diana. "Renovated Learning." *Renovated Learning*. December 5, 2016. Accessed July 17, 2017. http://renovatedlearning.com/.

제 2 장

 이외에도 부록에는 더 많은 자원을 나열하였다. 도서관 메이커스페이스 구축을 위해 충분한 성과물을 함께 활용한다면 보다 완벽한 기관 및 커뮤니티 체계를 구축할 수 있을 것이다. 이를 통해 커뮤니티에 적합한 문화를 즐길 수 있으며, 이용도가 높고, 사랑받는 지속 가능한 창조공간을 구축할 수 있을 것이다.

메이커스페이스 현황 　제3장

제3장

메이커스페이스 현황

초등학교 5학년생 간의 대화: "MacLean 선생님이 톱을 가지고 계신 것 알고 있었니?" 한 학생이 물었다.
"그래, 그 선생님은 톱을 사용하는 것을 무서워하지 않아."
"난 그런 선생님이 무서워!" 다른 학생이 말했다.

- Irene MacLean, 교사 및 사서, 디지털 학습코치
콜로라도 주 Discovery Canyon 초등학교의 Inquiry Zone

우리가 2015년 *Makerspaces in Libraries*를 집필한 이후, 공공도서관과 학교도서관 메이커스페이스 수가 크게 증가하였다. 처음에는 Make It at Your Library 명감에서 70개의 도서관 메이커스페이스가 있었으나,[1] 지금은 약 80개의 도서관 메이커스페이스가 수록되어 있다. 특히 SUNY Oswego 의 교육 및 기술 담당 사서인 Sharona Ginsberg가 발행한 좀 더 상세한 명감에는 더 많은 기관이 수록되어 있는데, 여기에는 대학도서관, K-12, 박물관에 있는 도서관을 포함하여 115개의 공공 메이커스페이스를 수록하고 있다.[2] 이 두 목록의 중복을 고려하더라도 공공, 대학, K-12, 그리고 박물관

---

1) A Map of Library Makerspaces." *Google Fusion Tables*. Accessed October 27, 2016. https://fusiontables.google.com/DataSource?docid=1ur0ifo-RvgIbfz-wRPu0KMYAM9-XNyFFIf6U2hTeL#rows:id=1.
2) "Makerspaces in Libraries, Museums, and Schools." *Google*. Accessed October 27, 2017. www.google.com/maps/d/u/0/viewer?mid=1wKXDd1rOs4ls1EiZswQr-upFq7o&dl=42.9439004719218%2C-111.44518153922797&z=7.

메이커스페이스의 수는 150개에 이르며, 이는 2015년과 비교하여 두 배 증가한 것이다.

이전에 출판한 책과 마찬가지로 이 책을 저술하기에 앞서 2년 이상 된 도서관 메이커스페이스 가운데 제대로 정착하여 성공을 거둔 도서관을 중점적으로 조사하였다. 또한 2년이 경과 되지 않은 도서관 메이커스페이스 2개도 포함하여 조사하였는데 그 이유는 몇 가지 특색 있는 운영을 하였기 때문이다. 그렇지만 설문에 응답한 대부분 도서관 메이커스페이스들은 2년 반에서 3년이 경과한 메이커스페이스들이다.

여기서는 메이커스페이스 모델, 재정지원, 예산 구조, 행정 및 커뮤니티 지원, 인력, 이용자 유형, 우수 사례 권고 사항 등을 비롯하여 이미 체계가 잡혀있는 메이커스페이스들이 우리가 알고 있는 것과 어떤 점에서 다르게 운영하고 있는지를 살펴보았다. 그리고 이전의 책에서 살펴보았던 도서관 메이커스페이스들 중 일부를 다시 살펴보았다.

먼저 도서관 메이커스페이스의 다양한 유형을 개괄적으로 살펴본 후에 몇몇 새로운 사례와 기존 사례를 살펴보고자 한다.

도서관 메이커스페이스 유형

*Makerspaces in Libraries*에서 우리는 *The Great Good Place*의 저자 Ray Oldenburg 박사가 처음 사용한 개념인 "제3의 장소"[3] 로서의 도서관 개념을 소개하였다. 그는 여기에서 집도 아니고 그렇다고 직장이나 학교도 아닌 제3의 장소에 관해 말하고 있다. 제3의 장소는 친구나 가족과 만나 식

---

3) "Ray Oldenburg." *Project for Public Spaces*. Accessed October 27, 2017. www.pps.org/reference/roldenburg/.

사를 하고, 담소를 즐기고 사교 활동을 하는 장소이다. Oldenburg는 이러한 "멋지고 좋은 장소"는 우리가 자발적으로 찾고 참여하고 싶은 중립적이고 안전한 공간이라고 한다. 또한 우리가 자유롭게, 의무감이나 책임감 없이, 또는 걱정 없이 찾아갈 수 있는 그런 공간을 말한다.

제3의 장소는 "모퉁이(corner)에 있는 장소"로서 주로 카페, 서점, 동네 술집, 찻집 또는 식당 등 이웃을 모으는 장소이다. 이러한 장소는 동네에 처음 오는 사람들의 출입구 역할을 하고, 세대 간 소통, 토론, 엔터테인먼트, 우정을 위한 기회를 제공한다. 이러한 개념은 지역 공공도서관에 대한 바람직한 정의로 특히 메이커스페이스가 더해진다면 이용자들에게 보다 더 활동적인 모임의 기회를 제공할 수 있다. "제3의 장소"로서의 도서관은 안전하고 포용적인 환경에서 독서뿐만 아니라 대화를 나누고, 창작하고, 재미있게 놀고, 학습하고, 함께 즐거운 시간을 보내는 공간이다.

메이커를 위한 도서관 공간

도서관 창작 공간의 3가지 유형은 다음과 같다.

1. 메이커스페이스 - 기존 도서관 공간 내에 통합되거나 독립적 또는 이동식이나 팝업 형식으로 구축된 공간
2. 팹랩 - 특히 유럽 국가에 구축된 공간
3. 디지털 커먼스 - 주로 대학도서관에 구축된 공간

위의 공간 유형은 각각 몇 가지 특색을 지니고 있다. 메이커스페이스(이의 사촌 격인 해커스페이스)와 팹랩은 21세기 초 유럽 해커 집단을 모태로 한다. 그 중 하나인 c-base는 1995년 독일에서 시작되어 지금까지 운영되고

있으며, 450명이 넘는 회원을 보유하고 있다. 2005년경에는 정원 관련 메이커스페이스가 등장하였으며, 이는 *Make*라는 잡지가 같은 시기에 국가 최고의 DIY(do-it-yourself) 잡지가 되면서 점점 더 인기를 얻었다.

메이커스페이스는 다양한 수공예를 강조하고, 상대적으로 전자제품이나 프로그래밍을 덜 강조하였다는 점에서 해커스페이스와 차이가 있다. 메이커스페이스는 청소년과 가족을 대상으로 한 교육에 관심을 두는 경우가 많다. 해커스페이스는 대규모 기계 및 기술 프로젝트에 중점을 두며, 이를 도서관 분야에 적용한 사례는 거의 없다. 팹랩[4]은 전문화된 공간으로 기술에 중점을 두는 점은 해커스페이스와 유사하지만, 일련의 규약을 준수하고 표준화된 도구를 따르는 국제적 협회의 부분이라는 점은 특징이다. 팹랩은 유럽권 도서관에서 인기를 얻고 있고, 전 세계의 대학에서 보편적으로 활용되고 있다.

디지털 커먼스(digital commons)는 학술 연구의 리포지터리로서 이용자들이 접근하여 이용할 수 있는 자원을 갖춘 공간이다. 도서관 메이커 문화에서 이 용어는 워싱턴 DC의 Martin Luther King Jr. Memorial Library에서 등장하기도 한다. 해당 도서관의 디지털 커먼스 메이커스페이스 특징으로는 컴퓨터 및 관련 소프트웨어 외에 3D 프린터, 스카이프(Skype) 스테이션, SMART 보드, 화상회의 기능, 협업 공간 등을 갖추고 있다.[5] 여기서는 메이커스페이스와 관련있는 것들 중심으로 살펴본다.

우리는 최소 2년 이상 운영되고 있는 메이커스페이스를 유형과 상관없이 살펴보았고, 이러한 메이커스페이스의 공간적 특징, 우수 사례, 권고사항 등을 조사하였다. 약 12개의 메이커스페이스에 대한 상세한 정보를 얻을 수 있었으며, 이전 책에서 소개한 두 곳의 메이커스페이스는 현황을 알려주었

---

4) "FabLab FAQ." *FabCentral*. Accessed October 27, 2017. http://fab.cba.mit.edu/about/faq/.

5) "Digital Commons." *District of Columbia Public Library*. Accessed December 10, 2017. www.dclibrary.org/labs/digitalcommons.

다. 성공적인 메이커스페이스의 공통점 가운데 하나는 장비보다 이러한 장비를 이용하는 사람들에게 더 많은 관심을 갖는다는 것을 확인할 수 있었다.

메이커스페이스의 현황

Fayetteville Free Library FabLab, Fayetteville, New York (www.fflib.org/make/fab-lab)

메이커스페이스가 가장 먼저 시작된 Fayetteville Free Library 팹랩부터 살펴보겠다. Fayetteville Free Library(FFL)는 공공도서관에 메이커스페이스를 구축하자는 Lauren Britton Smedley의 대학원 프로젝트 제안서에 2011년 FFL의 관장인 Sue Considine이 감명 받아 메이커스페이스를 처음 만들었다. Considine은 메이커스페이스 개념이 마음에 들어 Smedley를 고용하여, 이 공간을 만들었고, 2013년에 3D 프린팅에 중점을 두고 공식적으로 문을 열었다.[6] 오늘날 Fayetteville Free Library FabLab (FFL 팹랩)은 약 8,000 평방피트에 Epilog 레이저 커터, Shapeoko CNC 밀링머신, 비닐커터, 재봉틀, 수공구 등을 제공하고 있다. 우리는 Considine에게 지난 2년 동안 어떤 변화가 있었고, 메이커스페이스가 도서관과 이용자에게 미친 영향 가운데 가장 중요한 것이 무엇인지 물어보았다.

Considine은 다음과 같이 말한다.

---

6) McCue, T. J. "First Public Library to Create a Maker Space." *Forbes*. November 28, 2014. Accessed January 27, 2017. www.forbes.com/sites/tjmccue/2011/11/15/first-public-library-to-create-a-maker-space/#4004aac079cf.

2010년에 이러한 기술을 알게 되고, DIY가 인기를 얻기 시작할 때쯤에 우리의 목표는 3D 프린터를 설치하기 위한 공간을 만드는 것만이 아니었다. 혁명적 변화의 근원은 사회적 요구임을 알게 되었고, 이를 통해 사람들을 모으게 되었다. 도서관의 관점에서 이러한 잠재성은 매우 흥미로웠다.

Considine은 처음 2년 동안에는 커뮤니티에 대해 이해하려고 노력하였다. 그녀는 "우리 커뮤니티가 정말로 원하는 것이 무엇인지, 그들의 목표가 무엇인지를 조사하였고, 그 결과 우리가 정말 필요로 하고 원하는 전문지식은 커뮤니티에 있다는 것을 알게 되었다."

다양한 유형의 프로그램을 제공하는 데 필요한 전문지식과 커뮤니티가 관심을 갖는 자원은 커뮤니티에 있다는 사실은 FFL 팹랩이 가능할 수 있었던 핵심이다. 즉, 이웃 사람들이 이웃 사람들에게 가르치는 플랫폼을 만든 것이다.

Considine은 이렇게 덧붙였다.

> 예전에는 사서가 이런 것을 해야 하는 것으로 생각했지만, 이제는 커뮤니티로 고삐를 죄고 있다. 그들은 재능과 열정, 전문지식과 여유가 있다. 전통적인 자원봉사자에 대한 생각을 바꾸고, "우리가 필요한 것은 무엇인가?"를 뒤집어 생각하여 커뮤니티에게 "무엇을 원하는가? 무엇이 필요한가?"라는 질문을 하고 난 후, "그것을 여러분의 이웃과 공유하라"고 말해보라.

커뮤니티 참여자인 자원봉사자는 수리, 로봇공학, 그리고 프로그래밍 수업을 진행한다.

Considine은 "우리가 하는 것을 담당할 수 있는 우리 자체의 직원은 없었다."라고 말하며 커뮤니티 참여자의 인적자본에 대해 언급하였다.

커뮤니티의 참여로 인한 또 다른 결과는 도서관이 모든 연령을 위한 "STEAM 교육을 통합시켰다는 것이다. 이는 FFL에 있는 우리에게 엄청난 것을 깨닫게 하였다. 전 연령을 위한 STEM 영역이 다양한 측면에서 우리가 해야 할 일이 된 것이다. 이는 직원 교육과 채용 방식에 있어 우선순위를 바꾸는 변화를 가져왔다."

FFL 팹랩은 도서관 분야 밖의 사람을 고용하는 것에도 관심을 가졌다. Considine은 "사서가 아닌 다른 분야 사람을 고용한 것으로 대표적으로 교사를 고용하였다." 고 말한다.

> 우리는 교육과정이나 수업계획 설계 그리고 효과적인 교육방법에 전문가는 아니다. 그래서 우리는 교사를 고용하여 이러한 기술들을 개발하는 것이 중요했다. 이처럼 다른 전문 분야에 대해 우리의 마음과 문을 열어야 한다. 우리의 해결과제는 매우 다양하고, 커뮤니티는 더 많은 것을 요구한다. 해결책은 도서관학 석사학위(MLS)를 가진 사람들만으로는 나오기 어렵다.

Considine은 다른 운영 모델에 익숙한 도서관 관리자에게 이를 설득하는 것은 쉬운 일이 아니라고 인정한다. 따라서 "내부적 변화가 있어야 한다."라고 말하면서 "중요한 것은 신뢰하는 문화이며, 우리가 나아갈 방향에 대해 서로 소통하는 것이 중요하다." 라고 말한다.

"이곳은 도서관처럼 보이지 않는다."라고 걱정하는 사람들이 있어 이를 설득하는 것이 어려울 수 있다. 그녀는 좋은 아이디어가 위에서 아래로 내려오면 도서관의 경우 어려운 수용 과정을 거칠 수밖에 없다고 말한다. 해결책에 대해 같이 생각하고 모든 사람들이 함께 할 수 있는 방법을 찾고, 직원부터 이용자까지 모든 사람이 도서관의 운영 방향을 이해하는 환경을 조성하는 것이 조직의 최우선 과제라고 지적한다. 그녀는 "우리가 내부적으로 단결되지 않거나 서로 소통하지 않으면 혁신하고 변화할 수 없다." 고 말한다.

Considine이 불만을 가졌던 하나의 사례는 도서관이 지원금을 받아 한 종류의 키트를 대량으로 구입하여 여러 분관에 일방적으로 배포하는 것이다. 이는 개별 분관이 서로 다른 커뮤니티를 대상으로 봉사하고 있다는 것을 무시하는 것이며, 커뮤니티의 관심을 파악하기 위해 도서관이나 사서와 제대로 협력하지 않았다는 것이다.

이렇게 되면 많은 반발이 있을 수 있고, 직원은 짜증나거나 두려움을 느끼거나, 위협을 느끼게 될 수도 있다고 말한다.

그녀는 "가장 큰 과제 중 하나는 먼저 조직의 팀 수준으로 내려가 혁신을 위한 준비에 도움을 주는 것이다." 라고 말한다. 정기적인 의사소통 기회와 연결망을 구축하는 것이야말로 업무를 추진하는 데 있어 사람들이 두려워하지 않도록 하는 주요방법이다. 또한 "사회적인 요소가 매우 중요하며, 이러한 요소는 메이커스페이스가 도서관에 적절하지 않다고 느끼는 사람들의 생각을 변화시키는 데 도움이 된다." 고 조언한다.

도서관 관리자들이 메이커스페이스의 영향력 즉, 코딩이든 프로그래밍이든 기타 활동이든 간에 이러한 것이 사람들을 모으고, 커뮤니티를 구축한다는 것을 이해하도록 도와주어야 한다. Considine은 "이처럼 커뮤니티 내에서 작은 커뮤니티가 생겨나는데, 도서관이 이런 기회를 제공하지 않았다면 사람들이 서로 만나는 기회가 없었을 것이다." 라고 말한다.

Considine이 성공적인 도서관 메이커스페이스를 구축함에 있어 커뮤니티의 영향력을 이해하게 된 것은 콜로라도 주 Telluride에서 개최된 R-Squared 학회에 참여한 것을 통해서이다. 이 학회에서 그녀는 *Abundant Community* (2010)의 공동저자 John McKnight이 다음과 같이 언급하는 것을 듣게 되었다. 그녀는 "모든 것을 바꿔놓은 책이다." 라고 하면서 다음과 같이 말했다.

내가 배운 것은 모든 커뮤니티가 이미 그 안에 커뮤니티가 필요로 하는 것을 가지고 있다는 것이다. 이 아이디어는 나에게 완전히 유레카 같은 순간이었다. 나는 이것을 받아들여야 한다고 생각했고, 이로 인해 매 순간 커뮤니티와 대화

메이커스페이스 현황

를 나눌 수 있었다. 대출 데스크에 있던 커뮤니티에 나가 있던 간에, 다음과 같은 질문을 했다. 당신은 무엇을 알고 있는가? 당신은 무엇을 사랑하는가? 당신은 어떤 것에 열정을 갖고 있는가? 그리고 그 열정을 공유할 수 있는가?

Considine은 커뮤니티 구성원들의 열정을 커뮤니티 메이커스페이스에 통합시키면 메이커스페이스와 프로그램에 대해 주인의식을 고취할 수 있고, 지속 가능성을 높이며, 이용자를 지원할 수 있다고 설명한다. 이를 통해 도서관은 메이커스페이스 "자원봉사자" 모집에서 "커뮤니티 참여자" 모델로 전환하여, 커뮤니티 자산을 효과적으로 활용할 수 있게 된다.

현재 도서관의 커뮤니티 참여 담당자는 90명 이상의 자원봉사자들과 협력하고 있다. 관심 있는 자원봉사자들이 커뮤니티 참여 양식을 작성하고, 이를 담당자가 평가한다. 담당자는 서류를 보고 그들이 좋아하는 것을 공유할 기회를 고려하며, 짧은 인터뷰를 한다. 그리고 난 후에는 그들이 아는 것을 공유하기 위한 환경을 조성할 방안을 찾고, 사람들을 오도록 하며, 사람들 간의 접점이 되도록 한다.

또한 FFL은 개개인, 단체, 박물관 직원, 그리고 도서관에서 무엇을 하는지에 대해 알고자 하는 사람을 위해 Friday FFL Innovation 투어를 개최하는 등 도서관 커뮤니티와 봉사대상 커뮤니티에서 활발하게 활동하고 있다. 이는 메이커 운동의 또 다른 측면인 개방형 협업과 공유가 이루어지도록 하고 있다.

Considine은 "미국 전역과 전 세계에서 방문자들이 왔는데, 우리의 비전을 널리 공유할 수 있는 기회를 가진 것에 대해 기쁘게 생각한다."고 말한다. "그렇지만 이것은 상호호혜적인 것으로, 우리를 방문하는 사람들로부터 많은 것을 배웠고, 여러 곳의 사람들과 지속적인 관계를 맺고 있다."

재정적인 부분은 이런 변화들이 도서관 후원과 공간 활용, 도서관의 최종

성과에 의미 있고 실용적이며 긍정적인 방식으로 영향을 미쳤는지의 여부와 관계가 있다. 이는 도서관 입장에서 답하기에 어려운 문제이기는 하나 Considine은 도서관에서는 그들이 제공하는 것에 대한 가치를 객관적으로 평가할 수 있는 질적인 평가방안을 강구하고 있다고 한다.

도서관이 성장하고 있는 것은 확실하다. 20년도 채 되지 않아 봉사대상 인구 1만 명 기준으로 설계된 도서관의 예산이 4배가 되었고, 직원 수도 6명에서 34명이 되었으며, 90명 이상의 자원봉사자를 보유하고 있다. 분명한 것은 지난 5년 동안 메이커스페이스가 계속해서 새로운 프로그램들을 개발하고 성장을 거듭했다는 점이다. Considine은 도서관이 너무 빠르게 성장하고 있는 것에 대한 우려를 표하고 있다.

Considine은 "커뮤니티의 상당수는 이를 반대할 수 있다. 지금은 매우 역동적인 시기이다." 라고 하면서 다음과 같이 말한다.

> 반대가 있다고 해서 두려워할 수는 없다. 모든 커뮤니티에는 자신의 세금이 관심 없는 곳에 들어가는 것을 보고, 이를 반대하는 단체가 있을 것이다. 우리는 반대의 관점도 수용하여야 하지만 그것을 원하는 단체를 끌어들이면서 그것이 왜 필요한지 보여줄 수 있어야 한다. 첫해에는 벤치마킹을 위한 사례도 없었지만, 지금은 평가 도구를 개발하였고 의미 있는 정보를 얻고 있다.

팹랩에서 장비 사용법을 습득한 사람의 수나 프린터와 재봉틀을 사용하고 있는 사람의 수를 파악하는 것은 쉽다. 그 효과를 더 잘 이해하기 위해서 FFL은 간략한 설문지를 개발하여 다음과 같은 몇 가지 질문을 하였다. "이와 같은 일대일 학습 또는 기술개발 교육으로 원하는 것을 얻었는가?", "이를 통해 얻은 지식과 새로운 기술로 무엇을 할 것인가?"

Considine은 "사람들이 이러한 기술로 무엇을 하는지 이해하려고 하였다."고 말한다. 그렇지만 그녀에 의하면, 전체적인 사회적 영향력을 제시하는 의미 있는 형식의 정보를 체계적으로 정리하는 것은 쉽지 않은 일이라고 말한다.

끝으로 Considine은 "현재 커뮤니티의 도서관 차원에서 최상의 것을 종합하여 효과적으로 활용할 수 있는 방법이 무엇인지 모색하고 있다. 이를 위해 제대로 된 정보를 수집하기 위한 방안을 찾아야 한다. 그래야 성과를 효과적으로 전달할 수 있다." 라고 마무리하였다.

HIVE, Tampa, Florida(hcplc.org/hcplc/services/hive.html)

우리는 첫 번째 책에서 플로리다 주 Tampa의 HIVE 도서관 메이커스페이스를 소개한 적이 있다. 남편과 내가 설계한 HIVE는 면적이 10,000 평방피트로 Tampa에서 가장 크고 플로리다 주 전체를 통틀어도 가장 큰 공공도서관 메이커스페이스 가운데 하나이다. 이 메이커스페이스는 우리가 생각했던 자유롭고 커뮤니티 요구에 기초한 공간이 아닌 프로그램이 하향식이었고, 이용자 중심이기보다는 만남 공간 중심이었다.

장비 사용이 엄격하게 통제되었으며, 3D 프린터의 경우 수업에서만 사용할 수 있도록 하였다. 시설에 대한 즉흥적이고 자유로운 접근이 되지 않았고, 공구에 대한 접근과 제한된 커뮤니티 참여와 독립적인 공간 사용 등은 HIVE가 커뮤니티에서 창의성과 혁신을 위한 중심지가 되도록 하는데 장애가 되고 있었다. 그렇지만 이러한 제약 속에서도 직원들은 효과적이고 성공적으로 이용자 경험을 극대화하고 있었다.

우리는 HIVE의 관리자이면서 담당 사서인 Megan Danak에게 도서관 메이커스페이스 운영 경험에 관해 물어보았다.

Danak은 "2014년 말 John F. Germany Public Library에 HIVE가 문을 열었고, 그 뒤로 도서관은 공간 활용에 근거하여 배치에 약간의 변화를 주었다." 고 말하며, 다음과 같이 말했다.

예를 들어, 로봇공학 센터는 공간 이용이 특정 시기에 이루어졌기 때문에 문학 센터에서 떼어 놓았다. 로봇공학 분야를 워크숍 영역으로 이동시켜 도구에 대한 접근이 더 편리하도록 하였다. 이용자들이 처음 엘리베이터에서 나올 때 가장 먼저 볼 수 있는 중심 영역은 "메이커돔(Makerdome)"이라고 부르는 개방형 탐사 구역으로 바꾸었다. HIVE에 들어오는 방문객들이 증가하였는데, 특히 어린 이용자들은 현장에서 뭔가를 만들고 싶어 했다. "메이커돔(Makerdome)"는 방문자들이 미니 프로젝트와 수공예 작업을 하거나 종이/비닐 절단기, 메이키 메이키(MaKey MaKeys), 리틀비츠(littleBits)와 같은 기술을 활용하기 위해 바로 앉을 수 있도록 하였다.

Danak은 지난해에 도서관 인력에 변화가 있었다고 말한다. HIVE는 원래 John F. Germany Library 인력과 별개의 부서에서 시작하고 운영되었다. 훈련과 전환 기간을 거친 후, 현재 이 공간은 도서관 본관의 일정과 인력에 통합되었고, 이로 인해 더 긴 운영시간, 더 많은 승진기회, 재능 있고 열정적인 직원의 프로그램 운영 등으로 이용자에게 도움을 주고 있다.

Danak은 도서관의 정기 운영시간에 맞추어 HIVE의 운영시간을 확대한 후로 이용률이 증가했음을 느낀다고 하였다. "그 결과, 도서관은 더 많은 행사와 강좌뿐만 아니라 녹음 스튜디오와 같은 공간, 장비 등이 이용을 위한 개방형 예약을 제공할 수 있게 되었다." 녹음 스튜디오는 메이커스페이스에서 가장 인기 있고 많이 사용되는 것 가운데 하나이다.

Danak은 HIVE의 효과는 이미 John F. Germany Library의 메이커스페이스를 넘어 분관 전체로 확산되고 있으며, 여러 분관에서 HIVE의 변형 개발이 이루어지고 있다고 언급하였다.

이 공간은 새로운 이용자들을 도서관으로 끌어들였으며, 교육과 장비를 활용해 우리가 시작한 많은 프로그램들이 현재 많은 분관에 제공되고 있다. 메이커스페이스가 없는 도서관(대부분의 도서관이 이에 해당)은 이용자에게 인기 있는 창의적이고 유연한 실천적인 프로그램을 제공하기 위한 영감을 얻었다. 메이커 운동은 도서관 직원들이 커뮤니티에 참여하고 교육하는 새로운 방법을 모색할 수 있도록 활력을 불어넣었고 이용자의 반응은 매우 긍정적이었다.

Danak은 "황홀한 경험이다." 고 하면서 다음과 같이 덧붙인다.

우리가 가장 보고 싶었던 것은 이용자들이 이와 같은 새로운 기술을 배우고, 열정을 발견하고, 도서관에서 새로운 것을 만드는 것이다. 공구와 격려 그리고 새로운 것을 만들 수 있는 공간이 제공되면 사람들은 놀라운 것을 이룰 수 있다. 이것이 가장 멋진 부분이다. 도서관은 이런 것이 일어날 수 있도록 돕는 역할을 한다.

HIVE는 공간 활용과 프로그램 참여에 대한 통계수치와 이용자들의 의견 카드 및 프로그램 평가 피드백을 활용하여 성과를 측정한다. 현재 3D 프린터를 보유하고 있는 영역을 포함한 일부 공간 중 이용도가 낮고, 자유롭게 이용할 수 없는 것처럼 느껴지는 공간을 재구성하는 계획을 하고 있다. 이는 도서관 메이커스페이스의 매력인데, 요구와 선호도에 따라 조정할 수 있기 때문이다.

iLab, St. Petersburg College, Seminole, Florida

St. Petersburg College Seminole Campus에 위치한 Innovation Lab (iLab)은 Seminole시와 대학이 공동으로 운영하는 도서관이다. 교실보다 작은 이 공간에는 3D 프린터, 납땜용 인두, 다양한 전자기기를 효율적으로 갖추고 있다. 더 중요한 것은 이는 캠퍼스 도서관과 지역사회의 중심이라는 점이다. 수석 사서 Chad Mairn은 iLab의 새로운 특징에 대해 말한다.

Mairn은 "우리는 신기술과 관련하여 서비스 영역을 확대하였다." 고 말하며, 다음과 같이 이어 나갔다.

제 3 장

우리는 더 많은 학습 기회를 제공하고 있다. 2015년 10월 iLab은 ALA's Association for Library Service to Children과 Walt Disney사로부터 $7,500의 지원금을 받아 Maker Boot Camp 시리즈를 확장했다. 이는 "6세에서 14세 어린이의 탐구와 발견을 증진시키는 것"이다. 이 워크숍은 성인에게도 제공되었는데, 많은 인기를 누렸다. 워크숍은 항상 사람들로 가득 찼다. 상상력과 독창성, 유연성, 의사결정, 소통, 협업, 동기 부여는 Maker Boot Camp 프로그램의 핵심요소였고, 이러한 요소를 교육과정에 통합시켰다.

게다가 iLab은 무료 비디오 게임 디자인, 로봇공학, 3D 디자인/프린팅, 회로/전자기기, 가상현실, 드론, 비디오 편집, 코딩 시간(Hour of Code) 및 코스프레 워크숍을 위한 재봉 프로그램 등을 제공했고, 이러한 프로그램은 항상 사람들로 가득 찼다.

Mairn은 더 고차원의 워크숍과 다른 학습 기회에 대해 다음과 같이 말했다.

우리는 최근 Birdbrain Technologies로부터 Carnegie Mellon University CREATE Lab 제품인 핀치 로봇(Finch robots) 8개를 받았다. 그리고 FLASTEM(협업 커뮤니티를 토대로 자원봉사자가 주도하는 STEM 프로그램으로 로봇공학 및 컴퓨터 프로그래밍, 기술에 중점을 두고 있으며, K-8 방과 후 교육 및 기술학습을 목적으로 함)과 협력하여 St. Petersburg College의 워크숍에서 로봇을 어떻게 작동시키는지, 음악을 어떻게 작곡하는지, 색깔을 어떻게 변화시키는지, 온도/빛/동작을 어떻게 감지하는지 등을 참가자들에게 보여주었다. 핀치 로봇 프로그래밍 교육과정은 bit.ly/iLabRobots에 접속하면 영상과 사진으로 확인할 수 있다. 학생, Innovation Lab 자원봉사자, 학부모, 교수진, 직원 모두 자신의 생각을 공유하도록 하였기 때문에 복잡한 아이디어와 최종 완성품을 어떻게 설명하는지 알 수 있다.

Mairn은 그동안 이용률이 크게 증가했으며, 참여가 지속될 것이라는 기대를 감추지 않았다. 2017년 초, iLab은 St. Petersburg College Foundation

으로부터 혁신 지원금을 3개나 받았다. "Microsoft Holo-Lens: Holographic Enhanced Learning"($3,360), "Graphs and Geometry: Engraving and Illustrating Mathematics with 3D Printing"($2,894), "Virtual Reality: A Renaissance"($2,000) 등이 그것이다. iLab은 St. Petersburg College의 다른 학문 분야와 협력하여 다양한 도구를 개발하여 학생들의 학습과 성공을 지원하고 있다. Mairn은 지원금 내역에 관심 있는 사람은 mairn.chad@spcollege.edu로 연락하면 된다.

Mairn은 다음과 같이 말한다.

> 도서관은 발견의 장소였다. 지금은 iLab과 더불어 대부분의 사람들이 접근할 수 없는 새로운 신기술을 발견할 수 있는 진원지가 되었다. 도서관은 "정보 기술 놀이터"이며, 사람들이 자신의 꿈과 포부에 관해 더 많은 것을 배우고 그것을 공유할 수 있는 장소를 제공할 뿐만 아니라 실현할 수 있는 공간을 제공한다. 우리의 모토는 "꿈꿔라, 생각하라, 창조하라"이다. 우리는 잘하고 있지만, 이룰 것이 더 많다고 생각한다.

Mairn에 의하면, iLab은 다른 기업과 대학의 학과와도 협력하고 있으며, 도서관의 가시성을 높이는데 도움이 된다고 말한다. 지역의 발명가들은 도서관 내 랩을 방문하여 3D 디지털 장비와 3D 프린터를 활용해 자신들의 시제품을 확인한다. St. Petersburg College 대학신문인 *Sandbox News*는 iLab의 360도 회전 카메라를 빌려 Seminole 캠퍼스의 산책로에 대한 스토리를 제작하였으며, 해설은 자연과학대학의 부교수인 Maura Scanlon이 맡았다.

Mairn은 이렇게 덧붙였다.

> Innovation Lab에서 Maker Boot Camp와 기타 워크숍을 통해 우리가 하는 것은 학생들을 특정 직업에 준비시키는 것이 아니라 학생들이 어떤 직업에도

적응할 수 있도록 하고, 미래에 발생할 문제를 해결할 수 있는 능력을 기르기 위한 것이다. Innovation Lab은 St. Petersburg College Seminole Campus Engineering Club과 협력하여 최근에 GoPro를 장착한 드론을 완성하였다. iLab은 자체적인 3D 프린터도 제작하고 있다.

새로운 메이커스페이스 사례

팹랩

팹랩(FabLabs)은 제작 실험실(Fabrication Laboratory)의 약자이지만 Fayetteville Free Library 팹랩과 같이 일부 도서관에서는 이 용어를 비형식적으로 사용하기도 한다. 2005년경에 MIT Media Lab(http://cba.mit.edu/) Center for Bits and Atoms의 Neil Gershenfeld에 의해 시작된 공식적인 팹랩은 일반적으로 팹 헌장(Fab Charter)[7]에 따라 기본적인 공구와 장비를 갖춘다. 일반적으로 비영리 조직에 의해 운영되며, 지금은 40개 이상의 국가에서 찾아볼 수 있다. 텍사스 주 알링턴에 있는 University of Texas at Arlington Libraries의 UTA 팹랩이 대표적인 사례이다.

UTA FabLab, University of Texas at Arlington Libraries, Arlington, Texas (fablab.uta.edu)

UTA 팹랩은 대학도서관 메이커스페이스로, 예술, 공예, 기술 공구 및 관련 자원을 포함하는 작업공간을 갖추고 있다. 팹랩은 텍사스 대학교의 학생, 교직원, 직원을 위한 창조 허브의 역할을 하며, 기술, 장비, 교육을 제공한다. 이를 통해 학제적 협력기회를 제공하며, 발명과 기업가 정신을 지원하기 위한

---

[7] "The Fab Charter." Massachusetts Institute of Technology.. Accessed October 25, 2016. http://fab.cba.mit.edu/about/charter/.

영감을 주는 공간을 제공한다. UTA 팹랩의 관장인 Katie Musick Peery는 팹랩은 프로젝트 기반이며, 과학, 기술, 공학, 예술, 수학(STEAM)에 대한 체험 학습이 가능한 플랫폼이라고 말한다.

UTA 팹랩 소개

이 팹랩은 도서관 예산과 지원금을 통해 재정적 지원을 받고 있으며, 재료비를 부과한다. University of Texas와 지방 정부의 보조를 받고 있으며, 3명의 직원이 운영한다. 이 랩은 매년 35,000명에게 서비스를 제공한다. 재봉틀, 수공구, 전동공구, 대형 제조장비, 3D 프린터, 전자 용품 키트와 소모품, 비닐 커터, 레이저 커터, 스크린 프린팅 도구, (벽돌 등을 굽는) 가마, 분말 코팅 도구, 에어 브러싱 도구 등의 갖가지 도구와 장비를 갖추고 있다. Peery는 팹랩에서는 레이저 커터가 많이 사용되고, 3D 스캐너는 거의 사용되지 않는다고 말한다.

이 시설은 공예품과 다양한 프로젝트 그리고 안전에 관한 장비별 워크숍과 세션을 매년 코스프레 행사와 함께 개최한다.

UTA 팹랩의 가장 큰 해결과제는 "개방된 시간에 장비에 대한 전문지식을 갖춘 직원을 배치하는 것이다." 라고 Peery는 말한다. 이 랩의 가장 큰 성과는 이 공간 내에서 학생들의 성공과 커뮤니티를 돕는 것이다. "메이킹에 아무런 배경지식이나 익숙함이 없는 학생들이 이 공간을 이용하여 배움은 물론 다른 사람들을 가르칠 수 있게 된 것"에 매우 자부심을 느낀다고 말한다.

> 중요한 교훈은 견고한 커뮤니티를 만들기 시작하면 우리가 필요로 하는 도움과 전문지식은 저절로 해결된다는 사실이다. 사람들은 열정과 흥미를 갖고 서로 도와 워크숍과 수업을 제공할 것이다. 그 공간에서의 리더십은 어떤 활동에 대해 전문지식이나 건축지식에서 나오는 것은 아니다.

제 3 장

그녀가 좀 더 다르게 할 수 있는 것이 있었다면 팹랩의 초기단계에 직원 구성에 다양성을 높이는 것이라 말한다. 그녀는 다양한 전공의 학생 직원을 채용했다면 학생들이 그 공간의 직원구성에 본인들이 투영되었다는 것을 알 수 있어 더 좋았을 거라 느끼고 있었다.

"설문조사 참여자들에게 그들이 생각하는 우수 사례가 어떤 것인지 물었다." 고 하면서 Peery는 다음과 같이 말하였다.

수업과제를 위해 팹랩을 활용하는 학생들에게 공간을 둘러보게 한 다음, 장비 사용법을 설명하여 학생들의 걱정을 덜어주었고, 랩을 올바르게 활용하기 위한 기본 규칙을 만들었다. 그리고 표준화된 시스템을 갖추어 "티켓"을 만들었고, 이를 통해 이용통계 추적과 랩에서 사람들이 작업하는 것에 대해 관리할 수 있었고, 비용 계산과 픽업에 대해서도 보다 손쉽게 관리할 수 있었다.

Peery는 학생들이(특히, 학생 직원) 배우고, 성장하는 것을 보는 것이 가장 큰 기쁨이라도 말한다. "나는 학생들이 기술 능력뿐만 아니라 자신감, 가르치는 능력, 창의력도 발전하는 것을 볼 수 있었다."

다음은 그녀의 즐거운 회상 가운데 하나이다.

최근 한 학생이 팹랩에서 만든 것 하나를 캠퍼스의 취업 설명회에 가져가서 제작기술에 대한 지식과 적용방식을 시연하였다. 그 학생이 팹랩을 이용하기 전에는 컴퓨터 공학 수업시간에 배운 이론적 지식만 가지고 있었지 랩 외부에서 그것을 적용하거나 다른 기술과 종합해 볼 기회가 없었다. 그는 다른 곳에서도 우리(팹랩)가 제공하는 공구에 접근할 수 없었다고 말했다. 하급생으로서 다른 캠퍼스의 실험실이나 도구에도 접근할 수 없었던 것이다.

팹랩 장비에 자유롭게 접근할 수 있게 되면서 이 학생은 자신의 비전과 기준을 충족시킬 때까지 자동화된 테디 베어(teddy bear) 설계를 반복할 수 있었다. 그는 재봉틀로 곰인형을 만들고, 일렉트로닉 베이(electronics bay)로 인형의 눈과 소리를 자동화했고, 레이저 커터와 3D 프린터로 지지 구조를 만들었다. 이 학생은 본인의 제작품을 보여준 후, 인턴십 자리를 얻었고, 회사에 많은 기여를 한 결과 인턴십 기간이 확대되었다. 우리가 그 학생의 취업 성공에 일조했다는 것은 자랑스러운 일이었다.

메이커스페이스는 단순히 3D 프린터를 갖춘 공간이 아니다. 이는 설문조사에 참여한 많은 응답자들과 우리가 이야기하고 함께 일했던 사서들도 공감하는 부분이다. Peery는 "이 공간에 있는 장비는 단순히 개별 구성요소가 아니라 커뮤니티와 창의성을 위한 것이다. 어떤 것을 구입하든 간에 그것에 대한 전문지식을 얻도록 노력해야 하고, 이용자들의 의사결정 방향을 인도할 수 있어야 한다. 이용자들이 가장 원하는 공구와 프로그램을 제공할 수 있도록 데이터 기반 의사결정을 해야 한다." 고 언급하였다.

메이커스페이스

공공 및 학교 도서관에서 가장 흔한 창작 공간은 메이커스페이스라는 용어로 포괄할 수 있다. 이러한 공간은 유형, 구비물품, 중점분야 및 의도에 따라 많은 차이가 있을 수 있다. 크기가 클 수도 있고 그리 크지 않을 수도 있으며, 모바일이나 팝업 형태가 될 수도 있고, 청소년 또는 성인을 대상으로 할 수도 있다. 이 공간에는 위에서 말한 모든 것을 포함할 수도 있고, 그 중 일부만을 포함할 수도 있다.

Johnson County Library Makerspace and FabLab, Johnson County Library, Overland Park, Kansas (www.jocolibrary.org/makerspace)

Johnson County Library Makerspace는 디지털 및 물리적 가공품을 만드는 법을 배우고 창조할 수 있도록 메이커, 팅커러(tinkerers), 다양한 유형의 학습자들에게 제공된 공간으로 문을 연 지 3년 6개월이 되었다. 메이커 사서 Meredith Nelson은 메이커스페이스에서의 우수 사례와 통찰력을 공유하였다. 이 메이커스페이스는 매일 160명에게 서비스를 제공하며, 2016년에 열린 Makerspace Summer Passport 프로젝트에는 2,300명 이상의 청소년들이 참여하였다. 메이커스페이스라는 명칭에도 불구하고, Nelson은 이 공간이 보유하고 있는 장비의 유형, 디지털 및 제작 능력에 근거하여 이 공간을 팹랩으로 인식하고 있었다.

이 공간은 지원금을 받아 운영되고 있으며, 현재 연간 운영예산은 약 24,500달러이다. 또한 해당 지역의 도서관 커뮤니티와 지방 정부의 지원도 받고 있다. 이 공간에는 최소 3명의 전담 직원과 1명의 자원봉사자가 있으며, 대체로 50대 이상의 중장년을 대상으로 서비스 하며, 10대와 젊은 층에게도 서비스를 제공한다.

Johnson County Library MakerSpace 소개

Johnson County Library MakerSpace는 다양한 도구와 자원을 갖추고 있으며, 구체적으로 재봉틀, 수공구, 전동공구, 대형 제조장비, 3D 프린터, 전자 키트, 비닐 커터, 레이저 커터 등을 보유하고 있다. 이 가운데 레이저 커터와 3D 프린터가 가장 많이 사용된다. 도서관은 다양한 워크숍도 개최하며, 예를 들어 신규 이용자를 위한 Beginner's Night, 섬머(summer) 프로그램, 만남 행사, 10대 클럽, 시연회 등이 있다. 연례 행사로 코스프레 행사와 애니메이션 행사도 있다.

Nelson은 가장 해결과제로 이 공간이 만들어내는 높은 수요라고 말한다. 청소년들을 위한 섬머 프로그램은 특히 성공적이었으며, 가장 자부심을 가지는 것으로 우수한 장비 예약 시스템이라고 말한다.

Nelson의 조언: 소규모로 시작하라, 수요를 측정하라, 직원을 확보하라.

공공도서관 메이커스페이스

Foundry, Land O'Lakes Branch Library, Pasco County Library Cooperative, Land O'Lakes, Florida
(www.pascolibraries.org/about-us/land-o-lakes-makerspace)

Foundry는 활발하고 미래지향적인 도서관 커뮤니티에 있는 소규모 공간이지만 많은 참여를 이끌어 내는 곳이다. HIVE와 마찬가지로 Foundry는 필자와 남편이 운영하는 Eureka! Factory와 협의하여 설계된 공간이다. Eureka! Factory는 커뮤니티 기반 도서관 메이커스페이스 모델을 중시한다. Foundry는 도서관의 *FIRST* Robotics Competition[8] 팀인 Edgar Allan Ohms와 취미동호인들이 사용하는 목재작업 공간과 금속작업 공간이 있는 작업공간을 갖추고 있다. 또 다른 공간으로는 라이트 아트(light arts)와 공예 섹션이 있는데 이곳에서는 재봉, 보석 세공, 미술, 아동 예술 및 공예를 교육한다.

Pasco County Library 운영 담당자인 Sean McGarvey는 *FIRST* Robotics Competition 팀을 코치하고 있는데, 이 공간의 전반적인 개요와 몇 가지 우수 사례를 소개한다.

Foundry 소개

Foundry는 Pasco County로 부터 매년 5,000 달러의 예산을 지원받고 있으며, 이는 자료와 프로그램 운영을 위한 도서관 전체 예산의 일부이다.

---

8) Miller, Daylina. "Robotics Team Builds One for the Books." *Suncoast News*. April 30, 2014. Accessed January 17, 2017. www.tbo.com/su/list/news-pasco/robotics-team-builds-one-for-the-books-20140430/.

도서관은 이용자에게 요금을 부과하지 않으며, 매년 약 1,200명에게 서비스를 제공하고 있다. 모든 이용자들은 오리엔테이션을 받아야 하며, 매년 면책동의서(harmless agreement)에 서명해야 한다. 이용자의 대부분은 30~60세이다. McGarvey는 도서관 메이커 활동(Maker initiative)이 도서관과 지방정부로부터 지원을 잘 받고 있다고 말한다.

Foundry 장비로는 재봉틀, 미술용품, 수공구, 전동공구, 3D 프린터, 전자키트, 비닐 커터, 밴드 톱(band saw), 드릴 프레스, 마이터 톱(miter saw), 선반(나무나 쇠붙이 절단용 기계) 등이 있다. Foundry에서는 활발한 목공예 단체로 인해 선반이 가장 많이 사용되었고, 3D 프린터는 활용도가 가장 낮은 편이다. 이 공간에는 최소 3명의 전담 직원과 3명 이상의 자원봉사자가 있다.

메이커스페이스 프로그램과 관련한 가장 어려운 문제는 프로그램을 운영할 수 있는지에 대한 법적 측면이며, 이를 다루기 위해서는 카운티 변호사들과 많은 시간을 할애해야 한다는 점이다. Foundry의 가장 큰 성공은 모든 연령대의 사람들이 그들이 알지 못했던 커뮤니티 목공과 목재선반 가공 프로그램을 습득할 수 있도록 하였다는 것이다.

McGarvey는 메이커스페이스를 구축하기 전에 커뮤니티가 무엇을 원하는지 알아보는 것이 중요하다고 강조한다. 회사가 아닌 커뮤니티에서 자원봉사자들을 모집하고 채용해야 하며, 시작하기 전에 먼저 보관공간에 관한 계획이 반드시 필요하다고 덧붙였다.

McGarvey가 가장 좋아하는 것은 어떤 물품으로 도구를 사용해 본 적 없는 사람들이 그것을 이용하여 자르고, 페인트칠을 하고, 바느질하는 것을 보는 것이다. 그는 10대 로봇공학 팀이 특히 고무적이라고 말하며, "나는 *FIRST* 로봇공학 팀의 수석 코치이다. 밤늦게까지 학생들이 메이커스페이스에서 열심히 작업하는 모습을 보는 것이 자랑스럽다." 고 말했다.

메이커스페이스 개발에 관심 있는 모든 도서관에 대한 그의 최고의 조언은 항상 커뮤니티와 함께하라는 것이다. 메이커스페이스는 상점의 도구가 아니라는 것이다. 메이커스페이스는 이러한 도구들을 이용하기 원하는 사람들이 오는 곳이기 때문에 마땅한 도구가 없으면 아무도 찾아오지 않을 것이라고 조언한다.

Hazel L. Incantalupo Makerspace, Palm Harbor Library, Palm Harbor, Florida
(phlibkids.wixsite.com/phlchildren/makerspace)

플로리다 주 Pinellas County의 Palm Harbor Library의 청소년 서비스 담당자인 Kiki Durney는 Hazel L. Incantalupo Makerspace를 "5~12세 어린이를 대상으로 한 정보기술이 전혀 없는(zero-tech), 예술을 테마로 한 메이커스페이스"라고 설명한다. 이 곳은 기존의 공공도서관 공간에 통합되어 어린이 섹션의 코너에 작게 만들었으며, 지역 후원자를 통해 재정을 지원받고 있다. 이용료는 없으며, 도서관 관리자와 지방 정부 모두 어린이·청소년 메이커스페이스를 지원하고 있으며, 2명의 전담 직원이 매년 3,500명이 넘는 사람들을 대상으로 서비스를 제공하고 있다.

Hazel L. Incantalupo 소개

이 센터는 어린이 예술에 중점을 둔 메이커스페이스로서 어린이·청소년에게 있기 있는 구슬 목걸이(Perler beads), 점토, 페인트를 구비하고 있다. 반면 자수와 스크랩북 용품은 가장 적게 이용되는 자원이다. 이 공간은 강의나 워크숍을 제공하지는 않는다. 다만 어린이·청소년들이 메이커스페이스에서 원하는 것은 무엇이든 만들 수 있는 비 구조화된 "오픈 메이크(open make)"기회를 제공한다. 도서관에서 매년 코스프레와 애니메이션 행사를 개최한다.

Durney에 의하면 Palm Harbor Library의 가장 큰 해결 과제는 다른 프로그램을 운영하는 동안 직원의 메이커스페이스 관리 시간을 조정하는 것이다. 가장 큰 성공은 사람들이 도서관을 바라보는 시각을 변화시킨 것이다.

Durney는 아이들과 보호자들이 공간에 들어오기 전에 행동 규칙에 서명하고, 이용시간에 제한을 두지만 재료에 관한 제한은 두지 않아야 한다고 조언한다. 메이커스페이스 초보자에 대한 그녀의 조언은 '위치를 기억하라.'이다. "메이커스페이스는 여러분이 원하는 대로 될 수 있다. 여러분의 커뮤니티가 필요로 하는 것이 무엇인지 파악하고 그것을 제공해야 한다."

3D Printing Incubator for Children and Youth, Rijeka City Library, Rijeka, Croatia

크로아티아[9] Rijeka 시에 있는 Rijeka City Library의 어린이·청소년을 위한 3D Printing Incubator에는 3D 디자인 소프트웨어, 3D 프린터, 3D 스캐너뿐만 아니라 Raspberry Pi 미니 컴퓨터 등을 갖춘 랩탑 컴퓨터들이 비치되어 있다. 이 도서관의 마케팅 및 프로젝트 담당 Kristian Benic은 이 도서관이 어린이와 청소년은 물론, 24세 이하 청년들의 3D 디자인과 모델링 소프트웨어 활용 및 프린터 작동을 위한 교육 프로그램을 개발하고 있다고 하였다. 또한 도서관은 학교와 일반 대중을 상대로 3D 프린팅 시연회를 개최하고 있다.

3D Printing Incubator는 매년 200명의 사람들에게 서비스를 제공한다.

---

9) "3D Printing Project Transforms Public Library into City's Premier 'Maker-space.'" *Electronic Information for Libraries*. February 15, 2016. Accessed February 20, 2017. www.eifl.net/news/3d-printing-project-transforms-public-library-citys-premier-maker-space.

초기에는 Electronic Information for Libraries (EIFL) Public Library Innovation Program[10]의 자금 지원을 받아 운영하였으나, 지금은 중앙 도서관 예산과 일부 이용비로 충당하고 있다. 도서관은 이 프로젝트에 전폭적인 지원을 하고 있으며, 전담 직원 1명과 몇 명의 자원봉사자가 운영에 도움을 주고 있다.

3D Printing Incubator 소개

3D 프린터와 관련 소프트웨어 이외에도 이 공간에는 예술용품 및 전자 키트도 갖추고 있다. 그리고 정기적인 3D 모델링 워크숍을 제공하고, 매년 메이커 페스티벌을 주최한다. 가장 큰 해결과제는 공간과 예산이었다고 Benic는 말한다. 가장 큰 성공은 다양한 3D 프린팅 프로젝트와 어린이들의 열정이라고 말하며, 3D 프린팅의 다양한 용도가 가장 놀라웠다고 Benic는 언급한다.

이 프로젝트를 시작하기 전에 다르게 할 수 있는 것이 있었다면 우선적으로 전반적인 도서관 전략에서 프로젝트를 위한 장소를 확보했을 것이라고 Benic는 말했다. 프로그램이 성공을 거두는 동안 지금의 공간이 너무 협소하여 요구를 수용할 수 없었다고 말한다.

Benic는 수많은 창의적인 아이디어 생산, 해당 지역 학교의 어린이들을 위한 시연회 개최, 지역 공공 행사 참여를 우수 사례로 꼽았다. 그는 도서관을 새롭게 만드는 경험을 즐기고 있으며, 프로그램을 통한 성공 스토리를 좋아한다.

> 한 대학생이 그 지역의 기업을 위해 스프레이 병 홀더(spray bottle holder)의 원형을 개발, 프린팅하였다. 그리고 워크숍 그룹은 아이들의 대회를 위해 3D

---

10) "Public Library Innovation Program." *Electronic Information for Libraries*. Accessed March 2, 2017. www.eifl.net/programmes/public-library-innovation- programme.

제3장

프린팅으로 메달을 만들었으며, 아이들은 책에서 영감을 얻어 물건을 만들었다. 예를 들어, 10살짜리 한 학생은 자신이 읽은 스토리에 나오는 유령 모양으로 북마크를 만들었다. 이러한 경험은 정말로 흥미진진했고 감동적이었다.

그는 "도서관이 단순히 홍보 목적에서 벗어나 이런 서비스를 진심으로 개발하고 싶은지를 확인하라." 고 조언한다.

Library Makerspace of VTL,
Valley of the Tetons Library, Victor, Idaho
(facebook.com/VTL-Makerspace-546906075486261/)

Valley of the Tetons Library(VTL)의 도서관 메이커스페이스는 도서관 내 독립된 공간에 있는 어린이·청소년 메이커스페이스이며, 필요에 따라 창의 공간으로 사용할 수 있는 분관도 포함한다. 메이커스페이스 프로그램 책임자인 Rasheil Stanger가 VTL의 우수 사례와 개요를 공유하였다.

"VTL의 메이커스페이스는 Maker Monday, Tech Club, Open Build Days로 구성되어 있다." 고 그녀는 설명하였다. 이 공간은 도서관 예산과 도서관 친구 단체를 통해 자금을 지원받고 있으며, 두 도서관 모두 3,000달러의 예산으로 운영되고 있다. 도서관은 이용료를 부과하지 않으며, 도서관 커뮤니티의 지원과 지방 정부로부터 제한적인 지원을 받고 있다. 이 공간은 2명의 전담 직원과 소수의 자원봉사자로 운영한다.

Library Makerspace of VTL 소개

도서관은 현장 감독, 특수 잠금장치, 도구 및 재료에 대한 이용 연령 제한 등을 통해 위험요소를 관리한다. 이 시설은 매년 메이커스페이스 프로그램을 통해 200명 이상에게 서비스하며, 대부분 가족, 10대, 그리고 젊은 성인들이 대상이다.

이 곳에는 재봉틀, 예술용품, 수공구, 전동공구, 3D 프린터, 전자 키트 및 소모품 등을 구비하고 있다. VTL에서 가장 많이 이용되는 물품은 수공구(hand tools), 아교 총(glue guns), 아두이노(Arduino), Raspberry Pi이다. 예술용품들이 많이 이용되는 것은 아니지만 이와 관련한 더 많은 프로그램을 운영할 계획이다. 메이커스페이스는 3D 프린팅 수업, 아두이노 워크숍, 테크 클럽(tech club), 오픈빌드 세션(open-build sessions), 로봇공학 프로그래밍, LEGO 만들기, 영화 제작, 제지, 코딩, 컴퓨터 게임, 소녀와 코딩, 일본 더트 볼(Japanese dirt balls), 섬머 코딩(summer of code), 바느질, 가상현실 프로그램 등으로 가득하다.

그동안 이들이 직면한 가장 큰 해결과제는 "메이커스페이스가 무엇인지 대중들에게 알리고, 그들에게 다가가는 일"이었다고 Stanger는 말한다. 그들의 가장 큰 성공은 프로그램이라고 말한다.

> 우리는 메이커 전담 사서를 고용하였다. 아이들이 방과 후 "메이크(make)"하러 와서 도서관에서 재미있는 시간을 보낸다. 커뮤니티가 작다는 것을 고려하면 매우 놀라운 일이다. 우리는 Jackson Hole Maker Faire에 참여하여 모자로 움직이는 리모콘 차량으로 많은 칭찬을 받았다. 이렇게 우리는 매년 성장하고 있다.

그녀가 발견한 가장 큰 놀라움은 "아이들이 직접 손으로 메이킹 하면서 많은 즐거움을 느끼고 있다는 것"이다. "어떤 아이들은 집에서 망치를 드는 것이 허용되지 않았다고 말했다. 그렇지만 우리 공간에서는 그렇지 않으며, 성별에 대한 편견도 없다. 남자 아이들이 재봉틀 사용하기를 좋아하고, 여자 아이들은 수공구를 좋아하는데 이에 대한 어떤 부정적인 인식도 없다."고 그녀는 덧붙였다. 시작할 때 다르게 했어야 하는 것으로 초기에 공간을 좀 더 대담하게 만드는 것을 꼽았다. Stanger는 우수 사례로 적응력을 들면서, "이용자의 요구에 따라 교육과정을 조정하거나 만드는 것에 열려있다."고 말했다. 그녀는 이 공간에서 사람들이 체험하는 것을 좋아하며, 가장 좋아하는 경험담을 알려주었다.

한 소녀가 크리스마스 때 도서관에 와서 어머니의 크리스마스 선물로 Thingiverse에서 발견한 것을 3D 프린터로 출력하였다. 이 프린트로 3달러를 절약했으며, 아빠의 도움을 받았다. 그녀는 너무 자랑스러워하였다. 나는 정말 눈물이 날 만큼 기뻤다. 지난주에는 두 사내아이가 아래층으로 내려와 우리가 하는 것을 보며, 서로를 바라보았다. "들어가도 되나요? 무료인가요? 지금 되나요?" 하이 파이브! "우린 행운아야!"라고 말했다.

Stanger의 가장 좋은 조언은 "시간을 내서, 조직하고, 그리고 연구하고, 연구하고, 또 연구하되 … 모든 것을 할 필요는 없다. 잘 할 수 있는 것을 하라. 그러면 나머지 것들은 따라올 것이다. 여러분의 커뮤니티를 이용하라. 나는 모든 일에 전문가가 될 필요는 없다는 것을 깨달았다. 이미 다른 누군가가 있기 때문이다."

공립학교 메이커스페이스

Inquiry Zone, Discovery Canyon Elementary School, Colorado Springs, Colorado

Inquiry Zone은 콜로라도 주의 Colorado Springs에 있는 Discovery Canyon Elementary School에 있는 DIY 창작 공간으로 만들어진 지 2년이 지났다. 여기에서 학생들은 International Baccalaureate Units of Inquiry

에 대해 학습하고, 이해 정도를 보여주는 프로젝트를 수행한다. 초등학교 교사이면서 사서이며 디지털 학습 코치이기도 한 Irene MacLean은 도서관 메이커스페이스의 우수 사례와 통찰력을 공유한다.

Irene MacLean은 "학생들은 전반적인 디자인사고 및 문제해결 과정을 경험한다. 그리고 자신의 개념적 이해, 창조 및 기술을 되돌아보도록 한다."고 말한다. "이는 학생에게 자기주도 학습을 하도록 한다. 결과가 중요한 것이 아니다. 경험이 목표이기 때문에 위험을 감수하는 것을 장려한다. 프로젝트의 범위는 접착제와 공예품에서부터 코딩에 이르기까지 다양하다."

학교도서관 예산에서 접착제와 테이프 등 소모품 비용을 포함하고 있으며, 대개 다른 소모품이나 도구들은 기부를 받고 있다. MacLean은 학교에서 많은 지원을 하지만 지방 정부의 지원은 별로 없다고 말한다. 이 공간은 2명의 전담 직원과 몇 명의 자원봉사자들이 관리하며 매년 500명 이상에게 서비스를 제공하고 있으며, 대부분 가족, 10대, 젊은 성인들이다.

Inquiry Zone 소개

메이커스페이스에는 재봉틀, 예술용품, 수공구, 아이패드(iPads)를 구비하고 있으며 예술 관련 프로젝트에 중점을 두고 로봇공학과 코딩 프로그램을 운영한다. MacLean은 가장 커다란 성공으로 학생들이 창의적 과정에 참여하는 것이며, 이들이 학교 밖에서도 만드는 일을 계속할 수 있도록 한 것이라고 한다. 학생들은 독자적으로 또는 협업을 통해 작업할 수 있는 것을 선택할 수 있고, 자신만의 프로젝트를 선택할 수도 있다.

MacLean은 학생들이 실패하고 난 뒤에도 "계속해서 시도하여 어떤 것이 작동되도록 하는 것을 보고, 함께 문제를 해결하는 것을 보는 것이 즐겁다."고 말한다.

제 3 장

학교 메이커스페이스에 있었던 경험 중에서 가장 재미있었던 것으로 초등학교 5학년 학생 간의 대화를 꼽았다.

"MacLean 선생님이 톱을 가지고 계신 것 알고 있었니?" 한 학생이 물었다.

"그래" 다른 학생이 대답했다. "그 선생님은 그것을 사용하는 것을 무서워하지 않아."

"그런 선생님이 난 무서워" 첫 번째 학생이 말했다.

MacLean의 조언은 "학생들이 자기 주도 학습을 하도록 하여 얻을 수 있는 가치는 매우 크다. 도서관 프로그램에 이러한 요소를 포함시킬 수 있는 방법을 찾아야 한다."는 것이다.

G.E.N.I.U.S. Hour(Generating in Education New Ideas and Understandings for Students) School Library Makerspace, Bay Shore Middle School Library, Bay Shore, New York (tackk.com/bsmsgeniushour)

뉴욕 주의 Bay Shore에 위치한 Bay Shore Middle School Library의 G.E.N.I.U.S. Hour 메이커스페이스 프로그램은 학교도서관 미디어 전문가인 Kristina A. Holzweiss가 운영하는 것으로 시작한 지 2년이 넘었다. 이 프로그램은 "1주에서 3주 동안 원하는 곳에서 탐험해 보는 시간"이다.

> 대부분 6학년 학생으로 중학교 수준의 학습에 필요한 비판적 사고능력을 증진시키는 데 목적을 두고 있다. 학생들은 커뮤니케이션과 협업 능력을 개발한다. 메이커스페이스는 점심시간이나 자습시간과 같은 자유 시간에 모든 학생들에게 열려 있다. 올해는 학생들에게 메이커스페이스의 관리자와 기술 멘토를 두고 기술전문가 프로그램을 시작할 예정이다.

이 메이커스페이스는 기존의 도서관 공간에 통합되어 있으며 지원금과 북 페어, DonorsChoose를 통해 기금을 마련하고 있다. 매년 배정되는 운영 예산은 없지만, 지방 정부의 지원이 적을 경우, 학교에서 지원한다. Holzweiss 이외에 다른 전담 직원이 없으며, 몇몇 자원봉사자들이 있다. 매년 약 500명의 학생들에게 서비스를 제공한다.

G.E.N.I.U.S. Hour 소개

이 학교 메이커스페이스에는 재봉틀, 예술용품, 3D 프린터, 로봇 키트, 아이패드(iPad), LEGO, 스크랩북 만들기 재료, 종이 커터가 구비되어 있다. 가장 많이 사용되는 물품은 로봇 키트, 아이패드(iPad), LEGO이다. 프로그램은 주로 학생 주도 활동과 SLIME(Students of Long Island Maker Expo)과 같은 행사 또는 이와 유사한 프로그램으로 구성되어 있다.

G.E.N.I.U.S. Hour의 가장 큰 해결 과제는 시간제로 일하는 단 한 사람이 재료를 관리하는 일이다. 가장 큰 성공은 "학생들이 도서관 오는 것을 즐기고, 재미있게 배우는 방법을 배우는 것"이라고 Holzweiss는 말한다. 나아가 그녀는 "학생들이 무엇을 좋아하는지 알기 위해서는 이들에게 다른 것을 시도할 기회를 줘야한다." 고 말한다.

Holzweiss는 학생들에게 자신의 속도로 학습하고 실패를 두려워 않으며 창의력을 발휘할 수 있도록 하는 "통제된 혼란(controlled chaos)"을 장려한다. 처음부터 다시 시작한다면 지금과는 달리 학생 직원을 두고, 자원 확보에 주력할 것이라고 하였다. 그녀는 더 많은 학생들의 의견이 도움이 되었을 것이라고 말했다. 또한 학부모와 커뮤니티를 메이커스페이스에 초청하여, 그들이 이러한 공간에 대해 더 잘 이해하고, 이용할 수 있도록 했을 거라 말한다. Holzweiss는 이 공간에서 학생들이 배움의 즐거움을 되살릴 수 있음을

제 3 장

좋아한다. "나는 다른 교사들이 할 수 없는 학생들과 연결될 수 있는 기회가 있다. 우리 프로그램에서는 배움을 위해 진정으로 배우고 있는 것이다." 라고 말한다.

그녀는 메이커스페이스에서 얻은 가장 즐거웠던 경험으로 이 학교의 Teen Tech Week를 꼽는다. 다음은 Holzweiss의 말이다.

교사들은 블록셀(Bloxels)을 사용하여 비디오 게임 만드는 방법을 배우기 위해 수업에 등록하였다. 다양한 학년의 학생들(6, 7, 8학년)이 가르치는 수업이었다. ESL 학생들과 생활기능 학생들(장애, 다운증후군, 자폐증 등)이 적극적으로 참여하여 즐겼다는 사실에 기쁨을 감출 수 없었다.

그녀는 "'그냥 해 보자(Just do it)!'라는 나이키의 슬로건처럼 메이커스페이스가 어떻게 돌아가는지를 직접해 보면서 배워야 한다. 읽고, 연구한 후에 뛰어들어 시도하면 된다. 페이스북과 트위터에 여러분을 도와줄 사람은 많다." 고 조언한다. Holzweiss는 www.bunheadwithducttape.com, www.slimemakerexpo.com, www.bsmslibratory.weebly.com을 참고자원으로 제시한다.

팝업 메이커스페이스

Maker Boxes, Yolo County Public Library, Woodland, California

캘리포니아 주의 Woodland에 위치한 Maker Boxes는 Yolo County Public Library의 프로젝트로 시작한 지 2년이 되었다. 도서관 관계자인 Gail Stovall과 Sue Billing이 관리하고 있는 이 프로젝트는 공식적으로 "MAKER BOXES와 융합인재 교육하기(S.T.E.A.M.ing Ahead with

MAKER BOXES)"란 슬로건을 내걸고 있다. Maker Boxes는 개방형이나 수업에 활용할 수 있는 모바일 메이커 스테이션 또는 장비를 갖추고 있는 박스형 팝업 메이커스페이스 프로그램을 특징으로 한다.

처음에는 California State Library로부터 5,000달러를 지원을 받았으나, 지금은 필요할 때 도서관 친구 단체(Friends groups)로 부터 지원을 받는다. 도서관 커뮤니티에서 일부 지원을 받지만 지방 정부로부터의 지원은 없다. 프로그램은 3명의 직원과 몇몇 자원봉사자들로 운영되며, 매년 약 150명에게 서비스하고 있으며, 대부분 가족과 10대들이 주요 이용자층이다.

Stovall과 Billing은 "Maker Boxes는 실천 기반이다." 라고 설명한다.

Maker Boxes에서는 개인이 하든 그룹별로 하든 상관없이 실험, 발명, 테스트, 재발명 등을 장려한다. Maker Boxes는 장기적인 프로그램을 기획하고, 마지막 순간까지 프로그램을 변경할 수 있도록 한다. Maker Boxes는 다양한 상황(단일 프로그램, 미니 메이커 캠프)에 적용할 수 있다. 즉, 상이한 목적(능동적, 수동적), 상이한 발표자(전문가, 초보자), 다양한 대상(아동, 10대, 성인)에 적용할 수 있다. "주제 전문지식"에 대한 걱정을 줄이고, 홍보와 학습 및 도서관 영향을 확대시키고자 한다. 도서관 및 커뮤니티 파트너들과 팀을 이루어 보다 빠르고 효과적으로 그리고 손쉽게 프로그램을 제공한다. 그리고 이 모든 것은 아주 작은 박스 안에 있다.

"아주 작은 것이 아닐 수도 있다." 고 그들은 말한다.

Maker Boxes 소개

이 아이디어는 2013년 Yolo County Public Library 직원, 10대, 파트너가 Stanford d.school과 IDEO Consultancy가 개발한 디자인 사고과정을 경험하고 실험할 목적으로 Jess Munro of Entrepreneurs by Design과 함

게 작업하면서 시작되었다. Stovall과 Billing은 다음과 같이 언급하였다.

우리의 주된 목표는 도서관에서 10대들이 원하는 것을 할 수 있도록 하는 것이었다. 이를 위한 한 가지 "소망"은 메이커스페이스였다. 재정적인 문제로 메이커스페이스는 Maker Truck이 되었다가 더 저렴한 Maker Boxes(상자 안의 휴대용 프로그램)로 바뀌었다. 우리는 California State Library에서 5,000달러의 종잣돈을 받았다. 이후 자금은 후원 단체와 직원들의 기부 물품으로 충당하고 있다.

Yolo County 도서관들은 10대들과 함께 Rocketry Maker Box로 시작하여 학생들에게 관심 있는 프로그램을 개발하기 시작하였다. 참여자들은 주로 다양한 로켓의 유형, 로켓 공학의 역사, 로켓공학과 관련된 물리학을 연구하였다. 이들은 퍼프 로켓(puff rockets), 스톰프 로켓(stomp rockets), 에어 로켓(air rockets), 연료 로켓(fuel rockets) 등을 개발하였다.

"유사한 기법을 사용하여 Yolo 분관의 직원과 청소년들은 전기 및 회로 Maker Box를 개발하였다. 각각의 경우, 참여자들은 서로 다른 장소에서 프로그램을 발표하였다. 주제 전문가들이 자원하여 참가하여 학습효과를 높이고 즐거움을 더했다."

직원들은 20개의 박스를 추가로 개발하였다. 첫 번째 박스들은 10대들의 관심사를 염두에 두고 개발하였지만, 후속 박스들은 다양한 주제로 디자인하였고, 모든 연령의 참가자들을 위해 분관 프로그램에 사용하였다. 직원들은 도서관의 프로그램 자원을 검토, 수정, 확장하여 계속해서 Maker Box를 개발하였다.

Maker Box에 포함된 장비들은 예술용품, 수공구, 전동공구, 전자키트로 구성된다. 정보기술보다는 예술과 공예 분야에 더 많은 중점을 두고 있다. 그렇지만 도서관은 Maker Box로 STEAM 관련 프로그램과 STEM 페어와 같은 연례 행사를 주최하기도 한다.

가장 큰 해결과제는 박스를 재구성하고, 재주문하고, 다시 보충하는 것인데, 이는 시간이 많이 걸리는 일이다. 또한 Yolo County에는 활발한 러시아 및 스페인 커뮤니티가 있음을 알게 되었는데, 프로그램에 참가한 사람들 중에서 러시아어와 스페인어를 구사하는 사람이 별로 없었다. 이에 따라 Stovall과 Billing은 "이들의 요구를 충족시키기 위해서는 신규 직원이 필요하다."고 언급하였다.

지금까지 거둔 가장 큰 성공은 "7개 박스 미니 메이커 페어(A seven-box Mini Maker Fair)"라고 말한다. 초기에 달리할 수 있는 것이 있었다면, 재주문을 위해 체크아웃 용지를 만들고, 메인 박스 내에 박스들을 만들고, 라벨을 붙여 물건들을 손쉽게 정리하고, 재주문할 수 있게 하는 것이라고 말한다.

이들은 초기에 10대들에게만 프로그램을 홍보한 것에 대해 후회하고 있었다. "많은 세대를 아우를 때, 가장 성공적일 수 있다는 것을 알게 되었다."

사서들은 본인이 박스를 개발하거나 샘플 재료를 제안했을 때 미처 알 수 없었던 다양한 제작품들에 대해 매우 놀랐다. 다음은 하나의 사례이다.

> 엠마는 스토리 타임에 일찍 왔다. 그녀는 Appendage Art에 들렀다. 나는 그녀가 거기에서 손자국, 발자국, 또는 지문과 관련된 한 두 개의 "작품"을 만들 것으로 기대했다. 그 대신에 잉크 패드를 발견하고, 그것을 활용하여 1시간 동안 화려한 사각형 디자인을 만들었다. 그녀는 결국 스토리 타임에 가지 않았다." 그녀는 세 살밖에 안된 아이였다.

그들의 조언은 다음과 같다.

각각의 재포장, 재주문 및 재고보충을 위한 박스를 구성하라. 무엇이 저작권을 필요로 하는지 반드시 숙지하라. 다시 돌아가서 새롭게 하라. 이용자들이 어떤 주제에 관심이 있는지 물어보고, 그들이 선호하는 박스를 만들어라. 메이커들이 어떤 기술을 배웠으면 한다면 작은 단계에서 그들을 육성하라. 예를 들어 로켓을 만드는 일, 로켓 공학 역사와 물리학에 관해 배우는 일은 여러 프로그램을 통해 이루어지는 것이다.

또한 이용자와 파트너의 능력을 최대한 활용하라. 그들이 전문지식을 가지고 있는 프로그램을 운영하게 하는 것은 서로 윈-윈이다. 심지어 한 파트너는 전체 박스를 개발한 적도 있다. 10대를 훈련하여 중재자(facilitator) 역할을 할 수 있도록 하라. 그들이 사람들 앞에서 말하는 법을 익히도록 하라. 전문가들을 활용하라. 예를 들어, 우리는 로켓공학 행사에서 NASA 직원을 활용할 수 있었다.

Make It @ Your Library, East Bonner County Library District, Sandpoint, Idaho

East Bonner County Library District는 지난 3년 동안 다양한 유형의 "팝업" 메이커스페이스 프로그램을 제공해 왔다. 청소년 담당 사서인 Morgan Gariepy는 프로그램 운영방식을 설명해 주었다. "매주 1시간 30분 동안 어린이와 청소년들에게 로봇공학, 전자공학, 자수, 코바늘 뜨개질, STEAM 관련 개념을 소개한다. 그리고 한 달에 2번은 일반 성인과 청소년을 대상으로 3D 프린팅 워크숍을 제공한다."

이 프로그램은 초기에는 Idaho Commission for Libraries로부터 재정적 지원을 받아 교육이나 소모품 경비로 사용하였는데, 지금은 Young Adult 프로그램 예산에서 추가적인 자금을 지원받고 있다. 이 프로그램은 매년 600여 명의 이용자들에게 제공되며, 1명의 전담 직원과 몇몇 자원봉사자가 운영하고 있다. 특히, 도서관 커뮤니티와 지방정부의 지원을 받기 위해 노력하고 있다. 주요 이용자층은 가족 단위이며 30세 이상 남성 이용자가 많은 편이다.

Make It @ Your Library 소개

이동식 자원으로는 재봉틀, 예술 용품, 3D 프린터, 전자기기 및 로봇 키트, LEGO가 있다. 가장 많이 이용되는 자원은 피셔테크닉 로봇(Fischertechnik robots)과 LEGO이며, 가장 적게 이용하는 자원은 아두이노이다.

도서관은 어린이 및 청소년 프로그램을 매주 제공하며, 3D 프린팅 워크숍을 월 2회 제공한다. 도서관의 가장 큰 해결과제는 나이가 많은 청소년들이 고급 수준의 도구들을 사용할 수 있도록 하는 것이다. 가장 큰 성공으로는 "어린아이들이 문제해결, 집중, 팀워크와 같은 STEAM 개념을 학습하는 것이다." Gariepy에 따르면 "도서관을 매주 오는 아이들이 많이 있다."고 한다. "몇몇 아이들의 프로그램 참여도는 놀랄 정도이다. 바라건대, 이런 아이들은 미래에 STEAM 관련 직업을 고려했으면 한다."고 Gariepy는 말하였다.

시작 초기에 달리할 수 있는 것이 있었다면 어떤 것이 있냐고 묻자, Gariepy는 "처음부터 어린이 프로그램과 청소년 프로그램을 구분했어야 했다."고 말했다. Gariepy는 어떤 프로젝트를 성공적으로 마친 후, 환하게 웃는 학생들을 보는 것을 좋아한다."고 덧붙였다.

> 첫 해에 할아버지와 함께 오는 참가자 한 명이 있었는데, 이 두 사람은 이 기회를 끈끈한 유대감을 형성하는 시간으로 활용하였다. 할아버지는 어린 손자가 프로젝트를 마치도록 도움을 주곤 하였다. 시간이 지나면서 아이는 훌륭하게 로봇을 다룰 줄 있게 되었고, 나중에는 할아버지의 도움 없이 다른 아이들에게 도움을 줄 정도가 되었다.

Gariepy는 "메이커스페이스는 비형식적이며, 멘토들은 강사가 아닌 안내자 역할을 한다. 아이들이 서로 물어보고, 스스로 탐구하고, 만들어내고, 문

제 3 장

제를 해결할 수 있도록 해야 한다. 서로 도움을 줄 수 없는 경우에만 개입하여 도와주어야 한다."라고 조언한다.

그녀는 메이커스페이스는 시끄럽고, 지저분하고, 에너지로 가득찬 곳으로, 흥분의 소리, 바닥에 널린 페인트, 테이블 위에 떨어진 납땜 부스러기 등의 엉망진창은 어쩔 수 없는 것이므로 공간을 잘 구성해야 한다고 지적한다.

모바일 메이커스페이스

모바일 메이커스페이스는 관내의 이동식 카트나 스테이션[11] 또는 버스나 승합차처럼 규모가 큰 이동식 공간을 말한다. 여기서 소개하는 이동식 공간은 관내 이동식 스테이션과 차량 메이커스페이스이다.

Discovery Lab, Mamie Doud Eisenhower Public Library, Broomfield, Colorado

콜로라도 주의 Broomfield에 소재한 Mamie Doud Eisenhower Public Library의 Discovery Lab은 9~18세 학생들을 대상으로 일주일에 1번 운영하는 방과 후 프로그램이다. 이 프로그램은 사서, 과학 전문가, 10대 자원봉사자들이 학생들에게 체험학습 기회를 제공한다. 이러한 프로그램의 주요 주제 분야는 과학, 기술, 공학, 예술, 수학이다. 또한 예술가와 메이커들을 초청하여 이 공간을 3주 동안 사용하는 전속 메이커(Maker-in-Residence) 프로그램도 있다. 이러한 세션은 전 연령을 대상으로 하며, 예술가와 메이커들

---

[11] Johnson, Mica, Brittany Witte, Jennie Randolph, Rachel Smith, and Karen Cragwall. "Mobile Maker Spaces." *School Library Journal.* May 3, 2016. Accessed March 2, 2017. www.slj.com/2016/05/technology/mobile-maker-spaces/#_.

이 프로젝트를 수행하도록 공간을 제공할 뿐만 아니라 관찰, 대화, 실험 학습을 통해 대중과 소통하도록 한다.

이 프로그램은 운영된 지 2년 반 정도 되었으며, 청소년 서비스를 담당하는 사서인 Pauline Noomnam이 관리하고 있다. Discovery Lab은 세대 간 및 모바일 메이커스페이스이다. 물리적 공간에는 테이블과 의자를 설치할 수도 있고, 가구를 전혀 설치하지 않을 수도 있다. 소모품은 일반인의 사용을 위해 선반 위에 있으며, 사용하지 않을 때는 캐비닛에 보관한다.

이 프로그램은 매년 프로그램 예산과 과학 및 문화 지원금을 통해 지원된다. 사서 3명과 자원봉사자 2명이 운영하고 있다. 매년 5,200명 이상의 이용자를 대상으로 서비스하며, 주 이용자층은 가족, 10대, 젊은 성인들이며, 남성 이용자보다 여성 이용자가 더 많이 참여하는 편이다.

Discovery Lab 소개

Discovery Lab이 구비하고 있는 물품으로는 재봉틀, 예술용품, 수공구, 3D 프린터, 요리 도구, 전자 키트, 스캐너, 녹색 스크린, 아이패드, 로켓, 납땜인두 등이다. 예술과 공예 도구가 가장 많이 사용되고, 요리 도구가 가장 적게 사용된다. 제공하는 프로그램에는 STEAM 관련 주제들이 포함되어 있다.

가장 큰 해결과제는 사전 등록 절차가 없는 몇몇 세션이다. 이와 관련하여 Noomnam은 다음과 같이 말한다. "참가자들이 사용하게 될 소모품의 양을 결정하기 어려운 점이 있다. 반면에 사전 등록이 필요한 경우에는 노 쇼(no-show)가 발생할 수 있고, 대기 명단에 있는 사람들은 참가할 기회를 잃게 된다."

가장 성공적인 부분은 "참가자들이 다른 프로그램에 참여하기 위해 다시

제 3 장

오는 것이다. 과학 관련 프로그램에 참가한 이용자가 프로그램과 발표자의 높은 수준을 보고 예술/음악 관련 프로그램에 참가하기 위해 다시 오는 것이다. 학습에 대한 호기심과 탐구심이 증가한 것이다."

가장 놀랐던 점은 "많은 준비 없이도 성공적인 프로그램(출석, 재참여, 피드백에 기반)을 운영할 수 있다는 것이다. 다른 한편으로, 계획하는 데 수 개월이 소요되는 프로그램은 비교적 긍정적이지 않은 결과(낮은 관심 및 출석, 계획에 없던 방해요소)를 초래할 수 있다."

초기에 달리 할 수 있는 것이 있었다면, "프로그램 개발, 자원봉사자 관리, 파트너십 홍보, 프로그램 시리즈 관리를 전담하는 직원을 1명 둘 것"이라 말했다. 그리고 프로그램 개발과 구현에 있어 다른 부서를 포함시키겠다고 하였다. Noomnam은 다음과 같이 말을 이었다.

청소년 서비스 부서는 메이커스페이스 프로그램을 제공하는 도서관 내 유일한 주체였다. 2년이 지난 후, 성인 대상 서비스 부서에서도 프로그램을 제공하기 시작했다. 현재는 청소년과 성인 담당 사서를 모두 포함한 메이커스페이스 팀을 갖추고 있다.

우수 사례: 열린 마음으로 아이디어를 테스트하고 생소한 주제에 종사하는 직원. 풍부한 자원봉사자 자원. 단기 및 장기 계획수립을 위해 매일/매주/매월 단위로 시간을 투자하는 것

Noomnam은 이용자의 지식이 쌓이고, 호기심이 커지는 것을 경험하는 것이 가장 큰 즐거움이라 하였다. 특히 이용자에게 자원과 자유가 주어졌을 때, 그들이 무언가를 만들어내는 것을 좋아한다고 하였다.

화요일에 아이들과 함께 재활용 악기 세션을 가졌으며, 목요일에는 GarageBand (아이패드 앱) 세션을 열었다. 참가자 중 일부는 목요일 세션의 음악 녹음을 위해 화요일 세션에서 활용한 악기를 가져왔다. 이것은 우리가 자원을 제공

하면, 이용자들은 우리의 기대 이상으로 탐구하고 창조한다는 사실을 보여주는 사례였다.

그녀는 "예스(yes)라고 말하라. 실패하는 것이 괜찮고, 다시 시도할 수 있다면 본인과 이용자의 새로운 능력을 발견할 수 있다." 고 조언한다.

Make It @ Your Library, Community Library Network at Hayden, Hayden, Idaho

Make It @Your Library는 아이다호 주의 Hayden에 위치한 Community Library Network에서 운영 중인 4년 된 프로그램이다. 청소년 서비스 전문가 Nick Madsen이 담당하고 있다. 이 모바일 메이커스페이스는 도서관 행사나 봉사활동 장소에서 간단한 로봇공학, 기계공학, 코딩 프로그램을 운영한다. 즉, 커뮤니티가 도구와 자원을 사용할 수 있도록 한다.

이 프로그램의 예산은 도서관 친구 단체, 도서관 예산, 국가 정책 등을 통해 지원된다. 지방 정부의 지원은 없는 상황이다. 이 프로그램은 2명의 전담 직원이 운영하며, 매년 약 950여 명의 이용자를 대상으로 봉사한다. 주 이용자층은 가족, 10대, 청소년, 30대이다.

Make It @ Your Library 소개

모바일 메이커스페이스는 재봉틀, 예술 용품, 3D 프린터, 요리 도구 및 로봇 키트를 갖추고 있다. 가장 많이 사용하는 것은 블루투스 로봇, 3D 프린터, 빌딩 완구이며, 가장 적게 사용하는 것은 고급 로봇과 3Doodlers이다. 모바일 메이커스페이스는 3D 프린터 오리엔테이션, 4시간 내 영화 만들기, 메이키 메이키(MaKey MaKeys)뮤직, 간단한 로봇 탐험과 같은 강의와 워크숍을 제공한다.

이 프로그램은 공간 부족, 새로운 프로그램 개발시간 부족, 지역 메이커 및 자원 부족, 재정 문제, 도서관 공간의 부족, 최소한의 직원 충원 등 몇 가지 문제점을 가지고 있다.

그러나 가장 큰 성공은 시야를 넓혔다는 것이며, Madsen은 다음과 같이 말한다.

> 행사를 진행한 지 몇 년이 지난 후에도 젊은이들은 우리가 3D 프린터를 학교에 가져가서 어떻게 작동하는지 가르쳐준 것을 기억하고 있었다. 우리가 아니었다면 기회나 관심이 없을 수도 있었던 아이들에게 정보기술을 보여줄 수 있는 자원을 가진 것은 매우 보람된 일이었다.

만약 달리 할 수 있는 것이 있었다면 "나는 먼저 직원을 구하고, 행정적 지원을 확보하고, 동료들에게 도구에 대한 인식을 높인 후에 일을 시작했을 것이다." 라고 Madsen은 말했다. 지금 바꿀 수 있는 것은 무엇인가에 대한 질문에는 "도구를 도서관 내, 가정, 교실에서 이용될 수 있도록 하여, 도구를 사용하기 위해 도서관 직원을 기다리지 않고도 사용될 수 있도록 노력할 것" 이라고 답했다.

Madsen은 메이커스페이스나 프로그램을 계획하고 구현할 때, 커뮤니티 자원을 활용할 것을 권장한다. "지역 기관과 협력하는 것은 가치 있는 일이다."

또한 그는 "기술은 사람들에게 메이커 원리를 경험할 수 있도록 하는 유일한 방법이다."라고 말하며, 메이커 유형 프로그램을 운영하는 데 있어 전용 공간은 필요하지 않다고 말했다.

Madsen은 학생과 교육자들이 문제를 다른 관점으로 바라보는 것, 프로젝트에 열정이 있는 구성원들과 토론하는 것, 도서관과 관련 없는 사람들이 프로젝트의 일부가 되는 것, 도서관의 발전과정에 대해 이야기하는 것 등을 즐긴다고 하였다.

Madsen은 가장 좋아하는 경험담으로 다음과 같이 말했다.

> 최근에 학교도서관 사서를 대상으로 낮은 기술 수준의 메이킹 아이디어를 발표할 기회가 있었다. 메이킹의 협업적 특성과 즐거움을 느끼기를 희망하면서, 나는 소규모 사서 그룹들에게 가능한 한 많은 단계로 종이에 선을 그어 달라고 말했다. 이 아이디어는 루브 골드버그(Rube Goldberg) 기계와 연쇄반응(chain reaction)에 근거한 것이었다.
>   그 집단은 이를 수행하였다. 어떤 사서들은 시계의 추(pendulums)를 제작하고, 어떤 사서들은 미끄럼틀을 만들었고, 어떤 사서들은 연쇄 반응을 위한 것을 만들었다. 모두가 각자의 팀에 의존하고, 고유한 방식으로 문제를 해결하고, 완성된 결과물에 자랑스러워하는 즐거움을 경험하였다.
>   교육을 받은 많은 사서들은 프로젝트의 즐거움을 공유하였고, 유사한 프로젝트를 학생들에게도 적용하고 싶다는 바람을 표하기도 하였다.

Madsen의 조언은 "사람들이 최신의 최고의 도구를 얻는 것에 중점을 두지 말고, 스스로 생각할 수 있도록 하는 것에 중점을 두어야 한다."는 것이다.

우수 사례 요약

성공적인 도서관 메이커스페이스의 공통점은 분명하다. 고등교육에서의 팹랩 도서관이건 K-12 도서관 메이커스페이스이건 공공도서관 팝업 또는 모바일, 통합 메이커스페이스이건 이들 모두 다음과 같은 특징을 가진다.

- 커뮤니티 기반 포커스 : 서비스 대상인 커뮤니티의 요구를 진지하게 고려한다.

- **계획성** : 도서관 행정, 커뮤니티 구성원, 자원봉사자, 직원과 협의하여 설계와 프로그램 계획에 많은 시간을 투자한다.
- **적응성** : 가장 성공적인 메이커스페이스는 이용자의 변화하는 요구와 관심사, 새로운 기술, 이용 가능한 전문지식에 신속하게 대체한다.
- **권한부여** : 탄탄한 메이커 프로그램을 갖춘 도서관은 자원봉사자부터 직원까지 공간과 프로그램을 운영하는데 창의성과 독창성을 발휘할 수 있도록 권한을 부여한다.
- **실패에 대한 수용** : 실패하는 것을 두려워하지 마라. 전략에 이를 기록해 놓을 필요가 있다. 메이커스페이스는 새로운 것이 나올 수 있는 실수를 허용하도록 설계되어야 한다. 위험회피처럼 도서관 메이커스페이스 노력을 경감시키는 것도 별로 없다.
- **소음과 지저분함에 대한 예상과 수용** : 메이커스페이스는 지저분하다. 메이커스페이스를 원한다면, 혁신과 창조과정에서 발생하는 소음과 지저분함을 수용하고, 스케줄링, 디자인, 공간이용 수칙을 통해 적절한 계획을 해야 한다.
- **커뮤니티 전문지식 활용** : 필요로 하는 모든 사람과 모든 것은 커뮤니티 내에 있다.

도서관 직원은 모든 것에 또는 어떤 것에도 전문가일 필요가 없다. 일단 커뮤니티가 메이커스페이스에 원하는 것이 무엇인지를 파악한 후에 커뮤니티에 가서 그들이 알고 있는 것을 공유하고자 하는 사람을 찾아내고, 그런 다음 그들이 하는 것을 도와주면 된다.

지금까지 도서관 메이커스페이스의 기본과 우수한 메이커스페이스 경험사례를 살펴보았다. 다음 장에서는 메이커스페이스 설계와 구현을 돕기 위한 메이커스페이스 설계와 관련한 우수 사례를 살펴보겠다.

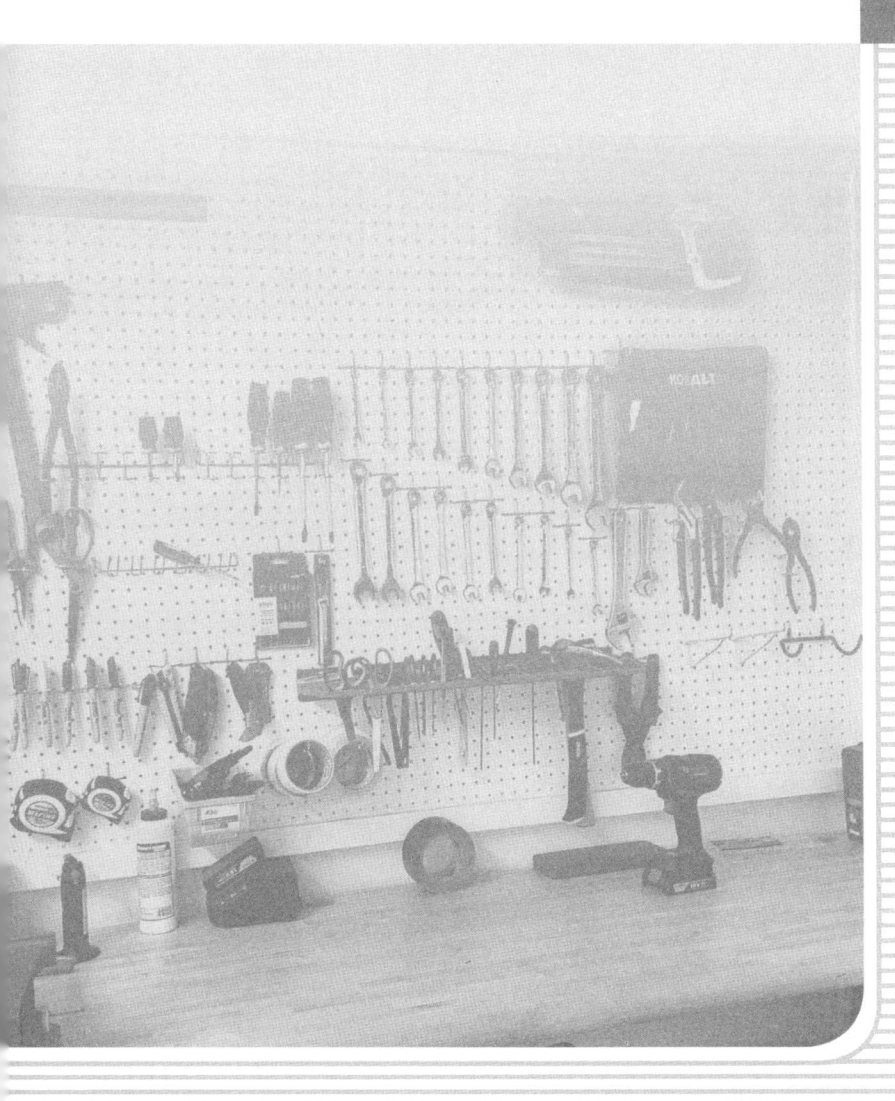

제4장 메이커스페이스 설계

미래 스페스터미 총서

제4장

메이커스페이스 설계

여러분이 메이커스페이스란 사실을 절대 잊지 마라. 다른 모든 것이 실패하더라도 여러분은 자신만의 의자와 탁자를 만들 수 있다! 메이커스페이스에 필요한 가구를 만드는 것으로 메이커스페이스의 첫 프로젝트를 수행해보라.

– Chuck Stephens, 메이커 사서,
Pasco County Library Cooperative, Florida

제3장에서는 새로운 공간에 대한 영감을 줄 수 있는 다양한 도서관 메이커스페이스 모델에 대해 살펴보았다. 그러나 궁극적으로 최고의 도서관 메이커스페이스 모델은 접근성이 높고, 포용력이 있으며 도서관의 업무 범위 내에서 커뮤니티를 위해 운영하는 것이다.

Chuck Stephens는 Pasco Library에서 메이커스페이스와 창의적 프로그램을 개발하고자 플로리다 Pasco County Library Cooperative가 고용한 전직 장인이며 예술가이다. 그는 Pasco County 도서관의 *FIRST* 청소년 로봇공학팀을 지도하고 있다. Stephens는 메이커스페이스 개발 및 관리, 관련 프로그램 운영을 위해 전통적인 도서관 업무 이외의 업무를 수행하기 위해 고용되었으며, Sue Considine이 추천한 인물이다. 메이커스페이스에 대한 그의 생각은 실용적이고 건축물과 수공예에서 쌓아온 수년간의 현실적 경험에 기초한 것이다.

Stephens는 "메이커스페이스를 설계할 때 공간 배정과 평면도가 가장 중

제 4 장

요한 요소 가운데 하나"라고 말하면서 다음과 같이 언급한다.

> 공간의 목표를 고려하고 이러한 목표를 지원하는 배치도(layout)을 만들어야 한다. 우리가 메이커스페이스에서 창의적인 공동체를 만들고자 한다면, 그 공간은 편안하고 매력적일 필요가 있다. 우리는 안전하고, 넓고, 정돈되지 않은 환경을 제공하기를 원한다. 우리는 사람들이 생산적이길 원하기 때문에 도구에 대한 접근이 쉬워야 한다. 벤치와 작업에는 깨끗해야 하고, 기본 재료와 하드웨어는 준비되어 있어야 한다. 우리는 융통성 있는 것을 원하기 때문에 고정장치와 가구는 다목적식, 이동식 및 모듈식으로 설계할 예정이다. 이용자의 요구가 바뀜에 따라 그 공간은 쉽게 변할 수 있어야 하고, 포용적이어야 한다. 사람들이 어떤 것을 만들거나 공유하기에 편안하다고 느끼는 개방적 공간을 만드는 것이 목표이다. 즉, 이용자들은 이러한 공간을 자신의 공간으로 생각할 수 있도록 해야 한다.

도서관들이 규모, 서비스 범위, 그리고 직원구성 면에 있어서 서로 다르지만, 설계 및 개발과정에는 기본적으로 지켜야 하는 몇 가지 규칙이 있다.

- 접근성 및 이용성: 작업공간은 1인당 75~100제곱피트의 독립적인 공간이 제공되어야 사람들이 서로 방해하지 않고 안전성과 생산성을 최대화할 수 있다. 모든 작업공간은 다른 방이나 공간을 통과할 필요 없이 공동의 통행공간에서 직접 접근이 가능해야 하며, 가능한 범위에서 신체적 장애가 있는 사람들도 수용할 수 있는 설계와 디자인, 접근성을 갖추어야 한다. 미국 내 도서관의 경우, 미국 장애인법(Americans with Disabilities Act: ADA)을 준수하여야 함을 의미한다.
- 조명: 근접 작업이나 기계 및 공구 작업을 위한 적절한 조명이 중요하다. 작업을 방해하는 그림자를 만들지 않는 밝은 조명이 바람직하다.
- 배전: 메이커스페이스 전역에 걸쳐 쉽게 접근할 수 있는 충분한 전원 콘센트가 있어야 하며, 많은 전력을 필요로 하는 전자기기의 경우 전용 회

로가 있어야 한다.
- **보관함**: 설문 조사에 참여한 많은 메이커스페이스들은 보관함을 계획 초기 단계에 고려하는 것이 좋다. 소모품부터 도구까지 모든 것을 위한 보관함을 고려하여야 한다.
- **안전 및 보안**: 공간은 안전을 염두에 두고 설계되어야 하며, 대부분의 화재 법규에서 요구하는 25~35%의 개방된 바닥 공간이 있어야 하며, 응급 치료실과 출구에 쉽게 접근할 수 있어야 하며, 적절한 안내판이 있어야 한다.
- **융통성**: 가장 이상적인 공간은 이용자의 변화하는 요구와 관심에 적절하게 대응할 수 있는 곳이다. 따라서 완고한 불변보다는 변화를 유념한 건축이 중요하다.

본 장에서는 모바일 메이커스테이션 및 차량 메이커스페이스와 관련하여 모바일 메이커스페이스에 대해서도 간략하게 살펴본 것이다. 이 장에서는 도서관이 음악이나 요리에 더 관심이 있는 이용자를 3D 프린터로 가득 찬 장소에 수용하는 것이 아니라 커뮤니티가 원하는 공간을 구축한다고 가정한다. 본 장에서는 공구와 장비에 관련된 사항은 간단히 다루고 7장에서 이러한 부분을 더 자세히 다룰 예정이다.

실제 활용도에 따라 무엇이 효과적인지 무엇이 효과적이지 않는지를 알 수 있고, 몇 가지 조정이 필요할 수 있기에 최종 메이커스페이스 디자인은 상황에 따라 다를 수 있다. Ralph Waldo Emerson이 "우매한 일관성은 옹졸한 생각을 지닌 개구쟁이와 같다." 고 언급하고 있는데, 이는 도서관 메이커스페이스에도 적용된다. 새로운 공간이 가장 유용한 곳으로 자리 잡으려면 적어도 1년은 걸릴 것이고, 그렇게 시간이 지난 후에야 비로소 처음에 시작한 것들이 사람들이 즐기거나 혹은 많이 사용하지 않는다는 사실을 알 수 있다. 이용자에게 귀를 기울이고, 그에 따라 적절히 조정할 필요가 있다.

제 4 장

접근성 및 이용성

도서관 메이커스페이스가 500제곱피트가 되든 5,000제곱피트가 되든 창조 공간을 만들거나 조정할 때 활용할 수 있는 기본적인 메이커스페이스 설계 원리가 있다. 가장 먼저 해야 할 일은 설계하려는 공간의 유형을 파악하는 것이며, 이때 다음과 같은 질문을 할 수 있다.

- 메이커스페이스 기능을 기존 도서관 공간에 통합할 것인가?
- 다른 독립적 공간을 재구성할 것인가?
- 실제로 물건을 만드는 "지저분한" 공간으로 설계할 것인가, 아니면 사람들이 대부분 디자인하는 "깔끔한" 공간으로 설계할 것인가 아니면 둘의 특징이 조합된 공간을 설계하고자 하는가?

이러한 질문에 대해 답하는 것은 설계 과정에 도움이 될 것이다.

통합 공간(Integrated Space)

3D 프린터나 디자인 소프트웨어가 설치된 고사양의 컴퓨터를 설치하거나 기존 공간의 한 모퉁이에 작업대나 예술 공간을 만드는 방식으로 창의적 디자인 공간을 기존 공간에 통합하는 경우, 아마도 "깔끔한" 활동에 중점을 두고자 할 것이다. 이러한 통합공간에서 고려해야 하는 두 가지 주요 사항은 소음과 통행이다. 통합공간의 이점으로는 큰 공사가 필요하지 않고, 이용자의 참여와 상호작용을 이끌어내기 위한 서비스와 자원의 접근성과 가시성이 높다는 것이다.

그렇지만 통합공간은 신중한 배치와 관리가 필요하다. 3D 프린터는 예전보다 조용한 편이지만 여전히 윙윙거리고 딸깍거리는 소리를 내며 인쇄되는 내용에 따라 몇 시간 동안 작동할 수 있다. 또 고온 필라멘트 노즐과 밑판 (base plate)은 위험요소가 될 수도 있다. 3D 프린터의 소음 문제를 해결하기 위한 몇 가지 방법은 프린터를 밀폐된 공간에 두거나 특정 시간에만 작동시키거나 조용한 독서 및 공부 공간에서 떨어진 곳에 두는 것이다.

통합된 공예 공간도 마찬가지다. 즉, 비닐 커터나 종이 공예품에서 나오는 쓰레기 말고도 예술 및 공예 공간은 일반적으로 많은 대화가 오고 가는 곳이다. 이러한 대화는 중요한 경험과 관련된 것으로 제지해서는 안 된다. 따라서 예술 공간을 기존 도서관 공간에 통합하는 데는 신중한 계획과 조직이 필요하다.

용도변경 공간(Repurposing Space)

스터디, 회의실, 컴퓨터실 또는 다른 폐쇄 및 독립공간의 용도를 변경하는 경우, 창의성과 기능성을 증진시킬 수 있는 기회는 훨씬 더 많다. 작업을 위한 바닥 면적은 용도가 변경된 공간에서 만들 수 있는 내용물을 결정한다.

Hazel L. Incantalupo 메이커스페이스. *Hazel L.* Incantalupo *Makerspace*

제 4 장

그리고 새로운 조명이나 전원 그리고 환기 설비의 추가와 같은 물리적 구조를 변화시킬지, 업그레이드해야 할지, 아니면 물리적 구조변경이 필요하지 않은 비품 및 장비를 추가하는 방향으로 구축할 것인지를 결정해야 한다.

이러한 결정은 설계하는 공간의 유형에 따라 결정할 수 있다. 프로그램 및 장비를 "지저분한" 유형과 "깔끔한" 유형으로 설명할 수 있다. 메이커페이스 설계에 관한 기사에서, *Make* 잡지에서는 "지저분한" 장비를 먼지와 파편을 발생시키는 드릴 프레스나 톱과 같은 것들로 정의하고, "깔끔한" 장비는 3D 프린터, 레이저 커터, 그리고 비닐 커터 등으로 정의한다.[1] 이러한 정의는 일반적이긴 하지만, 도서관에서 커터 및 수공구의 잔해, 연기, 소음도 고려할 수 있도록 그 정의는 일부 수정될 필요가 있다. 중요한 것은 디자인

Land O'Lakes Library Foundry 메이커스페이스. *The Foundry*

---

1) Baddock, Alex. "Six Essential Tips for Designing Your Makerspace's Layout." *Make:*. September 22, 2016. Accessed April 6, 2017. http://makezine.com/2016/09/23/6-tips-makerspace-layout-design/.

하는데 사용되는 컴퓨터나 직물, 전자기기처럼 청결하게 유지하고 싶은 것들 가까이에는 톱밥을 발생시키는 기계나 도구를 두지 않는 것이 바람직하다는 것이다.

포용성 및 접근성

메이커스페이스는 포용적이고 쉽게 접근할 수 있게 하는 것이 바람직하다. *Invent to Learn*[2])의 공동저자인 Sylvia Martinez는 "메이커 운동은 부유한 백인 남성들이 장난감을 만들고 사는 것이 아니다."라고 말한다. 그녀는 Massachusetts Institute of Technology 미디어 랩의 교수였던 Leah Buechley가 수행한 2013년 연구를 인용하였는데, 해당 연구에서는 2005년부터 2013년 사이에 출판된 *Make* 잡지 표지(총 36개)를 분석하였고, 그 결과, 잡지 표지의 테마가 전자기기(53%), 운송수단(31%), 로봇(22%), 로켓(8%), 음악(5%)[3]) 등 주로 남성의 관심 분야에 치중해 있다는 사실을 발견했다.

Martinez의 권고안 중 하나는 커뮤니티의 관심에 따라 다양한 개개인 이용자들에게 매력적인 환경을 만드는 것이다. 만약에 목공예에 관심을 가진 이용자 집단이 있다면 다양한 색상과 질감으로 모든 사람의 흥미를 유발할 수 있는 목공예 프로젝트를 보여주거나 전시하는 것을 고려할 수 있다. 또 공간이 기술 집합적이라면 단순히 로봇 기술을 보여주는 것보다 마이크로컨

---

2) Martinez, Sylvia. "Making for All: How to Build an Inclusive Makerspace." *EdSurge*. July 10, 2016. Accessed April 6, 2017. www.edsurge.com/news/2015-05-10-making-for-all-how-to-build-an-inclusive-makerspace.

3) Quattrocchi, Christina. "MAKE'ing More Diverse Makers." *EdSurge*. October 29, 2013. Accessed April 6, 2017. www.edsurge.com/news/2013-10-29-makeing-more-diverse-makers.

트롤러, 센서, 그리고 조명을 통합하는 "스마트 옷"과 같은 것을 보여주는 것이 커뮤니티의 다양한 이용자들의 흥미를 유발시키는 방법일 수 있다.

또한 Martinez는 모든 유형의 메이킹에 대한 다양한 접근경로, 칭찬 등의 동기부여를 할 것을 권장한다. 이를 위한 쉽고 괜찮은 방법은 실제 작업과 가능한 작업을 모두 공개 행사를 통해 보여주는 것인데, 이것은 사람들이 그 공간에서 무슨 일이 일어나고 있는지 볼 수 있게 도와주고, 모든 사람이 작업에 참여하도록 격려하는 역할을 한다.

3D 프린터를 이용하는 것보다 전자 실루엣 절단 공구와 같은 장치를 사용하는 것은 고령층 이용자의 참여를 높일 수 있다. 왜냐하면, 고령층의 이용자는 스크랩북이나 퀼트 같은 전통 공예품을 위한 종이, 비닐, 직물 절단기를 사용하기 때문이다. Stephens는 실루엣 절단 공구를 활용한 공예 세션 후에 약 1/3의 참가자들(대부분 나이든 여성)은 이 기계를 사용하는 법을 배우고 싶어 했다고 말하였다.

접근성은 도서관 메이커스페이스 설계 시 고려해야 할 중요한 사항으로 모든 사람이 참여하고, 창의적인 프로그램을 즐기고, 도구와 자원을 사용할 기회를 얻도록 해야 한다. 접근성은 휠체어와 기타 보조 기기에 대한 접근을 제공하는 미국 장애인 차별금지법(ADA) 유형의 접근만을 의미하는 것은 아니다. 접근성의 개념에는 인지적, 시각적 또는 기타 장애를 가진 사람들에게 메이커스페이스에 대한 접근을 가능하게 하는 것을 포함한다.[4] 또한 발달 장애를 가지고 있거나 자폐증을 가진 이용자들에게도 직원의 의식적 노력, 조용한 만들기 수업 및 별도의 오감 프로젝트 등을 통해 접근성을 제공하는 것을 의미한다.

---

4) Klipper, Barbara. "Could a Child with a Disability Use Your Maker-space?" *Association for Library Service to Children*. July 31, 2014. Accessed April 6, 2017. www.alc.ala.org/blog/2014/08/could-a-child-with-a-disability-use-your-makerspace/.

메이커스페이스 설계

미국 University of Washington의 접근 공학(Access Engineering) 프로그램은 메이커스페이스를 위한 "접근성 및 보편적 설계 가이드라인"을 개발하였다. 이 가이드라인은 기획 및 설계 과정 중에 "포용 및 보편적 설계 문화"를 조성하는 것을 도서관 메이커스페이스 설계의 필수 요소로 하고 있다. 기획 단계에서 고려해야 할 주요 사항은 다음과 같다.

- 메이커스페이스의 기획 및 설립과정에 다양한 장애를 가진 이용자를 포함할 것
- 사람들이 접근 및 이용 가능한 장비에 대해 피드백과 제안을 할 수 있도록 할 것
- 메이커스페이스의 규칙 및 우수 사례를 제시하는 상세하고, 체계적으로 조직된 눈에 쉽게 띄는 문서를 제작할 것
- 웹사이트 및 기타 출판물에 다양한 배경과 능력을 지닌 이용자들의 사진을 포함시킬 것

실제 공간을 설계하는데 고려해야 할 사항은 다음과 같다.

- 통로와 입구는 휠체어로 접근할 수 있어야 하고, 명확하게 표시되어 있어야 하며, 이동 경로를 통해 연결되어 있어야 한다.
- 표지판과 장비의 라벨 특히, 안전 관련 정보는 선명해야 하며, 대형 종이에 인쇄되어 있어야 한다.
- 복도는 보행 장애 또는 시각 장애가 있는 사람을 위해 전선 및 케이블과 같은 장애물이 없고 넓어야 한다.
- 청각, 시각 또는 보행 장애가 있는 이용자를 위한 안전절차를 포함해야 한다.
- 화이트보드 및 기타 공구는 착석한 위치에서 접근할 수 있어야 한다. 메

제 4 장

이커스페이스 벽을 화이트보드 페인트로 칠하여 이를 창의적 공간으로 만들 수 있다.
- 탁자는 높이를 조절할 수 있어야 한다. 하지만 그 전에 탁자와 작업공간에 접근 가능하도록 하기 위한 자원이 있어야 한다. 이동식 가구의 바퀴는 제자리에 고정될 수 있어야 한다.
- 도구는 오른손잡이 및 왼손잡이 이용자들이 모두 이용할 수 있도록 해야 한다. 그리고 전원 코드는 천장에 부착된 것을 포함하여 통로는 아니지만 쉽게 접근하고 조절할 수 있도록 해야 한다.
- 확대 렌즈와 탁상용 램프도 있어야 한다.
- 프로젝트 및 소모품의 보관함은 명확하게 표시되어 있어야 하고, 쉽게 접근할 수 있어야 한다.

메이커스페이스를 위한 도구와 장비를 평가할 때, 다음과 같은 사항을 고려해야 한다.

- 이용자가 손쉽게 이용할 수 있어야 한다. 예를 들어, 수동 또는 스위치 작동식 재봉틀의 페달을 이용할 줄 모르는 이용자나 3D 프린터와 레이저 커터에 부착된 설명서를 이해할 수 없는 이용자를 위해 장비와 관련된 지침과 정보를 쉽게 읽을 수 있도록 해야 한다.
- 날카로운 공구에는 고무로 된 손잡이와 플라스틱으로 된 보호 장치를 부착하고, 정리하고 라벨링 해야 한다.
- 전자장비 보관함은 잘 정리되어 있어야 하고, 라벨링 해야 한다.
- 컴퓨터 보조품을 위한 공간을 확보할 필요가 있다. 예를 들면, 트랙볼, 대체 키보드, 화면판독기 및 음성-문자 변환 소프트웨어 등이 있다.[5]

---

5) "Making a Makerspace? Guidelines for Accessibility and Universal Design." *DO-IT*. 2015. Accessed April 6, 2017. www.washington.edu/doit/making-maker-space-guidelines-accessibility-and-universal-design.

메이커스페이스 설계

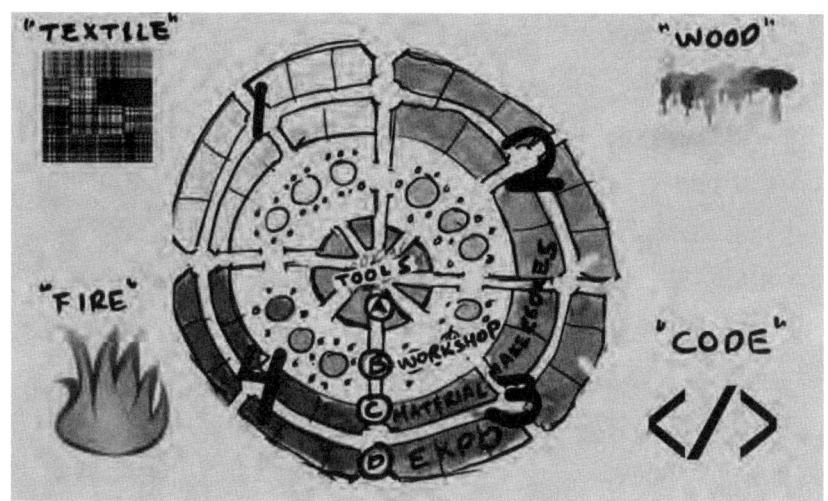

공간 구성 관련 안내판(Ambient signage). *Ake Nygren*

스웨덴의 Stockholm Public Library의 디지털 도서관 프로젝트 책임자인 Ake Nygren은 디자인 원칙으로 공간의 기본 분위기도 고려해야 한다고 기술한다. Nygren은 *"Digital Interfaces and Material as 'Signage' in a Library Makerspace"* 라는 제목의 보고서에서 "모든 구성품은 의도, 성별, 문화에 대한 상징성과 함축성이 있다." 고 주장한다.6)

그의 디자인 권고 사항은 다음과 같다.

> 재료/구성품은 문화와 밀접한 연관이 있으므로, 도서관 메이커스페이스는 서로 다른 창의적 문화 간의 격차를 좁혀주는 환경을 조성해야 한다는 것에서 시작한다. 디자인의 핵심 아이디어는 서로 다른 창의적 감정버블이 가까워지도록 하여 다양한 집단 간에 예상치 못했던 미팅을 통해 서로 간의 상호작용을 유발하여 혁신을 이끌어 내는 것이다.

---

6) Nygren, Åke. *Digital Interfaces and Material as "Signage" in a Library Makerspace.* Working paper. N.p.: n.p., n.d. Print.

따라서 Nygren은 관련성에 따라 재료를 모을 것을 제안했다.

- 직물 관련 재료, 장비 및 활동
- 목재 관련 물품 및 활동
- 코딩, 컴퓨터 및 사물 인터넷 관련 장비 및 활동
- 불(fire) 또는 용해성 재료 및 열 관련 활동(예, 플라스틱, 납땜, 레이저 커팅 및 3D 프린팅)

이러한 유형의 설계 방식은 시각적으로 보기 좋고 사람들에게 환영받을 수 있지만, "지저분할 수 있는 활동"과 "깔끔한 활동"을 분리하는 계획이 필요하다. 이는 포용서을 높이기 위한 설계 방법이기도 하다. 포용성과 접근성을 염두에 두고 설계하는 것은 서로 다른 능력을 가진 사람들을 돕는 것이 모든 능력을 가진 사람들에게도 도움이 되므로 장점이 있다. 적절한 공간 배치, 명확한 안내표지, 쉽게 접근가능한 도구와 자원은 특별한 요구를 가진 사람들뿐만 아니라 모든 연령, 체형, 키, 문화적 배경 등을 가진 사람들에게도 필수적이다.

우수 사례

Stephens는 이용자의 커뮤니티 참여를 높이고 주인의식을 고취시키는 방법으로 Tom Sawyer 효과를 활용할 것을 제안한다.

우리는 메이커스페이스의 벽면을 칠하기 위해 벽면 수리, 준비 및 칠하기의 수업을 기획했다. 몇몇 이용자가 토요일에 왔고, 이들을 위해 한 화가가 칠하기의 기본을 가르쳐주겠다고 자원했다. 메이커스페이스는 전문적인 관리 하에 칠해졌고, 이용자들은 교육의 기회를 얻었으며, 우리는 비용을 절감할 수 있었다.

우리의 작업공간은 한 젊은 도서관 이용자의 도움으로 이글 스카우트(Eagle Scout) 프로젝트처럼 설계되고 구축되었다. 심지어 메이커스페이스 가구의 조립도 로봇공학 팀에 의해 서비스 프로젝트로 수행되었다. 메이커스페이스 건축과 관련된 많은 작업은 이용자의 학습 경험으로 전환될 수 있으며, 이들에게 메이커스페이스 과정에 대한 주인의식을 불어넣을 수 있다. 크라우드 소싱(crowdsourcing)은 공동체 의식을 조장한다.

메이커스페이스 조성과 관련하여 Stephens는 다음과 같이 말한다. "대부분의 도서관은 분관이든 학교의 일부이든 간에 메이커스페이스에 대한 공사와 관련하여 다른 부서와 긴밀하게 협력해야 한다. 다른 부서와 어떤 관계를 맺는가는 메이커스페이스 개발 및 발전에 지대한 영향을 미칠 것이다." Stephens는 시설 담당자에게 정확하게 요구를 표현하고 현실적인 목표와 기대치를 설정하기 위한 과업을 수행할 것을 제안한다. 그리고 기존의 도서관 직원이나 도서관학 석사(MLS: Master in Library Science)가 아닌 외부에서 메이커스페이스 직원을 고용하는 것에 대해서도 언급한다. Pasco County Libraries의 한 군데에서 녹음 스튜디오를 만들려는 것은 카운티의 시설 부서에서 해오던 업무 범위를 벗어난 것이었다. 지역의 일반적인 건설업자를 활용하는 것에 대한 논의가 있었으나 이는 예산상 불가능하였다. 그럼에도 불구하고, 도서관이 Chuck Stephens를 고용함으로써 그의 실제 현장 기술을 활용하여 시설 유지를 고려한 새로운 스튜디오를 설계할 수 있었다.

마법의 삼각형

DIY 커뮤니티에서 예비 구축 연구를 위한 좋은 자원이 있는데, 이는 특정 취미를 가진 사람, 주택 건설업자, 집을 수리하거나 차를 수리하는 수공업자이다. 우수 사례 중 가장 기본이 되는 것은 효율적인 작업 공간 설계에 있어 삼각형의 세 모서리에 가장 중요한 워크스테이션을 배치하는 것이다.7)

예를 들어, 워크숍에서 목재와 금속을 취급하는 경우, 작업 공간을 가로질러 옮기지 않도록 삼각형의 첫 번째 모서리에 가장 큰 장비와 재료를 두는 것이 좋다. 삼각형의 두 번째 모서리는 설계나 조립을 하는 작업 공간 또는 작업대가 될 것이다. 세 번째 모서리는 마무리 지점으로 환기 장치를 포함하여 적당한 공구와 장비를 둘 수 있다. 면적과 상관없이, 교차 이동하는 것을 최소화하고 적당한 작업 공간에 쉽게 접근할 수 있도록 공간을 구성하는 것이 유지 관리하기 쉽고 더 안전하고, 매력적이며, 효율적으로 사용될 수 있다.

도구 및 도구 이용을 위한 설계

작업장에서 도구는 두 가지 유형의 공간에 위치한다.

1. 수공구를 보관할 수 있는 정육면체의 보관함, 드릴 프레스나 레이저 커터 등을 보관할 수 있는 선반 형태의 보관함
2. 도구나 기계류가 함께 사용되고, 재료의 크기에 따라 확장되는 작업공간

드릴 프레스는 약 5평방 피트를 차지할 수 있지만, 작업 중인 재료가 몇 피트 길거나 넓을 수 있으므로 도구 작동을 위한 공간에 부가적으로 공간을 확보하여 안전하고 편리한 작업공간을 마련해야 한다.

이동식(freestanding) 도구와 벤치 탑(bench top) 도구의 차이점을 고려

---

7) "The Workshop Triangle." DIY Network. March 24, 2015. Accessed April 6, 2017. www.diynetwork.com/how-to/skills-and-know-how/workshops/the-workshop-triangle.

하는 것도 중요하다. 벤치 탑은 작업대에 부가적인 기능을 제공하는 한편, 작업 가능한 공간을 감소시킬 수 있다. 그렇지만 벤치 탑 도구는 사용하지 않을 때는 쉽게 없앨 수 있도록 제작될 수도 있다.

Stephens는 이상적인 메이커스페이스 가구는 이용자 커뮤니티의 관심사에 따라 결정된다고 상기시킨다.

메이커스페이스가 목공에 중점을 둔다면, 견고한 작업대와 탁자가 필수적이다. 재봉과 섬유예술에 중점을 둔다면, 더 가벼운 가구로도 충분하다. 가장 큰 걱정거리는 공간을 가장 잘 활용하는 것이다. … 가구를 조달하는 데 창의적으로 생각하여야 한다. 내가 일하는 한 카운티(county)는 새로운 메이커스페이스를 위한 오래된 가구와 장비들로 가득 찬 중앙 창고를 가지고 있다. 또 다른 메이커스페이스는 이글 스카우트 프로젝트의 일환으로 이용자가 제작한 작업대를 갖추고 있다. 당신이 메이커스페이스란 것을 절대 잊지 말아야 한다. 다른 모든 것이 실패하더라도 당신은 자신만의 의자와 탁자를 만들 수 있다! 메이커스페이스의 첫 프로젝트로 메이커스페이스에 필요한 가구를 만들어보라.

Stephens는 이용자들이 창의력을 발휘하고 공유가 쉽도록 업무 공간이 아닌 곳에 모일 수 있는 장소이면서 메이커 운동의 핵심이 되는 "편안한 공간(chillspace)"임을 잊지 말라고 주장한다.

가구는 공간의 문화를 결정할 것이다. 페인트칠하고 스티커를 붙여라. 모든 테이블 상판에는 커다란 스텐실 로고를 붙여라. 해적 소굴이나 우주선처럼 보이도록 하라. 가구, 조명, 배치 및 장식을 사용하여 창의력을 촉진하고, 도구에 대한 쉬운 접근을 제공하며 이용자층을 반영하는 공간을 만들어야 한다. 이용자들이 공간에 대한 공동 주인의식을 느끼며 즐길 수 있고 신뢰감을 갖도록 하라.

제 4 장

조명

 적당한 조명은 작업공간의 유형과 상관없이 중요하다. 그렇지만 도서관 메이커스페이스 개발에 있어 종종 간과되는 부분이기도 하다. 대부분의 도서관은 천장에 형광등이 많아 대체로 적합한 조명을 갖추고 있다. 그러나 작업대와 캐비닛이 적당한 곳에 설치되거나 절단용 탁자에 천이 놓이게 되면 좀 더 특수한 조명이 필요하다.
 Stephens는 "조명은 공간을 정의하고, 공간에서의 다목적 활동을 위한 불빛을 제공한다."라고 말하며 다음과 같이 덧붙였다.

> 작업등은 일반적으로 업무를 위한 것이지만 다양한 고정형 및 임시형 조명 설비가 필요하다. 고정형 작업등에는 매립형 할로겐이나 캐비닛 하부의 LED, 의자 위의 트랙 조명등 및 천장 고정형 조명등을 포함한다. 임시형 조명에는 매달려 있는 작업등, 거위 목 모양 램프, 앵글포이즈(anglepoise) 탁자 램프, 휴대용 할로겐 작업등, 여러 개의 값싼 클램프 온(clamp-on) 조명 등이 있다.

 전문가에 의하면 작업 공간에서의 적절한 조명은 해당 공간을 이용하는 이용자의 연령에 따라 일반적인 취미 작업 공간은 50 또는 100피트 촉광(foot-candles)으로 균일하게 조명해야 한다고 한다. 즉, 25세 이하 이용자에게는 50피트 촉광이어야 하며, 시력이 자연스럽게 나빠지는 나이가 많은 이용자에게는 100피트 촉광이 적당하다. 그리고 3,500 켈빈(kelvin) 램프는 가장 일반적인 조명이다.[8]

---

8) Lindsey, Jack. "Lighting the Small Workshop." *Sawmill Creek Woodworking Community RSS*. Accessed April 6, 2017. www.sawmillcreek.org/content.php?146-Lighting-the-Small-Workshop-by-Jack-Lindsey.

나아가 Stephens는 빛을 내는 것만이 조명에 해당하는 것은 아니라고 말한다.

> 프로젝터, 인터페이스 및 스크린을 위한 계획을 하여야 한다. 빌트인 프로젝터가 작업대를 향한다거나 플러그를 꽂을 사다리와 어댑터가 필요하면 무용지물이 될 수 있다. UV 자원(예를 들면, 레이저, 스크린 인쇄 노출 조명, 안전 고글 멸균기, 용접 아크 등)의 배치와 내광성도 고려하여야 한다. 또한 외부 자연광을 고려하여야 한다. 비디오를 틀거나 프로젝터를 사용하고자 할 때 창문을 가릴 수 있는지도 생각해보아야 한다.

Stephens는 가지고 있는 것이나 만들고 싶은 것을 활용하라고 말한다. "멋진 장식 조명을 만들어보라! 라운지에 있는 조각 전등이나 입구에 있는 샹들리에는 메이커스페이스의 창조적 재능을 발휘할 기회이면서 이용자 기반의 독특한 메이커스페이스 문화를 만들 수 있도록 한다."

배전

전력은 메이커스페이스에서 매우 중요한 부분이므로 설계 및 건축과정에 고려해야 하는 핵심요소이다. 우리가 탬파에 있는 John F. Germay Public Library를 설계하였을 때, HIVE가 들어갈 3층 공간에 이용할 수 있는 전력이 풍부하여 매우 기뻐했었다. 거대한 기둥들이 1만 평방 피트 넓이의 공간에 서 있고, 각각의 기둥에 여러 개의 콘센트가 달려있어서, 전력이 필요한 어떤 곳이라도 전기를 공급할 수 있었다. HIVE는 운이 좋은 것이지만 그 정도로 풍부한 전력은 드문 것이었다.

대부분의 도서관 메이커스페이스는 추가 전력을 계획할 필요가 있다. 풍

제 4 장

부한 전력을 갖춘 HIVE의 경우에도 표준 콘센트만 갖추고 있었다. 일부 도구는 많은 전력을 소모하므로 전용 220v 회로가 필요하며, 이를 위해서는 전력기관의 방문이 필요하다.

Stephens는 메이커스페이스의 전력 관리를 위한 규칙을 다음과 같이 말한다.

> 필요한 콘센트 수를 정확하게 파악하고, 추후 증가할 것을 대비하여 두 배로 늘려 계획하여야 한다. 대다수의 메이커스페이스가 개조된 공간에서 시작하여, 그 공간에서 사용 가능한 전력을 그대로 사용하지만, 도관과 표면 박스 (surface box)를 바탕으로 새롭게 만드는 것이 가장 좋다. 이렇게 하면 나중에 벽을 허물거나 지저분한 확장 코드에 의존하지 않고도 배전을 확장하거나 수정 또는 변경할 수 있다.

실제로 전문가들은 작업 공간을 설계할 때 전력 계획표를 만들어 볼 것을 추천한다. 이러한 계획표는 전기 콘센트나 전용 회로의 위치, 콘센트 높이 등을 결정하는 데 도움이 되기 때문이다.[9] 소형 전원 도구와 같은 장치들은 안전형 누전 차단기(GFCI: Ground-Fault Circuit Interrupter)가 장착된 콘센트에 연결할 수 있지만, 탁자형 톱이나 드릴 프레스와 같은 대형 장비는 전용 회로가 있어야 한다.

콘센트 배치도 중요하다. 작업 공간에서는 상대적으로 높은 벽면에 콘센트를 다는 것이 작업대나 작업 테이블에서 쉽게 접근할 수 있기에 유용하다. 많은 도서관 메이커스페이스에는 효과적으로 활용할 수 있는 매입형 콘센트를 갖추고 있다. 전력을 더 쉽게 접근하여 이용가능하도록 하여야 안전이나

---

9) "The Ultimate Workshop: Lighting and Electrical Layout." *DIY Network*. March 14, 2015. Accessed April 6, 2017. www.diynetwork.com/how-to/skills-and-know-how/workshops/the-ultimate-workshop-lighting-and-electrical-layout.

조직적 문제를 발생시키는 확장 코드의 필요성을 낮출 수 있다.

또한 Stephens는 표준적인 3개의 구멍이 있는 콘센트 말고도 더 많은 옵션이 있다고 다음과 같이 언급한다.

> USB 충전 포트, 누전 차단기 장착 안전 콘센트, 벤치 장착형 스트립, 매달거나 집어넣을 수 있는 콘센트 등을 추가하라. 콘센트가 많다고 불평할 사람은 아무도 없다!
> 　백업이나 대체 전력을 고려하라. 태양열로 공간 전체를 운영하기는 어렵겠지만 하나의 판으로 충천소를 만드는 것을 어떨까? 배터리를 1~2개 추가하여 공간의 비상 조명으로 사용해보라. 정전 시에 컴퓨터를 작동할 기본적인 무정전 전원 공급장치(UPC: Uninterruptable Power Supply)를 갖추는 것도 잊지 말아야 한다.

보관공간

　우리가 작업한 거의 모든 도서관은 보관공간에 문제가 있었다. 보관공간은 메이커스페이스가 없는 도서관에서도 장서, 프로그램 자료, 컴퓨터, 예술 및 공예품 등에 대한 보관에 문제가 있다. 메이커스페이스를 추가하는 경우, 이러한 보관 공간 문제는 커진다. 그렇지만 이는 자료의 실질적인 활용도 및 영속적 보관 필요성에 대해 생각해 볼 좋은 기회가 될 수도 있다. 우리가 작업했던 한 도서관의 저장 공간은 20피트 정도 깊이에 벽장형으로 아주 길게 되어 있었고 문도 하나밖에 없었다. 수년 동안 그 벽장의 뒷부분을 이용한 경우는 없었다. 우리가 추천한 것은 반대쪽 끝에 문을 만들고 자료를 이용할 수 있도록 하는 것이었다.

　메이커스페이스를 시행하고자 한다면 큐레이션을 배워야 한다. Stephens

는 "큐레이션은 무엇을 입수하고 빼낼 것인지를 결정하는 것이다."라고 말한다. 그는 계속해서 다음과 같이 말한다.

필립스 나사드라이버(screw) 20개가 있는 것이 아니고 2개의 일자형 드라이버만 있다는 것을 분명히 해야한다. 큐레이션은 오래된 녹색 형광체 CRT 모니터를 기증하고자 하는 사람에게 이를 거절할 수 있도록 한다. 이는 30상자의 실과 뜨개질 바늘이 필요하지 않다는 것을 분명히 한다. 큐레이션은 무엇을 내보낼 것인지를 결정하는 것이기도 하다. 1년의 규칙이 유용할 수 있다. 즉, 1년 동안 사용되지 않고, 그 공간을 더 잘 사용할 수 있는 것이 있다면 이는 내보내야 한다. 큐레이션은 부서별로 나누거나 정책적으로 시행할 수도 있지만, 이는 꼭 해야 하고, 그렇지 않으면 시간이 부족하게 될 수 있다.

설계 과정에 보관공간의 설계를 주요 요소로 고려하여 메이커스페이스를 구축하고 프로그램을 시작하기 전에 적절한 보관공간을 확보하는 것은 중요하다. 하지만 보관공간은 정확하게 만들어질 수 있는 것이 아니다.

밀워키 대학 정보학 대학원(University of Wisconsin-Milwaukee School of Information Studies)의 Shannon Crawford Barniskis가 작성한 보고서인 "Creating Space: The Impacts of Spatial Arrangements in Public Library Makerspaces"에서 섀넌은 뉴욕의 작은 도서관 메이커스페이스를 방문한 경험을 서술하였다.

내가 메이커스페이스에 도착했을 때, 공예품들과 전자 부품들은 철사형 통에 들어 있었다. 이러한 통들은 저장 공간이라는 느낌을 주었고, 이로 인해 이용자들은 공간에 들어갈 수 있는지에 대한 의문을 품었다. 이러한 통은 메이커스페이스에서의 다양한 창조적 활동의 가능성을 보여주기도 하였다.

섀넌은 2주 후에 다시 돌아와서 메이커 프로젝트에서 나오는 톱밥과 다른 잔여물로부터 메이커스페이스를 더 깔끔하게 정돈하고 장비를 더 잘 관리하기 위해 통을 캐비닛으로 교체한 것을 살펴보았다. 섀넌은 다음과 같이 작성하였다.

> 캐비닛이 이 문제의 일부를 해결하긴 했지만, 이는 또 다른 문제를 발생시켰다. 즉, 사람들이 그 장비를 사용할 수 있다는 것을 어떻게 알 수 있을까? 일부 이용자들은 캐비닛을 열겠다고 말했지만, 다른 이용자들은 그렇게 하는 것이 불편하다고 말했다. 한 도서관 이용자는 안내판이 있더라도 캐비닛을 열지 않는다고 말했다. 캐비닛은 메이커스페이스에서 어떤 유형의 메이킹이 가능한지에 대한 단서를 없애고 있었다.[10]

Chuck Stephens는 이러한 사람들을 위한 다음의 몇 가지 제안을 한다.

> 정리는 도구 위치 및 보관 그리고 재료의 보관 및 접근성을 다룬다. 모든 것에 접근할 수 있게, 볼 수 있게, 그리고 사용이 편리하도록 만들어진 개방형 저장 공간은 자발적 창의성과 탐험심을 불러일으킨다. 이용자들은 폐쇄형 캐비닛에서보다 선반에서 공구를 꺼낼 가능성이 더 높다.
> 일반적인 도구 옆에 나뭇못 꽂는 판에 실루엣과 라벨을 함께 붙여놓으면, 도구에 대한 재고파악이 쉽고, 이용자들에게 도구의 명칭을 알려줄 수 있으며, 깔끔한 작업대를 만들 수 있다. 모든 보관공간은 접근성이 높아야 하고 라벨을 부착해 도구와 재료가 사용될 수 있도록 해야 한다. 도구의 보관공간은 이용자들의 협조가 분명하게 드러나야 한다. 실루엣은 조금 부족한 시각적 피드백을 제공한다. 나는 Mythbusters 접근법을 선호하는데, 이 접근법은 강철 선반에 Rubbermaid 용기를 활용하여 도구를 보관하는 것이다. 이렇게 하면 최소의 공간을 차지하면서도 현재 가지고 있는 것을 명확하게 표시할 수 있다.

---

10) Crawford Barniskis, Shannon. "Creating Space: The Impacts of Spatial Arrangements in Public Library Makerspaces." Proceedings of the 2016 World Library and Information Congress. The Hague, Netherlands: International Federation of Library Associations and Institutions.

제 4 장

 "Workshop Design Part 3"에서 목세공인 Phil Rasmussen은 자신이 경험한 대다수의 작업공간은 충분한 보관공간이 없거나 활용 가능한 보관공간을 최대화하지 못하고 있었다고 언급한다. 이러한 Rasmussen의 가정 작업공간에 대한 조언은 도서관 메이커스페이스에도 쉽게 적용할 수 있다.

 고정형 벤치탑 아래에는 대체로 캐비닛이 있다. 일부 상점에는 벽면형 캐비닛을 갖추고 있는 경우도 있지만, 이러한 벽면형 캐비닛은 제한적이고, 작으며, 천장에 매달려있지 않다. 이러한 벽면형 캐비닛은 부엌에서 뿐만 아니라 작업공간에서도 바람직하지 않다. 캐비닛 위에 개방된 공간은 먼지가 쌓이게 된다. 그리고 캐비닛 윗부분에 몰딩이 있는 경우, 어떤 물건들이 그 위에 있다면 쉽게 잊혀 지기 마련이다. 벽면형 캐비닛을 만든다면 천장에 닿을 수 있도록 충분히 높게 만들어 보관공간을 부가적으로 제공하고, 먼지가 쌓이지 않도록 할 필요가 있다.[11]

 그는 또한 활용 가능성이 있는 보관 공간이 제대로 활용되지 않는 경우가 많다고 지적한다.

 작업대 아래에 개방형 및 폐쇄형 보관 선반 및 서랍을 쉽게 설치할 수 있다. 탁자 아래에 들어갈 수 있는 바퀴가 달려 있는 이동 가능한 캐비닛을 만들 수 있다. 대부분의 의자형 캐비닛의 아래쪽 선반에는 전원 도구가 들어가는 플라스틱 케이스를 보관할 수 있는 공간이 있다.

 좋은 라벨과 안내표시도 중요하다. Stephens는 "모든 것에 라벨을 붙여라."라고 말하며 다음과 같이 구체적으로 언급한다.

---

11) Rasmussen, Phil. "Workshop Design Part 3: Storage Options, Electricity, and HVAC." *Wood News Online*. 2014. Accessed April 6, 2017. www.highland-woodworking.com/woodworking-tips-1401jan/workshopdesign.html.

목공예, 금속공예, 전자기기, 예술, 바느질 등과 같이 영역별로 정리하라. 세부적인 것들에 대해서는 보관공간에 대한 안내를 부착하라. 어떤 것이 어디로 가야 하는지에 대해 명확하게 하여야 한다.

    자와족(낡은 물건을 고쳐 쓸 만한 물건을 잘 만드는 고물상 종족)의 본능을 길러라. 쓸모없는 물건이 들어오고 나간다. 이들 중 어떤 것은 기가 막히게 좋은 것도 있다. 낡은 물건이나 기계류는 아이들을 위해 해체 이벤트에 활용될 수 있다. 커뮤니티에 음악 제작자가 있다면 오래된 오르간도 흥미롭게 활용될 수 있다. 오래된 하드 드라이브는 다양한 멋진 프로젝트를 위한 재료가 될 수 있다. 어떤 물건의 가치와 그것이 차지하는 공간의 가치 간의 균형에 대해 고민을 해야 한다.

    보관하지 말고 이동시켜라. 특정 수업이나 프로젝트를 위한 것이 아니라면 꽤 재미있는 일이 될 것이다. 오래 전부터 있었던 물건들에 대한 "자유분방한" 테이블을 시작해보라. 디자인 챌린지로서 뭔가 이상하면서도 거대한 것들을 제안해보라. 창의적이어야 한다.

부품이나 기기, 재료 등에 대한 성문화된 정책도 갖추어야 한다. 3D 프린터의 필라멘트, 파스너(fasteners), 페인트 및 섬유 자재와 같은 소모품에 대한 취급방안도 가지고 있어야 한다. 메이커스페이스를 구축하기 전에 기부에 대한 정책도 가지고 있어야 한다. 그 이유는 사람들이 메이커스페이스를 보고 본인들의 창고에 있는 유용한 것을 기부할 수 있기 때문이다. 낡은 전자기기나 오래된 도구상자를 받고 싶지 않다면 기부 방식에 대해 명확하게 규정하여 언제, 어떻게, 원치 않는 물품들을 폐기할 수 있는지에 대해 이용자들에게 안내할 수 있어야 한다.

제 4 장

안전 및 보안

적절한 안내표지판과 문서는 안전 및 보안 담당부서에서 매우 중요하다. 메이커스페이스 이용자들이 도서관 메이커스페이스 도구나 기기(예, 재봉틀, 작업도구, 3D 프린터)를 사용하는 데 있어 안전수칙을 반드시 숙지할 수 있도록 하여 모든 사람들이 안전하게 활용할 수 있는 공간을 만드는 것이 중요하다. 또한 이용자들이 메이커스페이스 내에서 안전감을 느끼도록 하는 것이 중요한데, 구체적으로 이용자 프로젝트가 보호되고 있으며, 도서관의 도구와 자원이 효과적으로 관리되고 있음을 인식시켜야 한다. 더 나아가 값비싼 도구와 장비가 외부로 반출되지 않도록 하는 것이 중요하다.

학교 메이커스페이스를 만드는 데 도움이 되도록 제작된 *Makerspace Playbook*은 도서관 메이커스페이스에도 적용할 수 있는 안전에 대한 여러 가지 권고사항을 제공한다. *Playbook*을 요약하자면, 이용자에게 메이커스페이스에 내재된 잠재적인 위험을 알려주는 것과 이용자가 메이커스페이스를 이용하려는 의욕을 꺾거나 이용자에게 겁을 주는 것 사이에는 미묘한 차이가 있다. 이는 도서관의 위험요소 관리(risk management)에서도 마찬가지이다.[12]

해당 *Playbook*에서는 "적절한 단계를 거치지 않았을 때 사고가 발생하지만, 어쩌면 수백만 또는 수십억 명의 사람들이 사고 없이 위험한 장비를 활용하여 메이킹을 하고 있다."고 지적한다.[13]

---

12) *Makerspace Playbook: School Edition. MakerEd.org.* Spring 2013. Accessed April 6, 2017. https://makered.org/wp-content/uploads/2014/09/Makerspace-Playbook-Feb-2013.pdf.
13) *Makerspace Playbook*, 13.

메이커스페이스 설계

좋은 안내표지판. *Theresa Willingham*

사전에 계획하고, 안전 및 보안 수칙을 체계화하고, 이를 쉽게 접근 가능한 서면 정책과 눈에 띄는 안내표지판을 통해 효과적으로 전달하여야 한다. 이를 통해 도서관 메이커스페이스는 사고로부터 안전할 수 있는 것이다.

처음부터 "안전 문화"를 만드는 것이 중요하다. 이러한 안전 문화를 조성하는 것은 체계화된 메이커스페이스 안전 정책에서부터 시작할 수 있다. 안전 정책에는 적절한 교육 및 훈련 그리고 정리 수칙과 더불어 안전 및 보안 우수 사례를 강조하고 반복하는 선명한 안내표지판을 포함한다. 그리고 안전 정책을 시행하는 것도 중요하다.

안전과 보안 그리고 포용성 및 접근성 관리와 관련된 몇 가지 우수 사례를 소개하면 다음과 같다.

- 본장의 앞부분에서 소개한 설계 및 개발과정에 있어 고려해야 할 요소(작업 공간의 접근성, 깔끔한 공간과 지저분한 공간의 구분, 적절한 환기, 보관 공간 및 이용정책 문서 등)와 더불어 안전 및 보안을 유념하고 설계할 것

- 크기가 큰 도구가 있는 경우 잠금장치를 사용하거나 장비 이용과 관련한 적절한 관리와 이용수칙을 갖출 것
- 깨끗하고 명확하며 구체적인 안내표지판을 사용할 것. 손으로 작성한 표지가 아니라 가능하면 디지털 표지로 만들며, 표지는 코팅되어 있으며, 도구 식별, 이용목적, 도구나 장비를 사용하기 위한 요건(예, 필수 수업 또는 오리엔테이션), 정리 정책(이를 따르지 않는 경우 얻게 되는 결과, 예를 들면 메이커스페이스 이용의 제한),14) 일반적인 안전 규칙 등을 제시할 것15)
- 도구 및 보관공간에서 응급처치 물품에 이르기까지 모든 것에 명료한 라벨을 부착할 것
- 소화기 및 경보장치와 같은 안전 장비가 눈에 잘 띄는 곳에 있는지 확인하고, 휠체어를 탄 사람이나 신체적 장애를 가진 사람들이 이용할 수 있는지 확인할 것
- 안전 장비(예, 응급 처치소, 보안경, 귀마개)가 눈에 잘 띄고, 라벨이 명료하며, 이용이 쉬운지 확인할 것. 보안경과 같이 재사용 가능한 물품들은 정기적으로 세척하고 소독할 것
- 직원이 안전 정책을 시행할 수 있도록 교육하고, 해당 정책을 준수하도록 할 것

모바일 메이커스페이스

몇몇 도서관에서는 자관 내의 팝업 또는 모바일 메이커 스테이션을 "모바일 메이커스페이스"라고 부른다. 그렇지만 이동도서관과 유사한 모바일 도서

---

14) "Safety in School Makerspaces." *Make:*. October 23, 2015. Accessed April 6, 2017. http://makezine.com/2013/09/02/safety-in-school-makerspaces/.
15) "Common Safety Rules." *Make:*. August 2013. Accessed April 6, 2017. http://cdn.makezine.com/uploads/2013/08/commonsafetyrules.pdf.

관 메이커스페이스가 존재한다. 모바일 도서관 메이커스페이스는 차량에 메이커 장비 및 다양한 창의적인 도구와 자원을 싣고 다니면서 시민들에게 전달한다. 다음의 두 가지 유형에 대해 간단히 살펴보자.

모바일 메이커 스테이션

이에 대한 설명은 테네시 주의 Knox County School District in Knoxville의 사서들이 출판한 *School Library Journal* 논문에 잘 나타나 있다.[16] 이들은 5만 달러의 보조금을 활용하여 네 가지 유형의 모바일 메이커 스테이션을 제안하였다. 이 네 가지 유형의 스테이션은 예술, STEM(과학, 기술, 공학, 수학), 제작, 3D 프린팅 영역으로 구성된다. Knox County 사서들은 큰 바퀴가 달린 도구상자와 카트를 이용하였다. 물론 바퀴 달린 정리용 카트 및 보관함이 달린 의자도 이용할 수 있다.

메이커 카트나 모바일 활동 스테이션은 물리적 메이커스페이스를 만들 수 있는 공간이 없는 도서관이나 커뮤니티의 관심도를 파악하는 데 유용하다. 모바일 메이커 스테이션도 물품 관리 및 유지에 대한 어느 정도의 계획이 있어야 한다. 그렇지만 이는 규모가 작은 도서관이나 메이커 콘텐츠에 대한 관심이 낮은 커뮤니티에서 시도해 볼 만한 것이다.

모바일 메이커 차량

이는 실질적인 모바일 메이커스페이스로 버스나 밴(van)을 몰고 다니는 형식으로 미국보다는 유럽에서 흔하다. 모바일 메이커스페이스의 개발 과정

---

16) Sutton, Roger, Amanda MacGregor, Elizabeth Bird, Brigid Alverson, Karen Jensen, Roger Sutton, Robin Willis, and Travis Jonker. "Mobile Maker Spaces." *School Library Journal*. May 3, 2016. Accessed April 6, 2017. ww.slj.com/2016/05/technology/mobile-maker-spaces/#_.

은 도서관 내의 메이커스페이스 개발과정과 거의 비슷하다고 볼 수 있으나 부가적으로 교통안전이나 보안에 대해 고려가 필요하며, 안전관리 수준이 다르다고 볼 수 있다. 이는 도서관 메이커스페이스에서 멀리 떨어져 있거나 메이커스페이스를 방문하기 어려운 이용자들에게 메이커 경험을 제공하는 매우 중요한 임무를 수행한다.

FryskLab[17]은 네덜란드의 도서관 사서인 Jeroen De Boer가 개발한 유럽 최초의 이동식 도서관 팹랩이다. Jeroe De Boer는 본서의 참여자이면서 이전 도서인 *Makerspaces in Libraries*(Rowman & Littlefeld, 2015)의 공동저자이다. FryskLab은 공공도서관 서비스 조직(Bibliotheekservice Fryslan)에 의해 시작된 것으로, 과학, 교육 및 기술적 배경을 가진 팀 구성원과 긴밀하게 협력한다. FryskLab은 팹랩으로서 3D 프린터, 레이저 커터, 비닐 커터 및 수공구를 포함한 표준 팹랩 자원을 갖추고 있다. 또한 FryskLab에는 3D 두들러 펜(doodler pen), 맥북 에어 및 메이키 메이키(MaKey MaKeys)와 리틀비츠(littlbitts)와 같은 전자장비와 스크래치(Scratch), Doodle 3D, Cura 등의 같은 관련 소프트웨어가 구비되어있다. 모바일 팹랩은 교육자들을 위한 디지털 제작과 미디어 및 웹 리터러시에 대한 프로그램을 제공한다.

미국의 대표적인 모바일 도서관 메이커스페이스는 San Jose Public Library의 Maker[Space]Ship[18]이다. 지원금을 통해 제작된 이 버스는 Wi-Fi와 3D 프린터, 레이저 커터, 오디오 및 비디오 장비, 인덕션 조리기구, 과학 장비(예, 현미경) 등을 갖추고 있다. Maker[Space]Ship은 학교에서부터 노인보호센터까지 공공 및 민간 장소에서 주 15시간 운영한다. San Jose Public Library는 유사한 프로그램을 개발하는 데 관심이 있는 다른 도

---

17) "FryskLab/FabLabs." *FabLab Network.* Accessed April 6, 2017. www.fablabs.io/labs/frysklab.

18) "Maker[Space]Ship." *San Jose Public Library.* January 9, 2017. Accessed April 6, 2017. www.sjpl.org/makerspaceship.

서관들을 위해 "모바일 메이커스페이스 가이드라인(Mobile Makerspace Guidelines)"[19)]을 발간하기도 하였다.

FryskLab이나 Maker[Space]Ship과 같은 모바일 메이커스페이스 개발 시 고려해야 하는 사항으로는 활용할 차량 확보 및 이를 위한 자금, 보험, 유지비, 적절한 장비, 직원 등이 있다.

적응력

도서관 메이커스페이스가 정적이든 모바일이든 간에 이를 설계함에 있어 핵심적인 것은 적응력과 유연성이다. 그 이유는 최상의 메이커스페이스는 완성된 것이 아니며, 이용자의 관심분야나 이용도에 따라 지속적으로 변화해야 하는 것이기 때문이다. 사람들이 "메이커"라는 아이디어에 익숙해지고 장비를 잘 활용할 수 있게 되면 몇몇 사람들은 새로운 것과 보다 정교한 장비를 원할 것이다. 3D 프린팅과 같은 것에 사람들이 처음에는 관심을 가질 수 있지만 신선함이 떨어지면 인기가 식을 수 있다. 따라서 공간 배치부터 프로그램, 도구, 장비 등 모든 것은 변화시킬 수 있도록 설계할 필요가 있다. 적응력을 염두에 둔 몇몇 우수 사례에는 다음과 같은 것이 있다.

- (바퀴 잠금장치를 갖춘)이동 가능한 작업 공간 및 탁자를 활용하는 것
- 도구 및 공간 이용도에 기초하여 이용도와 관심도를 실시간으로 측정하는 것

---

19) Berman, Erin, and Parker Thomas. *Mobile Makerspace Guide*. San Jose Public Library. Accessed April 6, 2017. www.sjpl.org/sites/default/files/documents/MobileMakerspace GuideBook.pdf.

제 4 장

- 이용자 피드백을 정기적으로 요청하고, 경청하는 것. 커뮤니티에서 메이커를 선발하여 그들이 하는 것을 정규 프로그램의 일환으로 공유하여 흥미를 유발하고 영감을 주는 것
- 메이커스페이스에 대한 연차 내부 평가를 실시하여 직원과 자원봉사자들로부터 피드백을 수집하는 것

다음 장에서는 체계적으로 계획된 융통성 있는 도서관 메이커스페이스를 위한 프로그램 아이디어에 대해 살펴볼 것이다.

제5장 메이커스페이스 프로그램

제5장

메이커스페이스 프로그램

> 메이커 프로그램은 새로운 아이디어, 물리적 제품, 새로운 기술 습득을 허용하고, 생산하고, 장려해야 한다.
>
> — Brian Pichman, Evolve Project[1]

 완전한 메이커스페이스 시설을 갖추고 시작하든 수동적, 팝업 혹은 모바일 메이커스페이스의 형태의 창의적 프로그램을 위한 보조적인 공간으로 시작하든 간에 제공하는 프로그램의 유형은 메이커스페이스에 대한 노력을 보완할 수도 있고 축소시킬 수도 있다. 프로그램이 도서관에서 만든 하향식의 콘텐츠인 경우에는 커뮤니티 중심의 이용자 기반 구축을 위한 인센티브나 영감은 없을 수 있다. 그렇지만 메이커스페이스와 관련된 메이커 유형의 프로그램을 제공하지 않으면, 사람들을 메이커스페이스로 끌어들이거나 이용 가능한 도구와 자원으로 접근하도록 할 수 없으며, 그들이 어떤 가능성을 발견하기도 어렵게 한다.

 메이커스페이스 프로그램 개발은 내용, 빈도, 주안점에 대해 균형을 유지하는 행위이다. 모든 어린이 프로그램 세션을 메이커스페이스에 통합시키는 것은 솔깃할 것이다. 이는 예술 및 공예 혹은 청소년 과학 및 기술 중심의

---

1) Pichman, Brian. "Creating Library Programs That Work" Accessed May 22, 2017. https://drive.google.com/file/d/0B7-TbEK4D5B5al9EN2hzblFFZUJnOGxuZHU0NjRfRjlTaHRj/view.

공간을 보유하고 있다면 좋은 아이디어가 될 수 있다. 그렇지만 너무 포괄적인 이용자를 대상으로 하거나 커뮤니티가 다른 유형의 프로그램을 원하는 경우, 정규 도서관 프로그램을 메이커스페이스에 적용하는 것은 그 효과를 떨어뜨릴 것이다.

Evolve Project의 Brian Pichman이 말하는 "메이커 프로그램(Maker program)"은 메이커스페이스와 팹랩을 만들기 위해 전 세계 도서관과 함께 협력하고 있으며, "새로운 아이디어, 물리적 제품, 새로운 기술 습득을 허용, 생산, 장려"하고 있다.[2]

이상적인 메이커스페이스 프로그램은 메이커스페이스의 개발을 이끌어내는 커뮤니티의 요구를 반영하여야 하고, 이용자와 도서관 직원, 그리고 자원봉사자들이 함께 서비스를 제공하여야 한다. 공간을 사용하는 이용자들이 프로그램을 주도하게 되면, 커뮤니티의 지원도 그만큼 커진다. 이는 직원의 업무 스트레스를 경감시키고, 예산 확보에도 유리하다. 그러나 직원이 주도하는 프로그램도 개념, 도구, 아이디어를 소개할 때 필요하며, 참여자들이 스스로 할 수 있도록 역량을 강화할 수 있다.

도서관에서는 대체로 프로그램을 연령별 즉, 유치원생, 초등학생, 10~12세, 10대, 성인으로 구분하는데, 이는 다소 임의적이다. 왜냐하면 20대에게는 매력적인 프로그램이 80대에는 그렇지 않을 수 있기 때문이다. Pichman은 특히 교육 프로그램의 경우, 연령이 아닌 기술 능력으로 구분하고, 홍보물에 참여자에 대한 편견을 피할 것(예, 뜨개질 프로그램 홍보에 있어 남성과 여성을 모두 포함하는 것)을 권고한다.

이 장에서는 다양한 유형의 이용자 관심분야에 따른 프로그램을 살펴보고자 한다.

---

2) Pichman, "Creating Library Programs That Work"

- 취미 프로그램(일과 관련되지 않으면서 하고 싶어 하는 것(예, 목공, 퀼트, 음악, 취미 전자 프로젝트, 공예 및 오디오/비디오, 그래픽 아트 등))
- 전문 프로그램(기술 개발 및 기업가를 위한 프로그램 포함)
- 성인과 청소년을 위한 교육 프로그램(기술 개발 포함)
- 청소년만을 위한 프로그램
- 시민 프로그램(예, 공동체 텃밭 및 기타 커뮤니티 프로젝트 예를 들면, 해비타트 운동, 작은 무료도서관, 다양한 시민 혹은 커뮤니티 참여 프로젝트)

이 장 마지막 부분에서는 효율적이고 효과적으로 프로그램을 제공하기 위한 도구 및 자원도 제시한다.

취미 프로그램

먼저 "취미" 프로그램부터 살펴보겠다. 이는 도서관 메이커스페이스에서 핵심 분야 가운데 하나이며, 실제로 현재의 많은 도서관에서는 코스프레나 요리까지 여러 가지 취미 프로그램을 운영하고 있다. 취미 산업은 2016년도 기준으로 미국에서 430억 달러의 가치를 지닌 것으로, Association for Creative Industries (AFCI)가 결성된 큰 사업 분야이다.[3] AFCI 설문조사에 의하면 2016년에 가장 높은 가계 참여수준을 보인 공예부문은 다음과 같다.

---

3) "Association for Creative Industries Reveals Size of U.S. Creative Products Opportunity is $43 Billion." *AFCI News*. Accessed May 22, 2017. www.craftand-hobby.org/eweb/dynamicpage.aspx?webcode=cha_news&key=FA50D125-9C58-4805-BD45-2408BB8929F8.

- 회화 및 그림 그리기 (4,100만 가구)
- 음식(요리) 예술 (3,970만 가구)
- 어린이 공예 (3,700만 가구)
- 종이 공예 (3,650만 가구)
- 재봉 및 직물 공예 (3,220만 가구)

이 보고서에서 미국 가구의 63%가 설문조사 기간 중 최소한 한 가지의 창조적 활동에 참여했으며, 대부분의 공예부문에 여성 60%, 남성 40%의 비율로 참여하는 것으로 밝혀졌다.

이들 범주는 도서관 메이커 관심분야의 주요 범주를 잘 요약해준다. 그렇지만 그림 그리기와 회화가 가장 인기 있다는 것을 알고 이젤과 물감을 준비하는 것만으로는 충분하지 않다. 국가별 추세와 상관없이 도서관 메이커스페이스에 중요한 것은 도서관 커뮤니티의 관심 분야이다. 따라서 취미 프로그램을 시작하기 전에 커뮤니티의 관심사를 확실하게 파악해야 한다.

그러한 정보는 포커스 그룹 조사에서 나올 수 있지만, 그보다 더 발 빠르게 움직여야 한다. 사람들이 무언가를 시도하거나 새로운 것을 배우면서 무언가를 바꾸고 싶은 것을 말할 수 있다. 즉, 프로그램에 대한 사람들의 관심과 프로그램 효과성에 대해 정기적으로 재평가하여야 한다.

취미 프로그램 유형

Boise Public Library에서 성인을 대상으로 한 동계 메이커 프로그램을 운영한 후, 참여자들에게 설문조사를 한 것을 Boise에 소재한 Idaho 도서관들이 동일하게 적용하였다. 그들은 커뮤니티 전문가들을 활용하여 다양한 주제를 다루었고, 5개월 동안 한 달에 하나의 프로그램을 제공하였다. 많은 사람들이 참여할 수 있도록 매달 다른 분관을 선정하여 운영하였고, 워크숍의 날짜와 시간을 다르게 하였다. 진정한 성과는 세션 후에 얻은 교훈이었다. 아이다호 도서관위원회의 Sarah Chase는 다음과 같이 말했다.

> 설문조사와 출석을 통해 우리 커뮤니티의 24세부터 68세 사이의 성인들은 직접 체험해 볼 수 있는 프로그램과 상호 소통할 수 있는 메이커 유형의 취미 프로그램을 원하고 있음을 알 수 있었다. 우리는 오는 가을부터 제공하는 프로그램을 확대하고, 새로운 파트너들을 적극적으로 찾을 예정이다.4)

Boise Public Library는 여러 도서관에서 한정된 시간에 운영하는 프로그램을 신중하게 선정하여 이용자 관심에 기반한 취미 프로그램을 효과적으로 계획하고 제공하였다. Boise에서 제공한 프로그램 가운데 눈길을 끄는 몇 가지 사례는 다음과 같다.

- "가정 양조(Brewing) 입문"
- "납땜 입문"
- "아두이노 입문"
- "조그만 집(Tiny Houses)"

"입문" 반은 도서관 이용자들에게 특정 메이커스페이스의 몇 가지 도구와 자원을 소개하는 데 아주 유용하다. 새로운 도구와 기술을 소개하기 위한 "은밀한" 방법도 있다. Pasco County Library Cooperative의 메이커 사서인 Chuck Stephens는 카드 만들기 반에서 실루엣 전자 프로그램 공예 절단기를 사용하였다. 공예활동에 흥미가 있던 사람들은 이전에는 전혀 몰랐던

---

4) Chase, Sarah. "Maker Programs for Adults." *Idaho Commission for Libraries*. July 16, 2014. Accessed May 22, 2017. http://libraries.idaho.gov/blogs/sarahchase/maker- programs-adults.

제 5 장

도서관 소식(Library voice). *Theresa Willingham*

도구에 대해 배울 수 있었다. Stephens는 공예 수업을 통해 그룹의 3분의 1은 실루엣 절단기 사용법을 배우는 것에 흥미를 느끼게 되어, 목적을 달성했다고 말하였다.

일반적인 예술 및 공예 전시회(예, 펄러 비드, 파스타 목걸이)를 넘어서서 과학, 기술, 새로운 도구를 소개하는 좀 더 발전된 프로그램을 살펴볼 필요가 있다. Library Makers 블로그의 CraftLab(http://librarymakers.blogspot.com/search/label/CraftLab)은 다음과 같이 몇 가지 우수한 예시를 제공한다.

- 파스타 메이커 프린팅(카드보드 제작을 위한 파스타 메이커의 사용)
- DIY 스크린 프린팅
- 종이 만들기
- 바늘 펠트(felting)

메이커스페이스 프로그램

비슷한 방식으로 양모 페인팅, 악기 제작(예, 상자 드럼, 칼림바), 만화그리기, 그래픽아트, 전자 웨어러블(예, LED 혹은 전도성 실을 갖춘 의복), 특수 요리 프로그램 및 아마추어 무선 등은 전통적인 프로그램 수준을 넘어서는 프로그램일 수 있다.

이용자 참여

프로그램을 사전에 계획하는 경우, 몇 가지 고려해야 하는 것이 있다. 사전에 계획하는 "오픈 메이크(open make)" 세션은 워크숍에 참여하는 이용자가 자발적으로 참여할 수 있도록 하는 반면에 효과적인 세션을 위해서는 프로그램을 위한 물품과 재료를 사전에 파악해야 한다. 커뮤니티에 강의나 워크숍을 진행할 전문가가 있더라도 행사에 참석하는 사람이 적으면, 이들의 시간을 낭비할 수 있다. 따라서 초청 강사의 시간을 가치 있게 활용하도록 최소한의 수강생을 확보하기 위해 사전등록을 받는 것이 좋은 방법일 수 있다.

메이커 프로그램에 대한 적극적인 참여를 도모할 수 있는 몇 가지 좋은 방법은 다음과 같다.

- 이용자의 의견을 듣고, 그들이 관심을 갖고, 요청하는 것을 제공하는지 확인하라.
- 일찍, 자주 홍보하라. 인쇄물뿐만 아니라 소셜미디어를 활용하고, 도서관에서 공지하라.
- 목공관련 단체부터 민속 음악가, 직물 예술가 등의 전문가들이 자신의 솜씨와 기술을 가르치고 공유할 수 있도록 참여시켜 다른 사람들의 참여를 이끌어내고, 자신의 기술을 공유하도록 장려하라.
- 다른 세션에서 만들어진 작품들을 유리 케이스와 벽, 선반에 두고 진열하여 참여자들이 프로그램 성과물을 볼 수 있도록 하라.

- 특별 전시회나 세션에 도서관이 소장하고 있는 관련된 도서나 미디어와 연계하라.
- 활동사진을 찍은 후, 소셜미디어, 신문기사, 블로그를 통하여 공유하라.
- 동일한 아이디어를 몇 가지 다른 방식으로 시도하라. 예를 들어, 판화 제작방식은 여러 가지가 있다. 몇 가지 다른 방식으로 시도하여 어떤 것이 이용자의 참여를 이끌어내는지 확인하라.
- 참여자들에게 피드백을 지속적으로 요청하고, 경청하라.

성공을 위한 준비사항

취미 관련 프로그램은 특히 준비가 중요하며, 아래 사항을 실행하여야 한다.

- 필요하다고 생각하는 것보다 더 많은 물품과 재료를 갖추어라.
- 참여자들이 프로그램에 필요한 재료와 관련 도구를 작업 장소에서 손쉽게 사용할 수 있도록 갖추어라.
- 제공하는 프로그램과 활동을 어떻게 이행하는지 숙지하라. 프로그램을 운영하는 사람이 자원봉사자, 초빙 강사 등 누구이건 간에 진행하는 프로젝트에 능통해야 한다. 프로그램에 대해 이해하지 못했거나 지식을 갖춘 사람을 찾을 수 없다면 제공하지 마라.
- 프로젝트를 위한 안전대책 예를 들면, 보안경, 상태가 양호한 장비 등을 제대로 마련했는지 확인하라.
- 정시에 시작하고 정시에 끝내라.
- 질의응답 시간을 계산하고, 질의응답 시간 후에 각자의 결과물에 대해 보여주고 설명하도록 하라.

메이커스페이스에서 취미 프로그램은 이용자들에게 그들의 취미와 관련한 새로운 도구와 자원, 새로운 전통 공예 방법을 소개하는 수단이 될 수 있고,

이를 통해 견고한 커뮤니티를 구축할 수 있다. 예를 들어, 코스프레(cosplay)는 바느질과 직물 디자인, 공예기술을 지닌 나이 많은 사람들과 자신의 코스프레 의상제작에 관심을 가진 젊은 사람들이 함께 어울리는 경우, 세대 간의 학습기회를 제공할 수 있다. 따라서 이용자들이 관심을 갖는 취미 프로그램의 유형에 대해 이해하고, 그러한 관심분야에 부응할 수 있도록 창의성을 발휘하는 것이 중요하다.

디지털 배지

프로그램 참여를 장려하기 위한 재미있으면서도 유용한 방법은 디지털 배지 시스템을 활용하는 것이다. 디지털 배지(창의적인 것을 원하는 경우, 실물 배지)는 다양한 유형의 장비, 도구, 공간 활용을 위한 오리엔테이션을 마친 사람들을 확인하는 데 유용하며, 프로그램 주제와 관련하여 인센티브와 동기를 부여하는 방법이다. 디지털 배지는 이용자 기록과 직접 연계되어 훈련이나 오리엔테이션을 받아야 하는 공간과 장비를 사용할 수 있는 사람을 쉽게 알 수 있게 해줄 수도 있다. 대학 및 연구 도서관협회(Association of College and Research Libraries)는 다음과 같이 기술한다.

> 배지는 학생들이 교수와 동료의 피드백을 바탕으로 목표를 도식화하고, 진행 상황을 시각화할 수 있도록 한다. 학생들이 자신의 학습 경험을 적합하게 맞춤화할 수 있는 능력을 가진 경우, 교육 방향에 더 많은 자율성을 부여함으로써 동기부여를 배가할 수 있다.[5]

---

5) *Pagowsky, Nicole.* "Keeping up with... Digital Badges for Instruction." *As-sociation of College and Research Libraries.* July 21, 2015. Accessed May 22, 2017. www.ala.org/acrl/publications/keeping_up_with/digital_badges.

이는 모든 연령의 이용자들에게 적용될 수 있고, 성과에 대한 시각화된 측정을 방식을 제공하여 사람들이 경험기반 역량을 쌓도록 한다. 그리고 이는 도서관이 프로그램의 효과를 측정하는 지표가 될 수도 있다.

전문 프로그램

도서관에서 제공할 수 있는 또 다른 유형의 프로그램 서비스로 자격증, 기술개발, 교육과 같은 좀 더 전문적인 것이 있다. 교육 프로그램과 전문 프로그램 간에는 다소 중복이 있을 수 있다. 예를 들어, 코딩과 같은 프로그램의 유형은 양쪽 범주에 모두 해당될 수 있다. 그렇지만 여기서는 경력이나 업무에 도움이 될 수 있는 자격증 또는 일정 수준의 지식과 경험을 쌓을 수 있는 보다 높은 수준의 전문성 개발에 대해 살펴보고자 한다.

본 주제에 대하여 *American Libraries* 스토리에 나타난 2012년도 Online Computer Library Center 보고서에 의하면, 공공도서관들은 사업주와 직원들에게 소규모 사업 서비스를 매월 280만회 제공한 것으로 나타났다.

> 한 연구에 따르면, 2010년에 Free Library of Philadelphia(FLP)에서만 지역 사업체에 거의 4백만 달러를 지원한 것으로 추정한다. 여기에는 FLP가 지원한 8,700개 사업체의 새로운 수익이 커뮤니티에 환원된 기하급수적 수익과 사업체의 공급자와 직원들의 지출로 지역경제에 미친 파급효과는 포함되지 않았다.6)

---

6) Collins, Bradley. "How Public Libraries Are a Boon to Small Business." *American Libraries*. March 4, 2016. Accessed May 22, 2017. https://american- librariesmagazine.org/2012/08/13/how-public-libraries-are-a-boon-to-small-business/.

이미 도서관은 전문적이고 교육적인 콘텐츠를 많이 제공하고 있지만 여기서 말하는 전문적인 "메이커" 프로그램 유형은 마이크로소프트 자격증뿐만 아니라 AutoCAD 자격증, 기계기술 개발, 코딩 및 이와 유사한 것을 의미한다. 또한 도서관은 이러한 유형의 프로그램을 제공하는 데 있어 도서관 웨비나(webinar)나 인터넷망을 통해 다양한 콘텐츠를 제공하는 팟캐스트(podcast)를 사용하여 기술적 측면을 강화하고 있다.

자격증

Seattle Public Library와 같은 일부 도서관은 Microsoft IT Academy 프로그램의 일환으로 Microsoft Office Specialist(MOS) 자격증 시험을 무료로 지원한다. 취득가능한 자격증은 MS Access, Excel, OneNote, Outlook, PowerPoint, SharePoint, Word 등이다. Microsoft Imagine Academy (www.microsoft.com/en-us/education/imagine-academy)는 도서관과 도서관 이용자들에게 기술 훈련을 위한 온라인 코스웨어 접근권을 무료로 제공한다. 마이크로소프트 자격증 시험은 시험 당 약 120달러 정도이다. 따라서 이러한 형태의 전문기술 개발 기회를 제공하는 것은 수준 높은 도서관 서비스를 제공하는 것이고, 이러한 서비스의 실질적 경제적 효과 측면에서 명백한 투자 수익을 거두는 것이다.

이외에 다른 기술 및 인력개발 프로그램으로는 SCORE과 같은 단체, Association of Volunteer Business Counselors, 시민 프로그래머들로 구성된 지역의 Code for America 단체 등과 협력하여 제공하는 교육 및 전문인력개발 프로그램이 있다. 퇴역 군인을 포함한 고령층 이용자뿐만 아니라 젊은 전문가들에게도 어필할 수 있는 프로그램을 운영하는 것이 중요하다. Arlington(버지니아) Public Libraries(http://library.arlingtonva.us/explore/

for-young-professionals)는 젊은 전문가들을 위한 다양한 프로그램을 제공하는데 예를 들어, 전문성 개발 기회와 함께 게임 나이트(game night)와 네트워킹과 같은 사교적 기회를 제공한다. 이러한 전문 및 교육 프로그램에서도 디지털 배지는 중요한 역할을 할 수 있다.

교육 및 기술 프로그램(성인 및 청소년)

도서관에서 교육 프로그램을 제공하는 것은 매우 익숙하다. 그러나 일반적인 교육 프로그램에 메이커스페이스나 메이커 유형의 프로그램을 추가하는 것은 기초적인 리터러시 기술이든 아니면 단순한 지식기반 프로젝트이든 간에 새롭고 흥미로운 변화를 줄 수 있다. 메이커스페이스는 이용자들이 컴퓨터 이용 설계(CAD), 봉제기술, 수공구 및 전동 공구, 맞춤형 그래픽아트, 비디오 편집 소프트웨어, 3D 프린팅 디자인 등에 대한 학습을 돕기 위한 교육 프로그램을 지원한다.

3D 프린팅

2015년에 『Makerspaces in Libraries』가 출판되었을 때, 도서관에서 3D 프린터는 새롭고, 그다지 많이 활용되지 않고 있었다. 미국 최초의 도서관 메이커스페이스인 Fayetteville Free Library 팹랩은 3D 프린팅을 중심으로 설계되었다. 3~4년 전에는 3D 프린터가 값비싼 신제품이었기 때문에 공공도서관에서 이를 접한다는 것은 흥미롭고 대단한 것이었다. 오늘날 3D 프린터는 학교와 도서관에서 흔하게 볼 수 있다. 많은 도서관에서 좋든 나쁘든 간에 메이커 프로그램이 도입되기 시작했다는 첫 번째 신호는 3D 프린터의 등장이다.

3D 프린터는 예전에 비교해 흔해졌고, 가격도 내려갔다. 그리고 2030년까지 약 50%에 해당하는 가정이 3D 프린터를 보유할 것으로 예측된다.[7] 그렇지만 출력물을 디자인하는 것에 대한 학습곡선은 여전히 가파르기에 보편적인 수용은 이루어지지 않고 있다. 따라서 도서관은 이러한 기기를 학습할 수 있는 곳으로 적합하다. 도서관이 3D 프린팅 디자인을 가르치는 것은 프린팅 서비스 제공과 더불어 유용한 프로그램을 제공하는 것이라 할 수 있다.

3D 프린팅을 가르치기 위한 몇 가지 일반적인 도구 가운데 가장 흔하게 활용하는 것은 Tinkercad(www.tinkercad.com/)로, 이는 비교적 쉽고 다양한 교육자원, 온라인 튜토리얼, 다양한 프로젝트를 위한 예시 파일을 포함하고 있다. 3D 프린팅 강의는 도서관 프린터 사용을 원하는 사람을 위한 오리엔테이션이 되어야 한다. 또한 다양한 3D 프린팅 라이브러리를 통해 다양한 디자인 파일을 구할 수 있고, 재사용할 수도 있다.

2017년 봄, 네덜란드의 스타트업인 3D Ninja는 740,000건이 넘는 3D 디자인에 접근할 수 있는 온라인 검색엔진 iFind3D를 출시하였다.[8] 이 검색엔진은 3D 프린팅의 카약(Kayak)처럼 역할하며, 모든 온라인 3D 디자인 라이브러리, 예를 들어 Thingiverse, Shapeways 등을 모으기 위해 IBM의 Watson 슈퍼컴퓨터를 활용하였다. 현재 iFind3D는 온라인 라이브러리 및 리포지토리의 70%를 검색할 수 있으며, 2017년 말까지 전 세계의 3D 프린

---

7) Krassenstein, Brian. "Over 50 Percent of All Homes to Have 3D Printers By 2030, Market Worth $70 Billion Annually." *3DPrint.com*. February 10, 2014. Accessed May 22, 2017. https://3dprint.com/915/over-50-of-all-homes-to-have-3d-printers-by-2030-market-worth-70-billion-annually.

8) Flaherty, Nick. "Startup Uses IBM Watson to Build World's Largest Search Engine for 3D Printable Models." *EeNews Europe*. May 16, 2017. Acccsscd May 22, 2017. www.eenewseurope.com/news/startup-uses-ibm-watson-build-worlds-largest-search-engine-3d-printable-models.

트로 인쇄할 수 있는 디자인의 90%를 보유할 것으로 예상하고 있다. 이를 통해, 사람들이 다양한 요구와 관심사에 대한 3D 모델을 찾는 데 보다 손쉬운 접근을 제공하고 있다.

대부분의 사람들에게 3D 프린터는 제한된 접근 자원으로 남아 있을 것이다. 그러나 도서관 이용자들에게 3D 프린터 이용법을 가르치는 것은 소규모 취미 프로젝트부터 집수리에 이르기까지 이러한 첨단기술을 활용할 수 있는 능력을 부여하고, 나아가 3D 스캐너와 같은 정교한 도구에 대한 활용을 위한 문을 열어줄 수 있다.

드론

드론은 몇 년 전까지만 해도 공상 과학소설과 국방부와 관련된 물건이었다. 오늘날에는 Whoop과 같은 소형 멀티콥터와 Phantom과 같은 대형 멀티로터 기계를 온라인에서 구입할 수 있다. 이러한 기계들은 대체로 취미와 여가를 위해 사용되지만 이들이 교육적 범주에 들어가는 이유는 이용자들이 다양한 인증뿐만 아니라 알아야 할 몇 가지 미국 연방 항공국(Federal Aviation Administration: FAA) 규정이 있기 때문이다. 부가적인 교육적 요소로는 드론을 조립하고 프로그래밍하는 것과 이를 비행시키는 방법을 배우는 것이다.

Arapahoe(콜로라도) 도서관은 드론을 포함하는 다양한 기술 프로그램을 갖추고 있다. *Public Libraries Online*에 실린 기사에서 Arapahoe의 프로그램 담당자 및 관리자인 Anthony White는 도서관에서 드론 프로그램을 제공하기로 했다면, "프로그램으로 달성하려는 것에 초점을 맞추는 것"이 중요하다고 말한다.9) 다양한 유형의 드론을 이해하여 프로그램에 가장 효과적

---

9) White, Anthony T. "Drones@the Library." *Public Libraries Online.* January 6, 2016.

드론. *Theresa Willingham*

인 유형이 무엇인지를 아는 것이 중요하다는 것이다.

Arapahoe는 Parrot의 AR.Drone 2.0을 사용하는데, White에 의하면 소비자 시장에서 가장 널리 이용되고 있는 드론의 하나라고 한다. 주요 고려사항 가운데 하나는 부상이나 피해에 대한 책임 문제에 관한 것이다. 이러한 프로그램을 운영하는 데 있어서는 FAA 규정을 숙지하고, 드론의 작동법이나 비행방법을 잘 아는 훈련된 직원과 자원봉사자가 중요하다.

시뮬레이터

사람들은 공공도서관이라는 문맥에서 시뮬레이터를 생각하지 않는 편이다. 2015년에 *Makerspaces in Libraries*에서 다루었던 플로리다 주 Orlando의 Dorothy Lumley Melrose Center(http://tic.ocls.info/simulation/)는 다음의 시뮬레이터를 갖춘 공공도서관 중의 하나이다.

Accessed May 22, 2017. http://publiclibrariesonline.org/2016/01/drones-the-library/.

제 5 장

비행 시뮬레이터. *Theresa Willingham*

- 3중 스크린 비행 시뮬레이터
- 터치스크린 조종석 디스플레이
- 조종석 운항 시뮬레이터
- 유압 굴삭기

이들은 기기당 약 1만 달러에 달하는 매우 비싼 기기들이다. 다행히도 이런 것에 관심이 있는 도서관이 있다면 이를 제공하기 위한 비용대비 효과적인 방법이 있다. Martin County (Florida) Library System의 도서관 기술 랩에는 Microsoft Flight Simulator X와 다양한 Saitek 컨트롤러 및 라디오 패널을 활용하고 있다. 여기서 근무하는 사서인 George Seaman은 약 5천 달러로 도서관용 데스크탑 비행 시뮬레이터를 제작하였다.[10] 현재 그는

---

10) Seaman, George. "Girl Power." *Naflod*. Accessed May 22, 2017. www.naflod.me/flying/girlPower.

매주 금요일 3세부터 90세가 넘은 노인에게 강의를 제공하고 있다. 시뮬레이터는 매우 인기가 많으며, 도서관 중앙에 자리 잡고 있어 누구나 언제든 접할 수 있다. Seaman은 수강생 가운데 최소한 한 명은 시뮬레이터를 학습한 결과로 항공관련 직업을 목표로 하고 있다고 말한다.

카페

"카페"라는 개념은 교육과 기술 프로그램 유형과 잘 어울릴 수 있으며, 몇 개의 기존 모델이 있기는 하지만 도서관 커뮤니티에 고유한 카페를 직접 만들 수도 있다. 고려할 만한 콘셉트는 정보를 제공하는 바리스타 역할을 하는 전문가로 운영하는 방식이다.

과학 카페

과학 카페(www.sciencecafes.org/) 콘셉트는 PBS의 NOVA 프로그램에서 발전된 것으로 커피숍이나 도서관과 같은 편안한 환경에서 일어나는 행사로 구성되며 일반인들에게 개방된다. 과학 카페는 특정 주제에 관하여 과학자와 함께 대화하는 것이 특징이며, 실습 중심인 시민 과학 프로그램과 통합할 수도 있다. 과학 카페는 장시간 동안의 강의가 아닌 과학자와 대중 간에 상호작용과 역동적인 경험을 가능하게 하여 참여자들에게 학습 능력을 부여하고 더 몰입할 수 있도록 한다. 이러한 카페는 공공도서관 메이커스페이스에 잘 어울리는 것이다.

기술 카페

펜실베이니아의 Sewickley Public Library(https://calendly.com/tech-cafesat-spl)는 다양한 기술(Tech) 카페를 개최하고 있다. 도서관은 특정 날

짜에 이용자들이 다양한 전문가들과 1대1 약속을 하게 한다. 이들 전문가는 스마트폰, 태블릿, e-리더부터 소형 가전제품에 이르기까지 다양한 플랫폼에 대한 기술적 및 교육적 지원을 한다. 이는 10대와 젊은 자원봉사자들이 기술 이용에 어려움을 겪는 나이 든 이용자를 돕게 하는 역(reverse) 멘토링을 위한 기회이기도 하다. 이와 비슷하게 나이 든 이용자들은 젊은이들이 어려워할 수 있는 재봉틀과 기타 전통 기술 습득에 대한 도움을 줄 수 있다. 여기서 "기술(Tech)"는 컴퓨터와 휴대전화만을 뜻하는 것이 아니다. 기술 카페는 실습 멘토링과 지원을 통한 기술 리터러시 부분도 다룰 수 있다.

수리 카페

수리 카페11) 콘셉트는 몇 년 동안 있어왔고, 이제는 사람들이 수리 카페 위치 목록을 찾을 수 있는 수리 카페 네트워크도 생겨났다. 수리 카페는 함께 물건을 고치기 위한 무료 만남의 장소이다. 여기서 중요한 단어는 "함께"이다. 이는 고장 난 물건을 가져가면 누군가가 고쳐주는 것이 아니라 그러한 물건을 스스로 고칠 수 있는 방법을 배우고, 그 과정에서 몇 가지 새로운 기술을 터득하는 기회로 활용된다.

도서관 메이커스페이스에 수리 카페를 만드는 것은 자연스러운 것으로 볼 수 있고, 이는 커뮤니티 구성원들을 이 곳으로 모아 도구 이용방법을 알려주고 수리가 필요한 가사 기기에 대한 이해를 높여준다. 수리 카페는 전문가나 전문지식이 있으면 의복, 가구, 가전용품, 자전거, 장난감, 기타 가정용품 수리를 포함한 다양한 부문을 다룰 수 있다.

지정된 날에 참여자들은 고장 난 물건들을 가져와서 지역의 전문가들과

---

11) "What Is a Repair Cafe?" *Repair Café*. Accessed May 22, 2017. https://repaircafe.org/en/about/.

작업하며 수리 방법을 배운다. 또한 참여자들은 단순히 참가만 하여 다양한 수리방법에 관해 배울 수도 있다. 그리고 "카페" 경험을 위해 커피나 차를 마실 수도 있다. 수리 카페는 다양한 도서도 제공하는데 예를 들면, DIY, 수리용품, 여러 가지 공예기술에 관한 도서를 제공한다. 공식적인 수리 카페 웹사이트에는 행사를 주최하고자 하는 메이커스페이스나 기타 기관이 따라야 할 자체적인 규칙이 있다. 그렇지만 도서관에서는 커뮤니티의 요구와 자원에 맞게 자체적인 방식으로 운영할 수도 있다.

기타 교육 프로그램을 제공하기 위해서는 다른 조직과 협력할 수 있다. 예를 들면, 청소년들에게 프로그래밍 교육을 제공하는 Coder Dojo(https://coderdojo.com); FIRST 청소년 로봇공학 프로그램(FIRSTInspires.org); Instructables.com 웹사이트나 Make It @ Your Library를 활용하여 프로젝트를 수행할 수 있는 Instructables 프로젝트; 다양한 이용자를 참여시켜 자체적인 기술을 설계하고 개발하도록 하고, 문화적으로 적합한 도구를 개발하고, 공학기술을 민주화시키는 High Low-Tech(http://highlowtech.org) 프로젝트 등이 있다.

청소년 프로그램

지금까지 논의한 대부분의 교육과 취미 관련 프로그램은 모든 연령의 이용자들에게 적용될 수 있지만, 청소년만을 위한 프로그램도 모든 도서관에서 핵심 요소이다. 사실 도서관 메이커스페이스에서는 청소년 프로그램을 더욱 재미있게 만들 수 있다. 예를 들어, 스토리 타임에 메이커 시간과 관련된 요소를 추가하여 청소년들이 자신의 스토리와 관련된 실습활동 기회를 줄 수 있다. 스토리텔링은 팟캐스팅(podcasting)이나 비디오 제작으로 전환될 수

제 5 장

코스프레 의상. *Theresa Willingham*

있다. 역사는 전통공예 전문기술을 가진 지역 장인의 도움으로 생생하게 되살아날 수 있다. 애니메이션과 코스프레에 대한 관심은 그래픽 디자인, 3D

프린팅, 재봉, 소도구 제작을 배울 수 있는 실습 기회가 될 수 있다. 아래에서는 청소년 프로그램에 메이커 프로그램을 통합하려는 방안을 제시한다.

코스프레

코스프레(cosplay)는 경험이 없는 사람들에게는 조금 당황스러울 수 있다. 코스프레는 "코스튬 플레이(costume play)"라는 단어를 조합한 것이다. 이는 코스플레이어(cosplayer)로 알려진 사람들이 애니메이션, 공상과학, 또는 슈퍼히어로 캐릭터처럼 차려 입는 행위예술의 형태로 시작되었다. 시간이 지남에 따라 코스프레는 이에 열성적인 사람들의 문화적 요소로 변화하였고, 코스플레이어는 거의 모든 관련행사(예, 메이커 페스티벌)에서 의상을 차려입는다. 지난 몇 년 동안 많은 도서관들은 코스프레를 받아들여 10대와 젊은 성인들에게 어필하는 방법으로 사용하였다. Library ComicCons나 코스프레 행사는 꽤 흔하며, 메이커스페이스 프로그램을 보완하는 요소가 되고 있다.

New York Law Institute의 정보기술 책임자이며, 작가이자 사서이고 코스플레이어인 Elyssa Kroski는 도서관에서의 『Cosplay in Libraries: How to Embrace Costume Play in Your Library』라는 책을 집필하였다(Rowman & Littlefield, 2015). Kroski는 코스프레가 도서관에 적합한 것이라 느끼고 있었는데, 특히 코스프레는 수학, 과학, 공학, 기술, 예술 요소를 포함하고, 도서관이 모든 연령의 이용자들을 다양한 부문(예, 교육, 설계, 리터러시 프로그램)으로 참여시키려는 방안을 제공한다고 언급한다.

메이커스페이스 프로그램에서는 코스프레와 관련한 재봉과 소도구 제작 워크숍 및 수업을 할 수 있다. 코스프레 재봉 프로그램 개설은 세대를 이어주는 기회가 될 수 있다. 구체적으로 패턴 만들기부터 재봉에 이르기까지 직물작업의 정교한 부분늘은 여러 세대가 함께할 수 있는 것으로, 나이 든 사람들은 이러한 기술을 오래전부터 사용해왔고, 젊은 사람들은 자신의 의상제작에 관심을 가진다. 코스프레에 사용되는 소도구 제작과 관련된 목공이나 조각같은 수공예도 이와 유사하다. 의상 액세서리를 만드는 데 있어 3D 프린터와 같은 기술을 활용할 수도 있다.

코스프레 주의사항

도서관에서 코스프레 할 때 주의해야 할 사항이 있다. 코스프레는 의도치 않게 문화적 전유와 무감각, 성차별, 외설, 희롱, 배타로 이어질 수 있다. 따라서 코스프레 프로그램을 운영하려는 도서관들은 관련 사안들을 인지하여 창의적이고 수용적인 프로그램이 되도록 하는 것이 중요하다.12)

팟캐스터이면서 행사를 보도하며 코스프레 커뮤니티에서 평생을 보내고 있는 PLuGHiTz Live의 편집장인 Scott Ertz는 네 가지 유형의 코스튜밍(costuming) 즉, 코스튜밍 그 자체, 코스프레, 풍자 코스프레, 괴짜인 사람들의 스트리핑이 있다고 언급한다.

"이러한 네 가지 유형은 서로 매우 다르다." 며 그는 다음과 같이 설명한다. "코스튜밍은 의상을 만들고 입는 예술이다. 코스프레는 더 나아가 그 의상을 입은 사람을 의상 캐릭터가 되도록 한다. 나머지 두 유형은 말 그대로이다." Ertz는 공공장소에서의 코스프레는 캐릭터와 스토리 위주의 코스튜밍이라고 말한다.

어떤 프로그램이건 간에 포용적이고, 적절하며, 우호적인 분위기를 만드는 것이 중요하며, 코스프레에 대한 사실적 정보를 입수하는 것이 이러한 창의적인 기회를 최대한 활용하는 데 도움이 될 수 있다. Ertz는 코스프레를 통

---

12) "Cosplay." *Geek Feminism Wiki*. Accessed May 22, 2017. http://geekfeminism.wikia.com/wiki/Cosplay.

해 동경하는 캐릭터가 될 수 있다고 언급하며, 어떤 소녀나 소년이 배트맨이나 할리퀸이 되기를 원한다면 그런 캐릭터와 관련된 것들을 규모, 범위, 의상의 결함 등에 너무 치중하지 말고 확보하여야 한다고 말한다.

이러한 것들은 도서관이 프로그램을 업데이트하고 밀레니얼 세대에게 어필하기 위한 방법으로 코스프레 커뮤니티에 참여하기 위한 경험 법칙을 제시하는 것이다. Ertz는 도서관 문화를 어떻게 만들 것인지 결정하고, 그것을 명확하게 정의하며, 그에 따른 프로그램 적용을 권고한다. 우리는 이러한 행사와 관련하여 6장에서 부가적으로 알아볼 것이며, 9장에서는 위험요소 관리에 대해 살펴볼 것이다. 우선은 코스프레와 관련하여 도서관 메이커스페이스는 코스튬밍, 디자인, 소도구 제작에 초점을 맞추는 것이 유용할 수 있다. 도서관에서 코스프레 행사를 하기로 결정하였다면(6장 참조), 가급적 일찍 기준을 마련하고, 이를 준수해야 한다.

로봇공학

도서관 프로그램에서 로봇공학(Robotics)은 점점 일상화되고 있으며, 메이커스페이스가 있는 도서관에서 특히 잘 운영되고 있다. *FIRST*, VEX, Sumobots 등과 같은 청소년 로봇공학 프로그램은 다양한 규모의 메이커스페이스에서 운영될 수 있고, 도서관을 위한 STEM 콘텐츠를 제공할 수 있다. 특히 *FIRST LEGO League*는 도서관 메이커스페이스에서 운영할 수 있는 매력적인 프로그램이다. 부가적으로 *FIRST LEGO League*에 사용하는 LEGO Mindstorms 키트는 다른 로봇공학 및 공학 프로젝트에도 활용할 수 있다.

일반적으로 *FIRST*(FIRSTInspires.org)는 도서관 프로그램으로 운영하기에 매우 적합한데 그 이유는 확장이나 축소가 가능하고 시각적 효과와 더

불어 효과를 측정가능하기 때문이다. *FIRST* LEGO League Jr.는 6~9세 아동을 위한 프로그램이다. 이는 비용이 많이 들지 않고, 분관에서 운영될 수 있으며 도서관 간의 *FIRST* LEGO League Jr. Expo 기회도 창출할 수 있어 어린이들을 위한 전시회를 만들 수 있다. 즉, 어린이들에게는 자신의 제작품을 보여주고 설명할 수 있는 기회이다. 이는 일반 시민들이 도서관을 새로운 관점으로 볼 수 있도록 하며, 가족들을 위한 즐거운 메이커 유형 프로그램을 제공한다.

FIRST LEGO League는 3학년부터 7학년까지의 청소년들을 위한 로봇공학 대회이며, 경쟁을 하지 않는 "커뮤니티" 프로그램으로도 운영할 수 있다. 후자의 경우 도서관은 이전에 나온 게임을 활용하여 가르치거나 비공식적 도서관 간 행사를 개최할 수 있고 지역대회의 일부로 도서관 팀과 다른 커뮤니티 팀과 대결할 수도 있다. 특히, 지역대회의 일부로 운영하게 되면 도서관을 홍보하기에 유용하여, 일반인들이 도서관을 어린이를 위한 학습공간으로 바라보도록 한다.

FIRST Tech Challenge와 *FIRST* Robotics 대회는 좀 더 수준 높은 공학 지식을 갖춘 중학교 및 고등학교 수준 프로그램으로 약 5,000만 달러 이상의 장학금이 걸려 있다. 플로리다 주에 위치한 Pasco County Library Cooperative 는 미국의 유일한 *FIRST* Robotics 대회 팀인 Edgar Allan Ohms의 근거지이며,[13] 팀의 본부가 있는 Land O'Lakes 도서관 분관은 혜택을 누리고 있으며, 다른 메이커 유형 프로그램과 기타 이용자 그룹과의 협력적인 관계를 견인하는 역할을 한다. 예를 들어, 다양한 이용자 그룹 중 하나인 목공 클럽은 도서관에서 으뜸가는 프로그램 제공자 역할을 하고 있다.

---

[13] Miller, Daylina. "Robotics Team Builds One for the Books." *Suncoast News*. April 29, 2014. Accessed May 22, 2017. www.tbo.com/su/list/news-pasco/robotics-team-builds-one-for-the-books-20140430/.

메이커스페이스 프로그램

FIRST 프로그램은 추가적인 예산을 확보할 수도 있다. 텍사스 주에 있는 Haslet Public Library는 연간 5,000 달러의 Loleta D. Fyan 지원금을 받고 있다. 이 지원금은 공공도서관 서비스의 개발과 개선, 혁신적인 변화 및 미래에 대한 대처, 특정 지역적 요구를 넘어서는 효과창출 및 적용을 위한 프로젝트를 지원하기 위한 것이다.14) 플로리다 주의 Pasco County 팀은 영감을 주는 긍정적인 이미지로 카운티(County)로부터 지원과 인정을 받고 있다. 다른 많은 도서관에서도 여름에 LEGO 로봇공학 캠프를 제공하는데, 이는 메이커스페이스 이용과 사람들에게 이용 가능한 다양한 자원을 소개할 수 있는 좋은 방법이다.

FIRST Robotics 대회 참가 팀 Edgar Allan Ohms, Land O'Lakes Library, Pasco County. *Theresa Willingham*

---

14) Boyer, Katie. "Robotics Clubs at the Library." *Public Libraries Online*. June 16, 2014. Accessed May 22, 2017. http://publiclibrariesonline.org/2014/06/robotics-clubs-at-the-library/.

제 5 장

영화제작

영화제작(Filmmaking)은 세대를 아우르는 프로그램이 될 수도 있지만, 특히 청소년들에게 흥미로운 프로그램이다. 도서관에서 영화를 상영하는 것은 시대에 뒤떨어진 것이다. 이제는 스톱 모션 애니메이션을 위한 모든 자원(예, 점토, LEGOs, iMovie 등)을 활용하여 실제 영화제작 요소를 포함한 프로그램을 운영할 수 있다.15) 오늘날 영화제작 상의 장점은 스마트폰과 영화편집 도구만 있으면 된다는 것이며, 이런 것들 가운데 대부분은 무료이거나 비용이 저렴하다는 것이다.

영화제작은 언어 기능, 디자인 사고, 비판적 미디어 수용 등 많은 개념과 기술을 필요로 한다.16) 영화제작을 위한 화려한 녹음 스튜디오는 필요하지 않다. 녹색 스크린을 만들기 위해 한 쪽 벽을 녹색 크로마키(chroma key) 페인트로 칠하고, 탁상용 사운드 기기를 사용하는 것과 같이 간단하게 작업할 수 있다. 예를 들어, DIY 탁상용 반사필터17)나 사운드 녹음이나 간단한 탁상용 스튜디오18)를 위한 탁상용 사운드 기기를 직접 만들 수도 있다. 그리고 프로그램의 주요 내용과 예산에 맞게 여러 최첨단 편집 소프트웨어를 사용할 수도 있는데, 이는 또 다른 수준의 학습과 기술을 필요로 한다.

---

15) Jensen, Karen. "Take Five: Five Tools for Movie Making in Your Makerspace." *School Library Journal.* May 18, 2015. Accessed May 22, 2017. www.teenlibrariantoolbox.com/2015/05/take-5-5-tools-for-movie-making-in-your-mak-erspace-quarto-week-makerspace/.

16) Desler, Gail. "A Case for Filmmaking in the Classroom." *Digital Is.* October 28, 2010. Accessed May 23, 2017. http://digitalis.nwp.org/resource/1325.

17) Accessed May 23, 2017. www.instructables.com/id/Microphone-Reflection-Filter/.

18) Curbelo, Alex. "Make Your Own Object Photography Soft Light Box." *Instructables.com.* May 12, 2016. Accessed May 23, 2017. www.instructables.com/ id/Make-Your-Own-Object-Photography-Soft-Light-Box/.

게임

미국도서관협회(ALA)의 Games and Gaming Round Table 사이트 (www.ala.org/gamert/public)에서는 공공도서관을 위한 "게임"의 유형을 세 가지로 구분하고 있다.

1. 게임 대출: 이용자가 게임을 대출하여 집에서 게임하는 것
2. 게임 기반 행사: 게임 나이트나 롤플레잉 게임(role-playing games, PRG)과 같이 이용자들이 도서관에서 특정 시간에 게임하는 것
3. 자유(At-will) 게임: 이용자들이 언제든지 자유롭게 게임하는 것(예, 체스나 콘솔 게임을 위한 게임 탁자)

ALA는 네 번째 옵션인 게임 만들기(game making)을 권장하고 있는데, 이는 게임 디자인 워크숍이나 클럽을 통한 게임 제작을 장려하는 것으로 메이커스페이스와 창의적 프로그램으로 적합하다. 게임은 청소년과 성인 모두에게 활용될 수 있지만 10대와 젊은 이용자에게 더 인기가 있다. 게임 만들기에는 보드게임과 컴퓨터게임 개발도 포함되며, 둘 다 인기가 매우 많은 편이다.

특히 Minecraft(https://education.minecraft.net/)는 청소년에게 프로그래밍을 가르치기 위한 우수한 자원이며, 디자인부터 스토리텔링에 이르기까지 풍부한 창조 기회를 제공한다. 2016년 New York Public Library (NYPL) 랩의 디자이너였던 Mauricio Giraldo는 도서관의 자체 공공 장서 일부를 활용한 비디오 게임을 만들었는데, 이는 옛것과 새것을 합친 매우 창의적인 것이었다.[19] 그 게임은 Mansion Maniac으로 이용자들이 뉴욕 시의

---

19) Kotzer, Zack. "The New York Public Library Hopes You'll Make Video Games." *Motherboard*. February 14, 2016. Accessed May 23, 2017. https://mother-board. vice.com/en_us/article/the-new-york-public-library-has-free-public-domain-documents-

집과 아파트의 실제 초기 평면도를 살펴볼 수 있도록 하고, 저장하고 출력할 수 있게 한다.

NYPL 랩은 Mansion Maniac과 비슷한 프로그램을 만들기 위해 해커톤인 "Remix Residency"를 개최하여, 일반인들이 공공 자원을 활용하여 흥미로운 프로젝트를 만들 수 있게 하였다. 여기서 핵심 메시지는 "스스로 할 수 있다." 이며, 이는 대중에게 제공하는 모든 메이커 활동의 핵심 메시지가 되어야 할 것이다.

시민 참여 프로그램

도서관은 시민 참여에 대한 오랜 전통을 가지고 있어 이용자들이 필요로 하는 모든 서비스(예, 투표소 역할, 커뮤니티 참여 프로그램 개최, 패널 주관, 세금/취업 정보제공)를 제공하고 있다. 메이커스페이스와 메이커 프로그램을 제공하는 도서관은 커뮤니티 정원(텃밭), 리틀 프리 라이브러리(Little Free Libraries), 공공 예술 프로젝트, 해비타트(Habitat for Humanity) 단체와의 협력, 기타 시민 프로그램 주최 등을 통해 시민참여 프로그램의 수준을 높일 수 있다.

시민 프로젝트는 황폐화된 곳부터 도서관 자체 환경에 이르기까지 실내외 모든 것을 개선하거나 향상시키기 위해 사람, 도구, 기술, 자원을 함께 모으는 기회를 제공한다. 과학, 첨단기술, 일반적인 만들기에 소녀 및 여성의 참여를 높이기 위한 연구에서 여성은 의미 있는 사회적 목적을 지닌 프로젝트에 참여하는 것을 선호하는 것으로 나타났다.[20] 시민 참여 기회를 만드는 것

---

for-game-devs.

20) Hoopes, Laura. "Are Girls and Women Just Not Interested in STEM?" *Nature News.* April 28, 2011. Accessed May 23, 2017. www.nature.com/scitable/forums/

은 여성뿐만 아니라 남성에게도 인기 있는 메이커 프로젝트를 만들기 위한 좋은 방법이다.

기타 시민 메이커 프로젝트에는 다음의 것들을 포함시킬 수 있다. 병원 신생아용 모자와 담요 뜨개질, 장기 입원이나 양부모 아이용 장난감 만들기, 보호소 동물용 장난감 만들기, 공공 프로젝트에 대한 지원, 이웃이나 커뮤니티를 개선할 수 있는 모든 것 등이 있다. 노숙자 쉼터나 청소년 기관과 같은 지역의 시민단체와 협력하는 것은 유용한 프로젝트를 파악하여 도울 수 있고, 사람들이 도서관을 새롭게 바라보게 하고, 필수적인 곳으로 여기도록 하는 협력 체제를 만들 수 있다. 해커톤과 같은 시민 행사는 6장에서 좀 더 자세히 논의하고자 한다.

포용적 프로그램

앞 장에서 다양한 능력을 지닌 사람들을 끌어들이는 포용적인 메이커스페이스와 프로그램을 설계하는 것에 관해 언급하였다. 포용성과 다양성을 위한 설계 방법이 있듯이, 접근성이 높은 프로그램을 제공하기 위해 고려할 수 있는 몇몇 우수 사례가 있다. ALA는 웹사이트 상에서 "모두를 위한 도서관(Library for All)"이라 불리는 프로그램 모델을 강조한다.[21] Jefferson County(Colorado) Public Library는 네 개의 분관에서 한 달에 한 번 열리는 프로그램을 운영하고 있다. 해당 프로그램은 DIY에 중점을 두고 다양한 능력을 갖춘 성인들을 모아 공예, 예술, 게임, 도서관 탐방 등을 진행한다.

---

women-in-science/are-girls-and-women-just-not-interested-1962,0118.
21) Douglas, Stephanie. "Library for All." *Programming Librarian*. April 19, 2017. Accessed May 23, 2017. www.programminglibrarian.org/programs/library-all.

각 참여자는 만든 것을 집으로 가져갈 수 있다. ALA 웹사이트에 더하여 DIYAbility.com에는 몇 가지 우수한 포용적 프로그램 프로젝트가 있다.

다양한 능력을 지닌 사람들을 대상으로 하는 프로그램은 소그룹 프로그래밍, 충분한 직원 및 자원봉사자 확보, 사용하기 쉽고 보조 장치가 달린 도구, 큰 글씨 지시사항, 30분~1시간보다는 더 긴 프로그램 시간계획 등을 고려해야 한다. Jefferson County의 세션은 90분 정도이다.

포용적인 프로그램을 설계하는 경우, 흑인 참여자, 여성, 지역문화단체에 어필할 수 있어야 하며, 프로그램의 적절성과 의미를 설명하여야 한다. Verizon이 후원하는 Minority Male Maker Program[22])은 이러한 것 가운데 하나이다. 이 프로그램은 중학생을 대상으로 하고 있으며, 2015년부터 4곳의 전통적 흑인대학(Historically Black Colleges and Universities)에서 개최되었다. 이 프로그램의 목표는 소수의 남성집단에게 미래혁신과 밝은 미래를 만들기 위한 평생기술과 기업가적 역량을 제공하기 위한 것이다. 이러한 프로그램은 커뮤니티에 대한 이해가 높은 도서관과 교육 팀이 있을 때 가장 효과적일 수 있다. 메이커 프로그램의 자원봉사자는 해당 커뮤니티에서 구하는 것이 참여자의 요구와 관심사를 만족시키는 프로그램을 제공하는 데 있어 좋은 방법이다.

---

22) "Middle School Boys Learn Coding, 3-D Design in Pioneering New Program from Verizon and KSU." *Kentucky State University*. July 21, 2015. Accessed May 23, 2017. http://kysu.edu/2015/07/21/middle-school-boys-learn-coding-3d-design-in-pioneering-new-program-from-verizon-and-ksu/.

도구와 자원

메이커스페이스 프로그램은 창의적인 콘텐츠 전달을 위한 수단을 제공하지만, 동시에 새로운 프로그램의 범위와 복잡성으로 인한 몇 가지 힘든 점이 있을 수 있다. 다행스럽게도 이러한 새로운 프로그램을 준비하는 도서관을 위한 유용한 자원들이 있다.

공간

*School Library Journal*에 게재된 "마법이 일어나는 곳: 도서관 메이커 프로그램"[23)]이라는 기사가 있다. 해당 기사에서 Institute of Museum and Libary Services의 도서관 프로그램 수석 담당자인 Tim Carrigan은 "완벽한 공간을 기다리지 마라. 그렇게 하면 학생과 이용자에게서 소중한 프로그램을 제공하지 못할 수 있다."라고 언급한다. 제공하고 싶은 프로그램에 맞게 공간을 갖추고, 메이커 유형의 프로그램을 제공하기 위한 전용 메이커스페이스가 없더라도 걱정할 필요는 없다.

Southington (Connecticut) Library and Museum의 어린이 서비스 담당이며 『*The Maker Cookbook: Recipes for Children's and Tween Library Programming*』(2014)의 공동저자인 Cindy Wall은 유동적인 환경에서는 프로젝트도 유연할 수 있다고 말한다. 그녀는 다음과 같이 말한다. "메이커 공간이 없다는 것의 긍정적인 부분은 존재하는 것에 의존하지 않는다는 것이다. 다수의 3D 프린터를 갖추고 있으면, 3D 프로그램을 많이 운

---

23) Barack, Lauren. "Where the Magic Happens: Library Maker Programs." *School Library Journal*. May 1, 2015. Accessed May 23, 2017. www.slj.com/2015/05/programs/where-the-magic-happens-the-maker-issue/#_.

영하게 된다. 반대로 공간이 개방되어있고, 조정가능하면 제공하는 프로그램도 조정 가능할 수 있다."

가이드라인

메이커스페이스 개발에 관심이 있는 도서관을 대상으로 Bill and Melinda Gates Foundation이 개발한 Let's Make Guide(www.letsmakeguide.com)에는 다음과 같은 조언이 담겨있다.

> 모든 도서관은 이용자가 메이커스페이스나 미디어 랩을 이용하거나 특정 도구(예, 3D 프린터, 디지털 카메라, 악기, 재봉틀)를 사용하는 것에 대한 규정과 지침을 만들어야 한다. 대중에게 모든 위험에 대해 경고하고, 자신의 행동과 도구 사용에 대한 책임을 지도록 하며, (도구를 안전하고 올바르게 사용하기 위한 적절한 교육을 받는 것을 포함하여) 메이커스페이스에서 어떻게 행동해야 하는지에 대해 알려야 한다.

몇 가지 일반적인 우수 사례 가이드라인은 다음과 같다.

- 12세 미만의 어린이들은 부모 혹은 보호자와 함께 있을 것
- 발가락이 보이는 신발 금지
- 너무 헐렁하거나 대롱거리는 의복 착용 금지
- 긴 머리카락은 뒤로 묶을 것

기타 현장 권고사항은 다음과 같다.

- 작은 것부터 시작하고 유연성을 가져라 - 이용자와 정기적으로 소통하라.
- 기술교육 수업, 공예 워크숍, 취미그룹 등 기존 서비스를 재평가하고, 그

서비스가 "메이커 용도"인 경우, 그것을 기반으로 할 수 있다.
- 새로운 서비스를 홍보하는 경우, 구어체인 "메이커" 혹은 "해커"와 같은 단어 대신에 사람들이 이해할 수 있는 언어를 사용하라. 사람들은 그런 단어들을 인식하지 못할 수도 있으므로 이용자들이 공간이나 수업에서 무엇을 하는지, 무엇을 만드는지에 초점을 두어야 한다.
- 필요 시, 장비와 재료를 다른 장소로 옮길 수 있도록 장비를 운반가능하고 이동할 수 있도록 하라.
- 특별 행사를 통해 메이커스페이스나 미디어 랩에서 하는 것을 홍보하라 (관련 아이디어는 제6장 참조).[24]

성공을 위한 준비사항

가장 성공적인 프로그램은 사전에 잘 계획된 것으로, 대부분의 도서관은 계획수립에 숙달되어 있다. 그렇지만 공간, 프로그램 가이드라인, 메이커 유형 프로그램과 적당한 도구와 소모품을 갖추고, 더욱 중요하게는 제공하는 프로젝트나 프로그램을 제대로 이해하는 직원이 있어야 한다. 3D 프린팅을 완전하게 이해하지 못한다면 이와 관련된 프로그램을 가르쳐서는 안 된다. 아두이노, 로봇공학, 게임 만들기, A/V 제작, 유사 프로젝트 등에 대해서도 마찬가지이다.

고급의 메이커 유형 프로그램은 대중에게 제공하기에 앞서 먼저 직원과 자원봉사자들과 함께 수행해보는 것도 좋은 생각이다. 전통적인 도서관 행사보다 참여자와의 1대1 시간이 더 필요하기 때문에 메이커 유형 프로그램을 위한 직원과 자원봉사자를 충분하게 확보하고 있는지도 확인해야 한다. 따라서 행사 개최 전에 메이커 프로그램을 위한 적합한 직원이 있고, 장비, 자원,

---

[24] Bill and Melinda Gates Foundation. "Let's Make Guide." Accessed May 23, 2017. www.letsmakeguide.com.

지식을 제대로 갖추었는지 확인하는 사전 계획이 중요하다. 이러한 프로그램은 "즉흥적"으로 하고 싶어서 하는 것이 아니다.

좋은 프로그램을 위한 자원

제7장과 부록에서 다양한 참고자원을 찾아볼 수 있다. 프로그램과 관련하여 다음의 자원도 참고할 수 있다.

- 미국 도서관협회 웹사이트인 The Programming Librarian: www.programminglibrarian.org/programs
- 청소년 도서관 서비스 협회의 Maker and DIY Programs Wiki: http://wikis.ala.org/yalsa/index.php/Maker_%26_DIY_Programs
- Colleen Graves의 Makerspace Resources and Programming Ideas: https://colleengraves.org/makerspace-resources-and-programming-ideas/
- 일리노이 청소년 서비스 사서의 Special Needs and Inclusive Library Services: https://snailsgroup.blogspoty.com
- 아이다호 도서관위원회의 Program Ideas, Activities, and Events: http://libraries.idaho.gov/page/program-ideas-activities-and-events
- Let's Make Guide: www.letsmakeguide.com

다음 장에서는 공공 메이커 행사를 통해 메이커 프로그램을 부각시키고, 기념하고, 참여를 이끌어 내는 방안에 대하여 살펴볼 것이다.

제6장 메이커 행사

제6장

메이커 행사

> 우리는 시도하고 배우면서 개선해 나가야 한다. 스스로 현실과 부딪혀서 실패도 무릅써야 한다. 하지만 이 세상에서는 실패하더라도 결코 완전히 몰락하지는 않는다. 왜냐하면 그건 작은 실패이기 때문이다. 우리는 하나의 취미로서 혁신을 이룰 수 있다. 이렇게 생각해 보라. 혁신의 세상에서는 취미를 즐기는 사람들이 자신의 삶을 보다 의미 있게, 그리고 세상을 한층 더 살기 좋은 곳으로 만들기 위해 노력한다. 메이커 혁신의 세계에 온 것을 환영한다.
>
> – Mark Hatch, 메이커 운동 선언 : 해커스, 팅커러의 신세계에서의 혁신 규칙[1]

메이커스페이스는 도서관에서 메이킹이 일어나고 자원과 프로그램을 홍보할 수 있는 멋진 행사를 벌일 수 있는 기회를 제공한다. 도서관 메이커스페이스는 도서관 이용자들의 역량을 강화하는 도구일 뿐만 아니라, 커뮤니티의 이용 가능한 자원을 알려주는 도서관의 홍보 수단이기도 하다. 도서관은 자체 행사를 기획하거나, 공학 주간(Engineering Week), 전국 시민 해킹의 날(National Day of Civic Hacking), 전국 메이킹의 날(National Day of Making)과 같은 전국적 캠페인에 동참하거나 메이커스페이스에서 실시하는 사업을 알리거나 하여 사람들의 흥미를 유발시켜 참여를 유도할 수 있다.

---

1) Hatch, Mark. *The Maker Movement Manifesto: Rules for Innovation in the New World of Crafters, Hackers, and Tinkerers.* New York: McGraw-Hill, 2014.

제 6 장

고등학교 메이커 사서인 Colleen Graves는 도서관에서의 메이킹과 관련한 훌륭한 정보들을 그녀의 블로그인 Create+Collaborate Innovate[2])에 올려놓았는데, 해당 블로그에는 잘 알려져 있거나 덜 알려져 있더라도 가치가 있는 공공 행사를 모아놓았다. 그녀의 "전국 메이커 행사(National Maker Events)" 목록에는 2월의 공정이용 주간(Fair Use Week), 4월의 전국 로봇공학 주간(National Robotics Week), 6월의 전국 메이킹 주간(National Week of Making), 9월의 세계 카드보드 대회(Global Cardboard Challenge), 11월의 국제 게임의 날(International Games Day), 12월의 컴퓨터공학 주간(Computer Science Week) 등을 비롯하여 여러 가지 전시 및 발표, 축하 행사 등을 포함하고 있다.

모든 공공 행사를 주최하는 과정은 거의 동일하다. 즉, 도서관 메이커 페스티벌, 공학 주간 행사, 홍보전시 등의 행사 유형과 상관없이 다음과 같은 몇 가지 필수적인 사항을 고려해야 한다.

- 기획 팀 : 좋은 행사를 위해서는 좋은 행사 기획 팀이 필요하다. 행사를 좋아하는 직원 및 자원봉사자 중에서 예술가, 공예가, 음악인, 기술 및 기계에 관심 있는 팀원을 찾거나 이러한 행사를 통해 팀원들의 관심을 끌기 위한 행사를 시도하라.
- 좋은 날짜 선택과 충분한 준비시간 : 행사에 사람들을 오게 하려면 다른 지역 행사와 겹치지 않도록 해야 한다. 적어도 6개월 이상 충분한 준비시간을 가져야 하는데, 행사가 처음인 경우에 더욱 그러하며, 행사의 규모와 범위에 따라 준비 기간이 달라진다.

---

2) Graves, Colleen. "National Maker Events." *Create+Collaborate Innovate*. February 24, 2016. Accessed May 29, 2017. https://colleengraves.org/maker- event-calendar-for-libraries-and-makerspaces/.

메이커 행사

- 공간 : 행사의 규모에 따라 실내 및 옥외 공간 모두를 활용할 수 있다. 행사 장소와 연중 주최시기에 따라 옥외 그늘막을 설치해야 할지, 전기를 어디서 끌어올지도 고려해야 한다.
- 협력 파트너 : 커뮤니티 파트너들에게 행사 참여 요청을 하여 그들의 다양한 모습(예, 아마추어 라디오 클럽 혹은 지역 로봇공학 팀이 그들의 작업을 소개하는 것)을 보여주기 위한 절호의 기회이기도 하다.
- 엔터테인먼트 및 프레젠테이션 : 지역사회 공연가들과 도서관에서 하는 메이커 프로그램의 일부를 워크숍 형식으로 꾸며 행사를 재미있으면서도 교육적인 것으로 만들어야 한다.
- 홍보, 홍보, 또 홍보 : 소셜미디어, 웹사이트, 지역신문, 라디오, 인터넷 도구를 활용하라. 행사 참여를 유도하는 웹사이트 특집기사를 싣고, 프로그램과 파트너들을 부각시키고, 행사를 전반적으로 띄워서 지역주민들이 그 행사를 놓치고 싶지 않게 만들어야 한다.

이 장에서는 소규모의 지역적 특성에 맞는 행사부터 다른 도서관 혹은 기관과의 협력 행사까지, 개최할 수 있는 다양한 공개 행사와 축하 행사를 살펴보자 한다. 여기에서 다음과 같은 것들을 살펴볼 것이다.

- 메이커 페스티벌
- 코딩 행사
- "오픈 메이크" 행사(블록 대회 포함)
- 대중문화 행사(예, 코스프레, 게임, 만화 및 애니메이션 페스티벌)
- 기업가 및 제품/서비스 피치(pitch) 행사(예, 1 Million Cups, Alligator Zone)
- 기타 특별 행사(예, 청소년 로봇공학 행사, 해체, 수리 클리닉, TEDx Libraries, 웨비나, 커뮤니티 서비스 프로젝트)

제 6 장

메이커 페스티벌

가장 이해하기 쉬운 행사인 도서관 메이커 페스티벌부터 살펴보고자 한다. 먼저, 메이커 페스티벌을 개최하는 데 있어 하나의 정답이 있는 것이 아님을 명심해야 한다. *Make:* 상표를 붙인 메이커 페어는 이제 많은 사람들에게 꽤 익숙한 반면, 끝에 "e"자를 붙인 메이커 페어(Maker Faire)를 개최하고자 하는 경우, 관련 라이선스 수수료와 프랜차이즈 행사 운영을 위한 여러 가지 요구조건들이 있다. 도서관에서 개최한 메이커 페어에는 San Antonio Mini Maker Faire, Maker Faire Westport, Colorado Springs Mini Maker Faire 등이 있다.

Pikes Peak 도서관 지부가 개최하고 이제 3년차인 Colorado Springs Mini Maker Faire(colorado-springsmakerfaire.com) 주최자는 첫 번째 행사 개요와 이를 제작하는데 필요한 것을 종합했다. 이 행사에 위한 공공도서관협회 기사에서 사서인 Rebecca Cruz는 다음과 같이 말한다.

> 신청과정은 몇 가지 단답형 질문, 지원 서한, 예산 관련 정보를 포함한 많은 정보가 필요하다. 일단 신청이 받아들여지면, 페어(Faire)를 위해 홍보 승인이나 웹사이트 가동 등이 이루어져야 한다.3)

그들은 자신들의 사례에서 *Make* 잡지 브랜딩과 그 잡지와의 관계가 도서관에 중요하다고 느꼈다. 그렇지만 대부분의 도서관은 DIY 메이커 페스티벌이 훨씬 더 비용대비 효과적이고, 노동력이 덜 들어가며 보람을 느낄 수 있다.

---

3) Cruz, Rebecca. "A Mini Maker Faire at the Library." *Public Libraries Online.* March 23, 2015. Accessed May 29, 2017. http://publiclibrariesonline.org/2015/03/a-mini-maker-faire-at-the-library/.

메이커 행사

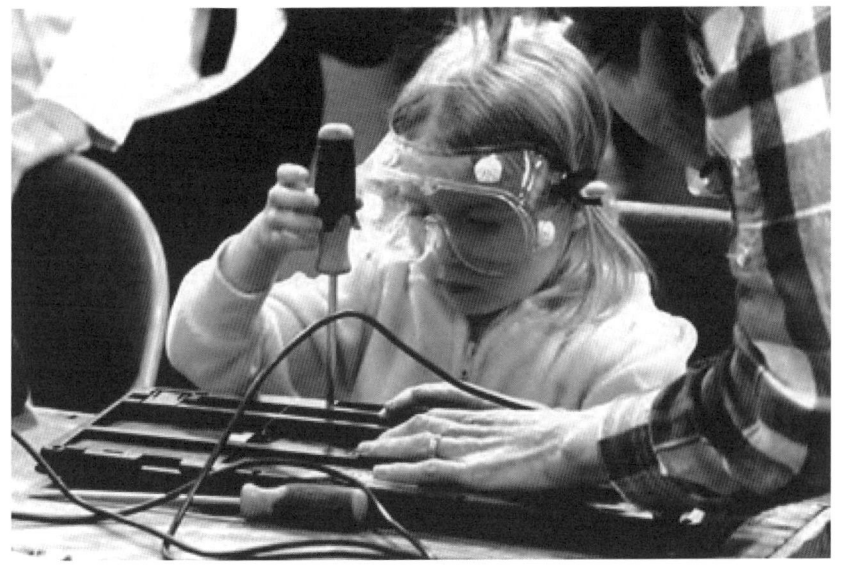

Gulf Coast MakerCon 2015의 영메이커. *Theresa Willingham*

우리는 2014년에 Gulf Coast MakerCon이라 불리는 독자적인 행사를 개최하기 전에 수년 동안 미니 메이커 페어를 개최했다.[4] 우리는 커뮤니티 이해관계자에게 적합한 행사를 열며 창의적 자유를 누렸고, 그에 따른 예산의 융통성도 경험했다. Gulf Coast MakerCon은 여전히 플로리다 걸프 해변에서 가장 오래되고 규모가 큰 커뮤니티 메이커 페스티벌이다. 2018년도 행사를 위해 플로리다 주 Largo의 St. Petersburg College Seminole Public Library와 협력하여 인기가 많은 Pinellas ComicCon 및 MakerCon과 함께 행사를 진행하여 더욱 건실한 행사를 위한 자원을 확보했다.

플로리다의 Tampa Bay 도서관 컨소시엄은 매년 봄에 자체적으로 도서관 MakerFest(librarymakerfest.org)를 개최하며, 컨소시엄 도서관들은 발

---

4) Willingham, Theresa. "History." *Gulf Coast Makers*. May 24, 2013. Accessed May 29, 2017. https://gulfcoastmakers.com/history/.

전하고 있는 메이커 프로그램을 선보이기 위해 함께 모인다. 이러한 행사는 우수 사례로 다른 도서관들에게 관심의 대상이 되는데, 이를 통해 도서관들은 서로 배우고, 자체적인 프로그램을 위한 아이디어를 얻게 된다.

포틀랜드(Maine 주) 공공도서관(PPL: Portland Public Library)은 Makers @PPL을 개최하였는데, 이 행사에서는 STEAM 주제 즉, 과학(science), 기술(technology), 공학(engineering), 예술(arts), 수학(math)의 중요성을 보여주고, 강의뿐만 아니라 재미있게 참여할 수 있는 워크숍과 프레젠테이션을 제공한다. 해당 도서관의 웹사이트에는 "이 행사는 이용자의 배경이나 전문지식과 상관없이 모든 이용자가 메이커이며, 인류는 수백 년 동안 발명과 실험을 하고 있다는 것을 보여줄 것이다." 라고 명시되어 있다.5)

네덜란드에서는 국가차원에서 최초의 대규모 메이커 페스티벌을 계획하면서, 교육지향의 메이커 행사 아이디어를 확산시키고 있다.6) 네덜란드는 Kennisland (Knowledge Land)사와 Mozilla가 준비한 공공 행사로 메이커 파티(Maker Party)7)를 개최하였으며, 이 파티에서는 저작권, 메이커 문화, 사서직에 관한 주제들도 함께 다루었다. 이 행사에는 예술가, 작가, 활동가, 교육자, 코딩전문가, 기업가 등을 초청하여 시대에 뒤떨어진 저작권법을 어떻게 최근의 메이커 문화와 연계시킬 수 있을지에 대한 방안을 다루었다.

메이커 페스티벌을 개최하는 제대로 된 "방법(how-to)"을 알기 위해서는,

---

5) "Makers@PPL 2017." *Portland Public Library.* Accessed May 29, 2017. www.portlandlibrary.com/events/makersppl-2017/#sthash.9wvwOHVv.dpuf.

6) Ministerie van Volksgezondheid, Welzijn en Sport. "Rural Makers Event for Education." *Subsidie | Dienst Uitvoering Subsidies aan Instellingen.* Accessed May 29, 2017. www.rijksoverheid.nl/onderwerpen/subsidies-vws/inhoud/subsidiere-geling- landelijk-makers evenement-onderwijs.

7) Kalshoven, Lisette. "Maker Party: Copyright and Maker Culture." *Read, Write, Participate.* Accessed May 29, 2017. https://medium.com/read-write-par-ticipate/maker-party-copyright-and-maker-culture-9bdbb198a489.

메이커 행사

동 주제에 대한 Eureka! Factory Instructable(www.instructables.com/id/How-to-Make-a-Maker-Festival/)을 살펴볼 필요가 있다. 해당 자료는 각기 다른 기관에서 다양한 규모의 행사를 개최하는데 적절하게 변형하여 적용할 수 있다. 메이커 행사에서 가장 중요한 것은 행사를 개최하는 측과 참여자 측 모두에게 재미가 있어야 한다는 것이다. 도서관 이용자 커뮤니티와 프로그램의 발전을 도와줄 수 있는 성공적인 연중행사로 만들기 위해서 직원, 자원봉사자, 커뮤니티 파트너십의 역량을 고려하여 적정한 규모의 행사를 개최해야 한다.

다음은 메이커 페스티벌 개최에 있어 고려해야 할 사항이다.

- 소규모로 시작하라 : 공예품과 실물을 전시하기 위해 실내 및 옥외 공간 모두를 사용할 수 있지만, 특히 처음인 경우, 자원봉사자와 직원이 손쉽게 제어할 수 있는 규모보다 커서는 안된다.
- 협력하라 : 뜨개질 클럽으로부터 드론 동호인에 이르기까지 여러 커뮤니티 단체를 초청하라. 행사에 커뮤니티 협력자들을 많이 참여시킬수록 더 많은 참여를 이끌어 낼 수 있다.
- 상호작용이 가능하도록 하라 : 정적인 전시에 의존하기보다 행사를 재미있고 상호작용 가능하도록 만들어라. 메이커 페스티벌은 원래 활동적이고 손으로 직접 경험하는 것이다.
- 엔터테인먼트 요소를 포함하라 : 지역사회에서 재능을 가진 사람을 참여시키거나 도서관 직원 가운데 뮤지션이 있는지 찾아보라. 다양한 재능과 도서관에서 제공하는 전문지식을 자주 보여줄수록 더 좋다.
- 지속적으로 홍보하라 : 가급적 일찍, 자주, 행사 당일까지 홍보하라. 도서관 내부와 외부에 충분하게 안내표지를 설치하고, 예술, 컴퓨터 공학, 기술 등에 관심이 있는 사람들에게 알릴 수 있는 통상적인 경로로 외부에 홍보하여야 한다.

제 6 장

- 규모와 상관없이 기념하라 : 시작부터 끝날 때까지 모든 과정을 파티로 만들어 즐겨야 한다.

코딩 행사

도서관에서는 수년 간 이용자의 기본적인 컴퓨터 활용능력 배양을 위한 수업을 제공해왔으며, 최근에는 코딩 교육이 이러한 교육의 큰 부분을 차지하고 있다. 『*Makerspaces in Libraries*』 도서에서는 도서관이 해커톤을 개최하는 방법과 도서관 이용자 커뮤니티와 도서관에 이러한 해커톤이 적합한 이유에 대해 하나의 섹션을 포함해 놓았다. 오늘날 전 세계 도서관은 코딩 수업, 프로그램, 행사를 제공하고 있다. 2016년에는 유럽연합 코딩 주간(European Union Code Week)을 기념하고, "유럽을 위한 새로운 기술과 제(New Skills Agenda for Europe)"의 일환으로 Public Libraries 2020은 유럽의회에서 "Generation Code: Born at the Library"를 개최했다.[8]

이 행사의 목적은 "유럽의 공공도서관이 디지털 시대에 어떻게 대처하고 있는지"를 보여주기 위한 것이었다. 행사에는 코딩, 로봇공학, 3D 프린팅, 가상현실 체험, 기술 자문 워크숍, 디지털 제작 등 EU 도서관에서 진행 중인 다양한 디지털 프로젝트를 보여주는 상호작용이 가능한 부스가 설치되어서 참가자들이 새로운 디지털 기술을 살펴볼 수 있었다.

미국을 비롯하여 다른 나라의 도서관 프로그램 가운데는 괜찮은 코딩 행사가 많이 있다. Code.org가 주최하는 코딩 시간(Hour of Code)은 사람들에게 코딩을 소개하는 유명하고 효과적인 행사이며, 도서관 이용자들이 견고

---

[8] "Generation Code." *Public Libraries 2020*. Accessed May 29, 2017. http://publiclibraries 2020.eu/content/generation-code.

해커톤 티셔츠. *Theresa Willingham*

한 코딩 프로그램을 짤 수 있도록 하는 훌륭한 플랫폼이다. 도서관이 코딩 클럽을 시작하도록 많은 도움을 준 Prenda의 창업자 Kelly Smith가 2016년 웨비나(webinar)에서 강연한 "How Your Library Can Help Anyone Learn to Code"[9])에서는 코딩과 도서관이 함께 가야하는 세 가지 이유를 다음과 같이 제시하였다.

1. 도서관은 커뮤니티 자원으로 사람들이 신뢰하는 장소이다.
2. 도서관은 모든 이에게 열려 있으며, 기술을 통한 기회균등의 장소로 모든 이용자들이 무료로 배우는 것을 추구한다.
3. 도서관은 학습자와 정보 간의 아무런 장애물도 없는 21세기 학습을 대표한다.

---

9) Smith, Kelly. "Coding for Everyone: How Your Library Can Help Anyone Learn to Code." July 19, 2016. Accessed May 29, 2017. www.webjunction.org/content/dam/WebJunction/Documents/webJunction/2016-07/slides-coding-for-everyone.pdf.

제 6 장

플로리다 주 올랜도 시의 오렌지 카운티 도서관 시스템(OCLS: Orange County Library System)은 올랜도 지역에서의 기술 커뮤니티에 직접적으로 대응하는 가장 체계적이고 폭 넓은 컴퓨터 수업을 갖추고 있다.10) 이 분야에 대한 관심이 높아짐에 따라 도서관 이용자의 요구에 부응하기 위해 OCLS는 스페인어와 아이티 크리올어(Haitian Creole) 코딩 수업을 제공하기 시작했다. 또한 도서관 수업에 참석할 수 없는 직장인들의 요구에 부응하기 위해 개인 세션뿐만 아니라 온라인 수업도 제공한다. 도서관 시스템은 수요와 요구사항을 파악하기 위해 다양한 후속 업무를 하고 있으며, 도서관 이용자들이 원하는 컴퓨터 활용능력 프로그램과 최신 프로그램 제공여부에 대해 설문조사를 통해 정기적으로 평가하고 있다.

가르치거나 개최하기 전에 먼저 배울 것

코딩 프로그램과 도서관이 완벽하게 조화를 이룰 수 있지만, 코딩 교육은 은근슬쩍 할 수 있는 종류의 일이 아니다. 스크래치(Scratch)(8세부터 15세까지) 또는 스크래치 주니어(Scratch Jr.)(4세부터 7세까지)(scratch.mit.edu)를 사용하는 프로그램 수업에서 아이들과 함께 배우는 것은 별문제가 될 부분은 없다. 그렇지만 10대나 성인에게 C#, Java를 가르치려면 최소한의 기초 지식이 필요하다. 강사가 자료를 이해하지 못하는 경우, 참여자들은 준비가 부족한 강사로 인해 아무런 경험을 할 수 없다는 것을 13세 이상이라면 누구나 알 수 있기 때문이다. 따라서 알고 있거나 강의 전에 미리 배우려는 것보다 더 어려운 것은 맡지 말아야 한다. 더 나아가서 프로그램 수업과 행사를 이끌어 줄 경험 많은 커뮤니티 구성원, 예를 들어 지역의 CoderDojo나

---

10) Enis, Matt. "How to Talk Code | Digital Literacy." *Library Journal*. February 24, 2016. Accessed May 29, 2017. http://lj.libraryjournal.com/2016/02/technology/how-to-talk-code-digital-literacy/#_.

Code for America Brigade 구성원, Black Girls Code(blackgirlscode.com), Girls Who Code (girlswhocode.com)와 같은 단체, 혹은 자신의 기술을 공유하고 행사를 도우려는 지역 프로그래머 등을 찾는 것도 좋을 것이다.

다양한 유형의 코딩 행사

도서관은 커뮤니티 서비스 프로젝트로 소규모 프로젝트 형식으로 해커톤(hackathon)을 주최할 수 있다. Chattahoochee Valley Libraries는 커뮤니티의 참여를 높이기 위해 정보기술을 활용하여 도서관 해킹(Hack the Library)이라는 행사를 주최했다.[11] 이 외에도 국가적 차원의 행사에 참여할 수도 있다. 국가적 행사에 참여하는 것은 도서관 홍보 효과를 비롯하여 이용자들이 도서관을 사회적 및 경제적 영향력을 지닌 커뮤니티 참여를 위한 허브(hub)로서 인식하도록 도와준다. 아래 행사는 연중 개최되는 규모가 큰 전국적인 행사들이다.

- Code Week EU(유럽연합) : 이 행사는 10월에 열리며, 2016년에는 50여 개국에서 100만 여명이 참여하였다. 모든 연령대와 전 계층을 위한 디지털기술능력 증진을 목표로 European Commission이 지원하고 있다. 보다 자세한 정보와 행사 등록을 위해서는 codeweek.eu를 방문해야 한다.
- National Coding Week(미국 및 전 세계) : 성인들을 대상으로 하는 전국 코딩 주간(National Coding Week)은 9월에 열리는데, 참여를 위해서는 codingweek.org를 방문해야 한다.
- Code Day(미국) : 이 행사는 11월에 열리며, 학생 프로그래머, 예술가,

---

11) "Hacking the Library: 48 Hours to Better Libraries through Collaborative Technology." *GPLS NewsWire*. November 10, 2014. Accessed May 29, 2017. http://glean.georgialibraries.org/hacking-the-library-48-hours-to-better-libraries-through-collaborative-technology.

뮤지션, 배우, 일반대중이 어플리케이션과 게임을 제작한다. 24시간 동안 진행된다. 청소년이 중심이 되는 전국 시민 해킹의 날(National Day of Civic Hacking) 행사처럼 Code Day는 다양한 기술 능력을 가진 25세 이하 학생들의 참여를 장려하며, 워크숍과 멘토링을 지원한다. 행사에 등록하려면 codeday.org에 방문하면 되는데, 이 사이트에는 도서관 행사에 도움을 줄 수 있는 훌륭한 행사 아젠다 사례를 제공한다.

- Hour of Code : Code.org가 운영하며, 컴퓨터 공학 주간 중인 12월에 열리는 코딩 시간(Hour of Code)은 오바마 정부가 코딩 모델로 소개하여 부각되었다. 이 행사는 현재 180개 이상의 국가에서 모든 연령대의 수천만 인구가 참여한다. 한 시간짜리 교육 프로그램이 45개 이상의 언어로 지원된다. 이 행사는 무료로 이용 가능한 방대한 교육내용(hourofcode.com/us/learn)을 갖추고 있고, 입문 수준을 넘어서는 Beyond an Hour of Code(hourofcode.com/us/beyond)도 제공한다. Code.org에서 튜토리얼과 관련 교육 자료를 제공하므로 코딩지식이 부족한 이용자들을 위해 개최하기 좋은 행사이다.

- Scratch Day : 청소년 중심의 코딩 행사로 5월에 개최된다. 행사명이 나타내는 것과 같이 어린아이들에게 코딩을 가르치기 위한 무료 코딩 플랫폼이자 온라인 커뮤니티인 스크래치(Scratch)를 기념하는 행사이다. https://day.scratch.mit.edu/에서 더 많은 정보를 얻을 수 있다.

- National Day of Civic Hacking(전국 시민 해킹의 날) : Code for America와 Second Muse가 주최하여 최근까지 여름에 열렸으나, 2017년에 9월로 옮겨졌다. Code for America는 "커뮤니티와 지방정부의 구성원에 대한 보다 나은 서비스를 위하여 공개 데이터, 코드, 기술을 사용하여 소프트웨어 개발자, 시민, 기업가들이 협력적으로 개선방안을 만들고, 구축하고, 개발"하는 시민 코딩단체이다. National Day of Civic Hacking의 취지는 정부를 발전시키기 위한 협력의 가치를 보여주는 것이며, 이는 정부기관인 도서관의 목적에도 부합하는 행사이다.12) 이 행사는 해법이 필

요한 지역의 특정 해결과제나 대중의 고려가 필요한 국가 또는 연방차원의 프로젝트에 초점을 맞출 수 있다. 보다 자세한 정보를 얻기 위해서는 codeforamerica.org를 방문하면 된다.

코딩 행사 기본사항

어떤 코딩 행사를 시도하건 준비물은 테이블, 의자, 전원, Wi-Fi 정도만 있으면 된다. 그렇지만 성공적인 코딩 행사를 위해 참여자들이 행사를 즐기는 데 도움이 되는 일부 기술적인 세부 사항이 있다. Hack Day Manifesto (hackdaymanifesto.com)에서 훌륭한 해커톤을 더욱 멋지게 만들어주는 방법을 아래와 같이 제시한다.

- Wi-Fi는 쉽게 접속할 수 있고, 끊김이 없어야 한다. Wi-Fi 사용자가 많으면 많을수록 대부분의 Wi-Fi는 끊김이 발생할 수 있음을 명심해야 한다.
- 시스템은 최소한의 방화벽을 갖추어, 개방적이고 접근성이 높아야 한다.
- 정전을 대비하여 인터넷 상의 백업장치를 갖추어야 한다.
- 여분의 케이블을 갖춘 이더넷(Ethernet)이 이용 가능해야 한다.
- 각 프로그래머의 자리 당 1.5 파워 소켓 비율의 전원이 연결되어야 한다.
- 프레젠테이션을 위한 A/V 지원이 있어야 한다.
- 시민과 지역 해커톤들을 위해 데이터 세트와 APIs(어플리케이션 프로그램 인터페이스, 루틴 세트, 프로토콜, 소프트웨어 어플리케이션 구축을 위해 필요한 도구)에 대한 접근성이 필수적이다.

---

12) Davis, Robin Camille. "Hackathons for Libraries and Librarians." *Academic Works, City University of New York*. September 2016. Accessed May 29, 2017. http://academicworks.cuny.edu/cgi/viewcontent.cgi?article=1083&context=jj_pubs/.

제 6 장

도서관은 음식 반입 허용을 금지하는 경우가 있는 데, 실제적인 모든 메이커스페이스 프로그램은 음식을 허용하는 것이 필요하다. 이용자들은 무언가를 제작할 때 먹고 마시고 싶어지는 반면, 전자기기, 컴퓨터, 기계장비, 도구들은 보호와 청결이 유지되어야 한다. 성공적인 행사와 참여자에게 즐거움을 주기 위해서는 식음료에 관한 합리적인 규칙이 필요하다.

해커톤 우수 사례

기술적인 기본사항과 함께 모든 규모의 해커톤을 좀 더 쉽게 계획하고 개최하기 위해 참고할 수 있는 몇 가지 우수 사례가 있다.

- 명확한 행동 및 참여 규정수립 : 행사 가이드라인에는 행사의 목적, 시간, 참여자들이 접근할 수 있는 데이터, 행동수칙을 포함하여야 한다. 참여자들은 등록 시 가이드라인을 받아서 행사 시작 전에 숙지해야 한다.
- 참여자 조기 모집 : 코딩 커뮤니티는 대체로 활발하게 참여하는 편이지만 참여자는 대체로 행사 참여에 있어 준비시간이 필요한 직장인들로 구성된다. 공간과 주제에 대한 아이디어가 확정되는 대로 소셜미디어나 도서관 참가신청서로 홍보하여야 한다. 행사 전 만남을 통해 관계자들로부터 참신한 아이디어를 얻고 행사 아젠다를 발전시키는 데 도움을 얻을 수 있다. MeetUp, IEEE, 전문가협회, 마이크로소프트 코딩그룹 등을 통해 지역사회 코딩단체를 접촉해야 한다. 행사 등록자들의 약 60%만이 실제로 참여하기 때문에 초기 계획 단계에서 더 많은 이용자를 끌어모을수록 좋을 것이다.
- 아젠다와 등록서류 확정 : 행사 날짜를 결정했다면 휴식시간이나 식사시간을 포함한 행사 일정을 짜야 한다. 며칠 동안 열리는 해커톤은 주로 주말에 열리는데, 업무 일정을 고려하고, 그 지역의 다른 행사나 해커톤이 개최되는지를 살펴봐야 한다.

메이커 행사

- **행사 홍보** : 행사 홍보를 통해 참여자들의 흥미를 돋우고, 기술 커뮤니티에 도서관의 존재감을 증대시킬 수 있다. 행사 관련 독자적인 웹페이지를 구축하는 것이 이상적이나 전단지, 뉴스, 도서관 소셜미디어를 통해 홍보하는 것도 효과적이다. 전국 시민 해킹의 날(National Day of Civic Hacking)처럼 큰 행사의 일부분인 경우, 큰 기관의 소셜미디어와 웹사이트를 활용하여 전국적인 홍보를 하는 것이 효과적일 것이다.

해커톤 일정 예시

토요일
오전 9:00 : 체크인하여 커피와 베이글 혹은 도너츠와 함께 서로 인사를 나눈다.
오전 9:30 : 환영회 및 행사 개요 설명(아젠다, 규칙, 행동수칙 제시)
오전 10:00-11:00 : 단합시간(개별 팀이 아이디어를 브레인스토밍하고, 접근방법에 대한 전략을 짜는 동안 방해가 되지 않도록 한다. 최소 1시간을 줄 것)
정오 : 점심
오후 1:00-5:0 : 팀 프로젝트 재시작
오후 5:00 : 1일차 종료, 저녁식사는 선택

일요일
오전 10:00 : 해킹 재시작
오후 12:30 : 점심
오후 1:30-2:30 : 해킹을 중단하고 프로젝트 성과물을 다듬는다(판단이나 포상 없이 한낮에 팀들이 자신의 프로젝트 "성과물"을 공유하기 위해 정리 시점을 갖는 것은 표준적인 실행방법이다.)
오후 3:00 : 프로젝트 성과물 전시(일부 프로젝트는 완료되지 않을 수도 있으나 별문제 없다. 개별 팀들은 여전히 방법이나 목표에 관해 이야기할 수 있다.)
오후 4:30 : 마무리(도서관 직원이나 커뮤니티 대표인 패널이 최고의 프로젝트를 선정하는 경우, 포상을 하거나 즐거운 주말이었음을 피자와 음료와 함께 기념한다.

- 행사 당일 네트워킹과 협업 촉진 : 서로 아는 참여자끼리는 즉시 한 팀이 될 수 있는 친밀한 그룹을 형성할 수 있으며, 모르는 참여자끼리도 처음 만나 쉽게 팀을 이룰 수 있다. 팀은 핵(hack) 그룹에 내재된 공동체 의식을 지닌 몇 명으로 구성될 수 있으며, 가이드라인 없이도 협업할 수 있다. 행사 시작 전 아침 모임의 인사 시간에 커피와 베이글 또는 도너츠를 제공함으로써 어색함을 없앨 수 있다. 해커톤의 핵심은 네트워킹과 협업을 위한 기회를 제공하는 것이며, 유용한 어플리케이션, 웹사이트, 혹은 문제를 해결하기 위한 디지털 도구를 개발하는 것이다. 많은 참여자들이 동료애를 느끼거나 새로운 지식을 얻었다는 느낌으로 행사를 마칠 수 있다면 그 행사는 큰 성공을 거둔 것이다.
- 지속적 관계 유지 : 이상적인 해커톤은 참여자에게나 도서관에 코더(coder), 개발자, 기타 기술 그룹들을 위한 새로운 모임 장소를 만들어주는 시작점이다. 해커톤 후에 네트워킹을 위한 정기적인 모임을 마련하여 참여자들을 접촉하고, 단체와 개개인이 자신의 행사와 프로그램을 위해 도서관을 이용하도록 해야 한다. 도서관의 웹사이트나 블로그에 해커톤 프로젝트와 결과물을 아카이브하여 참여자들이 즐기도록 하고 그들의 프로젝트가 계속 활용되도록 하는 것도 좋은 방법이다.

오픈 메이크 행사

오픈 메이크(Open make)는 대중에게 큰 재미를 주고, 메이커들에게는 자유로운 놀이공간이 되는 곳으로 이용자들을 끌어들이는 효과적인 방법이다. 일주일에 하루 또는 하룻밤이 될 수 있는 오픈 메이크 행사 기간에 지역 주민들을 초청하여 예술, 공예, 디자인 프로젝트, 비디오, 게임 제작, 기계, 기술 프로젝트 중 자신의 작업에 필요한 메이커스페이스 자원이나 도구를

메이커 행사

제한된 시간 내에 사용하게 한다. 오픈 메이크 행사는 지도 학습(guided learning)과 사전에 구축된 목표나 결과가 정해져 있는 "프로그램" 행사가 아니라 도서관 직원의 적절한 관리로 이루어지는 이용자 주도적인 경험이다. 이용자들이 띠톱(band saw)과 드릴 프레스 작업을 흐트러진 자세로 느슨하게 하는 것을 내버려 두지는 않겠지만, 이러한 행사는 독립적인 창작의 자유를 즐길 수 있는 좋은 기회이다.

오픈 메이크는 이용자들이 정밀한 장비인 전동공구, 3D 프린터, 각인기, 레이저 커터, 혹은 레코딩 및 비디오 장비 등을 접할 수 있는 기회를 제공함으로써 공구와 장비에 대한 오리엔테이션 및 학습을 할 수 있도록 도움을 줄 수 있다. 특히 이용자들이 필수적인 사전 교육을 이수하는 경우, 특정 시간에 무료로 자유롭게 장비를 접할 수 있다는 것을 안다면 그렇게 할 가능성이 더 커질 것이다.

오픈 메이크는 Instructables.com 또는 Hackaday.com에서 찾을 수 있는 것처럼 물리적 해킹(hack)이나 프로젝트로 발전될 수 있다. Instructables.com은 여름에 여러 부상이 걸린 메이커스페이스 콘테스트를 개최한다. 이 콘테스트는 요리법부터 예술 프로젝트에 이르기까지 다양한 범주에서 가능한 많은 "방법(how-tos)"에 도전하여 전체 프로젝트의 수와 특색 있는 프로젝트의 수가 많은 메이커스페이스에 시상하는 행사이다. 이 행사는 재미있고 자유로우며, 도서관 메이커스페이스 커뮤니티가 참여할 수 있는 방법을 제공하며, 이 과정에서 도서관의 역할을 재조명할 수 있도록 해준다.

이와 비슷하게 해커데이(Hackaday)는 "세상을 변화시키기 위한 사회적 변화의 창조"에 대한 해커데이 부상(Hackaday Prize)을 수여한다. 1년 내내 열리는 연례 콘테스트로 도전하는 팀에게 "사람들의 삶에 영향을 미칠 수 있는 혁신적인 방안을 도출하기 위해 과학적, 디자인적, 기계적 능력과 하드웨어와 프로그래밍 지식을 활용하라."는 과업을 부여한다.[13]

제 6 장

메이커스페이스를 발전시키고 사람들이 익숙해진 공구를 더 많이 사용하면서 콘테스트와 프로젝트 행사는 성과 측정을 위한 자료수집뿐만 아니라 도서관에서 메이커 커뮤니티를 구축할 수 있는 방안을 제공한다. 도서관에서 창조된 모든 것은 메이커스페이스의 자랑이고 홍보방안이며, 향후 재원 및 지원을 확보하기 위한 성과이다.

대중문화 행사

대중문화(pop-culture) 행사에는 애니메(anime) 및 코스프레(cosplay) 페스티벌, 코믹콘(ComicCons; 컨퍼런스 혹은 컨벤션), 게임 행사, 밴드 배틀, 기타 유사한 페스티벌과 축하행사가 포함된다. 이들은 대부분 제한적인 리터러시 또는 교육적 가치를 지닌 오락적 경험이긴 하지만 그래픽 소설, 미술, 애니메이션, 음악, 관련 리터러시 기회 등과 효과적으로 연계할 수 있다. 예를 들어, DC Comic는 오래 전부터 공공도서관과 연계하고 있는데, 구체적으로 슈퍼맨과 배트맨의 75주년과 연계하여 관련 자료를 제공한다.[14] 또한 매년 5월에 전국의 도서관들은 만화책을 배포하고 관련 리터러시 자료를 제공하는 Free Comic Book Day(freecomicbookday.com)에 참여한다. 즉, 도서관 코믹콘은 용이하게 개최할 수 있는 행사이다.

도서관의 코스프레와 코믹(comic) 행사를 위한 대표적인 정보원으로는 Ellyssa Kroski가 운영하는 Cosplay, Comics, and Greek Culture in the

---

13) "Hackaday Prize 2017." *Hackaday*. Accessed May 29, 2017. https://hackaday.io/prize.

14) MacDonald, Heidi. "How to Throw a ComicCon at Your Library." *Publishers Weekly*. April 18, 2014. Accessed May 29, 2017. ww.publishersweekly.com/pw/by-topic/industry-news/comics/article/61940-how-to-throw-a-comic-con-at-your-library.html.

Library(ccgclibraries.com) 웹사이트가 있다. 그렇지만 앞 장에서 논의한 바와 같이 이러한 형태의 행사를 계획하기 전에 적절한 문화를 조성하는 것이 중요하다. 코스프레와 코믹에 초점을 맞춘 행사는 애초에 제대로 된 가이드라인이 마련되어 있지 않으면, 배타적이고 문제가 많은 부적절한 행사가 되기 쉽다. 도서관들은 한 동안 몇몇 문제를 다루기 위해 노력했던 메트로 콘(MetroCon)과 유사한 대형 대중문화 페스티벌의 각본을 참고할 필요가 있다.15)

플로리다 주 탬파 시에서 열렸던 대규모 애니메 및 코스프레 페스티벌 메트로콘은 의상 지침과 관련하여 공중품위법(public decency laws)을 인용하여 "모든 참가자들은 대중 앞에 나설 때 적어도 끈 수영복이 아닌 정도의 복장을 갖출 것"을 요구하고 있다. 이 컨벤션은 "어떤 방식으로든 다른 사람, 문화, 종교를 무시하고 불쾌하게 만드는 충격적인 의상"을 자제시키고 있다.

도서관은 초기에 가이드라인을 만들고 이를 지켜야 한다. 그러나 더 중요한 것은 코믹, 애니메, 코스프레 행사 개최에 관심을 가진 도서관들은 이러한 행사의 목적과 개최 이유가 무엇인지를 정해야 한다. 참여자를 위한 재미있고 창의적인 장소를 제공하고 사람들이 도서관을 다른 방식으로 바라보게 한다는 점은 괜찮지만 궁극적으로는 사람들이 도서관을 우호적으로 바라보게 하고, 대중문화 행사가 도서관의 임무와 목표를 달성하도록 해야 한다.

코믹콘, 애니메, 코스프레 행사를 함께 연계하는 것은 메이커 페스티벌이나 코딩 행사를 연계하는 것과 비슷하다. Innovation Lab의 관리자이자 St. Petersburg College Seminole Campus 도서관 사서인 Chad Mairn은 지난 3년간 도서관에 코믹콘 이벤트를 개최했는데, 다음의 유용한 팁을 공유한다.

---

15) "Rules, Policies, and Frequently Asked Questions." *MetroCon*. Accessed May 29, 2017. http://metroconventions.com/policies-faq-main/.

제 6 장

- 성공적인 코믹콘을 개최하는 데는 많은 돈이 필요하지 않다. 특별한 게스트를 위한 음식 제공에 도움을 줄 스폰서를 찾아라. 홍보를 해줄 수 있는 업체에 추첨 상품을 제공해달라고 요청하라.
- 다른 행사를 조직한 사람들에게 애로사항을 물어보고, 조언을 구하라.
- 일관된 브랜드를 창조하도록 하라. 사람들을 유도할 표지판을 갖추고 브랜드를 활용하라.
- 소셜미디어를 활용하여 자료를 최신화하라. 즉각적이고 공손하게 메시지를 보내고 댓글을 달아라. 소셜미디어는 훌륭한 홍보 도구이다.
- 언론보도 자료를 작성하여 행사 수 개월 전에 다양한 언론에 배포하라. 전단지 및 홍보 영상 활용도 좋은 방법이다.
- Google Docs와 같은 온라인 협업도구를 활용하여 모든 자료가 한 곳에 모이도록 하여 서로 최신자료로 작업할 수 있도록 하라.
- 사법기관, 소방서, 위험관리 부서 등과 긴밀하게 협조하여 행사계획을 알려 주어야 한다. 이들 기관은 도서관이 안전 수칙을 지키도록 할 것이다.
- 허가받지 않은 팬 아트(fan art)를 파는 업체들에 대한 정책을 수립하라. 사람들에게 필름을 상영을 할 수 있는 허가증도 마련한다. 참여자들과 업체들이 규칙을 인지하도록 동의서에 서명을 받아라. 어린이들의 의상 콘테스트에 관계자의 서명을 받아라.
- 업체와 참여자들에게 어떤 것이 효과가 있었고, 어떤 것이 그렇지 않았는지 설문지를 받아 그들의 조언과 비판을 따른다.
- 가능한 빨리 내년 행사 날짜를 파악하라.
- 준비위원회를 만들어 임무를 할당하라.

위에서 언급한 것이 외에 고려할 사항은 다음과 같다.

- 동네 만화 가게나 게임 상점은 행사에 많은 지원을 할 수 있고, 시민의 참여를 끌어들일 수 있다. 지역사회 작가와 아티스트들을 접촉하고, 지역

의 푸드 트럭 동원을 고려해야 한다. 행사가 공상과학 소설에 초점을 맞춘 경우, 대부분 커뮤니티의 501st Legion(501st.com)이나 스타워즈 의상을 즐기는 사람들에게 사전 통보를 하면 관련 행사에 참여할 것이다. 이런 형태의 행사에 가장 큰 해결과제는 사람들을 행사에 머물게 하려면 현장에 충분한 음식이 준비되어 있어야 한다는 것이다. 사람들이 식사를 위해 외부로 가는 경우에, 이들이 다시 돌아올 가능성은 낮다. 현장에 다양한 음식을 준비하는 것은 커뮤니티에 봉사를 하는 좋은 방법이자 행사에도 도움이 될 것이다.

- 행사에서 시도하는 것들이 처음이나 두 번째에도 제대로 이루어지지 않을 수 있기 때문에 유연함을 가지는 것이 중요하다. 다른 창의적인 프로그램과 마찬가지로 적응력과 개방적 태도를 갖는 것이 중요하다. 어떤 것은 계획대로 진행되고, 어떤 것은 그렇지 않을 수 있다. 모든 것을 첫 번째 행사에 하려고 하지 말고, 즐기고 단순하게 하는 것이 중요하다. 어떤 것을 유지하기 전에 두어 번 정도 시도해 본다고 생각해야 한다.
- 도서관 커뮤니티를 참여시키도록 해야 한다. 직원과 자원봉사자들을 포함한 모든 사람들이 즐거워야 한다. 정해진 기준 내에서 그들이 의상놀이에 재미있게 빠져들도록 부추기고, 관심을 보이는 창의적 활동과 프로그램을 운영해야 한다.

스팀펑크(steampunk)는 메이커와 리터러시가 밀접하게 연관된 장르로, 근본적으로는 빅토리아 시대, 공상과학, 판타지가 매시업(mashup)된 것이다. Jules Verne, H. G. Wells, 현대의 William Gibson, Bruce Sterling 등의 작가를 떠올려 보면 스팀펑크 의상은 가죽, 장치(gear), 놋쇠 장식으로 인해 무겁다. 코스프레처럼 쉽게 선을 넘어 부적절한 의상 제작이 될 수도 있다. 그렇지만 이 또한 가이드라인을 만들고 문화를 조성하면 스팀펑크 행사를 안전하고 재미있으며 포용적으로 만들 수 있다.

메이커스페이스의 특성을 부각시키는 방법은 행사 전 참여자들에게 도서관에서 의상과 소품 작업 기회를 제공하고, 참여자들이 만든 작품을 보여주는 기회로 활용하는 것이다. 여기에는 의상 바느질, 액세서리, 3D 프린팅 소품, 미술품 및 음악 창작 등이 포함될 수 있다.

다른 도서관 행사와 마찬가지로 이러한 형태의 행사를 개최하는 데 있어 목적을 분명히 하고, 도서관 직원과 자원봉사자뿐만 아니라 커뮤니티 구성원들을 포함한 좋은 기획 팀을 보유하여야 하며, 조기에 자주 홍보해야 한다.

기업가 행사

메이커스페이스 프로그램이 소규모 사업이나 기업가적 역량에 중점을 두는 경우, 1 Million Cups(1millioncups.com) 혹은 Alligator Zone(alligatorzone.org) 등의 행사가 적절할 수 있다. 1 Million Cups(1MC)는 "커뮤니티의 기업가를 교육하고 참여시키고 연결되도록 하는 국가적인 무료 프로그램"이다.[16] Kauffman 재단이 개발한 이 프로그램은 2016년 전국 100개가 넘는 커뮤니티에서 매주 수요일 아침에 열리며, 2,500여 명의 사람들이 참가한다. 이 행사에서는 매주 1백만 컵 이상의 커피와 함께 기업가들이 문제해결 방안을 도출하고 네트워킹하는 행사이다. 많은 도서관에서 1 Million Cups 행사를 개최하고 있는데, 대표적으로 텍사스 주 오스틴의 Westbank Library(1millioncups.com/austin), 사우스캐롤라이나 주 컬럼비아의 Richland Library, 위스콘신 주의 Madison Public Library 등이 있다. 1백만 컵 행사를 개최하는 데 관심이 있는 곳은 1millioncups.com으로 신청해야 하며, 신청이 받

---

16) "About 1 Million Cups." *1 Million Cups*. Accessed May 29, 2017. www. 1millioncups.com/about.

아 들여지면 다음의 기본적인 행사 수칙을 준수해야 한다.

- 약 20~30명을 수용할 수 있는 주간 미팅 장소가 있어야 한다.
- 신선한 커피가 제공되어야 한다.
- 미팅 룸에는 프로젝터, 스크린, 레코딩 장비를 구비하여야 한다.
- 매주 1 Million Cups 웹사이트 신청자 가운데 1개 또는 2개의 신진 지역 사업체를 선정하여 그들의 회사를 소개하고, 요구 즉, 재원, 파트너, 투자자, 애로사항 등을 지역사회 청중에게 발표한다.
- 각 사업체 창업자는 6분간 발표를 하고, 이후 20분간 청중과 질의응답 세션을 갖는다.

이러한 행사는 신규 사업체가 역사가 있는 사업체 및 잠재적인 투자자들로부터 지원받을 수 있는 수단이며, 지역 사업체가 네트워크를 형성하고 다른 지역 사업에 관해 배울 수 있는 훌륭한 방법을 제공한다. 도서관이 적당한 규모의 중소기업 커뮤니티에 봉사하고 있는 경우, 이러한 1백만 컵 행사는 메이커스페이스 프로그램으로 적절할 수 있다. 운영에 많은 도움을 받을 수 있다.

Alligator Zone은 비슷한 아이디어이지만 세대 간의 소통이라는 특징이 있다. 이는 도서관에서 개최되고, 사업체는 Alligator Zone 방식으로 어린이들에게 프레젠테이션을 한다. 2014년 플로리다 주에서 시작되어 지금까지 3개 주 10개 도시 공공도서관의 라이브 행사에서 100여 개의 스타트업(startup) 사업체들이 청소년에게 소개되었다. Alligator Zone은 스타트업 사업체들이 7세 어린이가 이해할 수 있는 수준으로 자신의 사업을 설명하고, 이들로부터 피드백을 받을 기회를 제공한다. 나아가 이 행사는 어느 연령대의 청소년이든 간에 사업 운영방식에 대해 이해할 수 있도록 도움을 주고, 영감을 얻을 수 있게 한다.

제 6 장

　Alligator Zone은 참여하는 청소년들에게 다양한 지도를 하여 이들이 행사를 독자적으로 운영할 기회를 제공하는데, 이는 교육적이고 경험적인 측면을 더해주는 것이다. Alligator Zone을 도서관에 도입하려면 alligatorzone.org으로 방문하면 된다.

　사업체 커뮤니티에 대한 서비스 제공을 원하는 도서관은 자체적인 "샤크탱크(Shark Tank)" 형태의 행사를 살펴볼 수 있다. 뉴저지 주 서머셋의 Bridgewater Library은 샤크탱크 컨셉의 "Teen Tycoons" 행사를 개최했다.17) 20명 이상의 학생들이 소품, 슬라이드, 기타 보조물 없이 독창적인 사업 컨셉 또는 기존 컨셉을 변형한 것을 심사단에게 1분간 발표하였다. 3명의 입상자들에게 지역 스폰서들이 부상으로 현금을 수여했다. 이러한 형태의 행사는 성인을 대상으로 한 행사에도 적용할 수 있는데, 특히 SCORE 또는 지역 소규모 사업체 관리사무소 등 지역 사업체 지원조직과 협력한다면 더욱 수월할 것이다.

피치 행사 기본사항

　앞서 언급한 기획을 위한 기본사항에 몇 가지 가이드라인만 추가하면 도서관의 피치 행사(pitch event) 개최에 활용할 수 있다. 코스프레와 코믹 행사의 성공이 인지도 있는 유명인사 초대에 좌우되는 것과 마찬가지로, 피치 행사의 성공 여부는 심사진에 좌우된다. 또한 피치 행사 심사진 구성은 커뮤니티의 네트워크 형성에 있어서도 매우 강력한 수단이다. 지역 사업체, 지적 재산 변호사, 상공회의소, 시민 대표자들을 피치 행사 심사진으로 충원하고, 다음의 사항을 결정하여야 한다.

---

17) Makin, Bob. "Bridgewater Library Hosts 'Shark Tank'-Like Teen Tycoons." *My Central Jersey.* May 3, 2016. Accessed May 29, 2017. www.mycen-traljersey.com/story/money/business/2016/05/03/bridgewater-library-hosts-shark-tank-like-teen-tycoons/83890102/.

- 피치 행사의 유형, 제품, 서비스, 커뮤니티 요구, 도서관 프로젝트을 결정하고, 어떤 형태의 부상(예, 현금, 트로피, 지역사회 전문가와 네트워크 형성 및 제품 개발 기회)을 수여할 것인지 결정해야 한다.
- 행사 기간, 가용 공간, 커뮤니티 지원 상황을 토대로 얼마나 많은 참여자를 수용할 것인지를 결정한다. 1 Million Cups 행사는 두 명 정도의 발표자가 자신의 아이디어를 약 20분 동안 발표한다. 1 Million Cups는 1시간 정도의 행사인데, 2시간 이상이 소요될 것 같으면 15분에서 20분간 피치 프레젠테이션과 15분간 질의응답 시간을 고려하여 참여자 충원계획을 수립해야 한다.
- 도서관 홍보뿐만 아니라 지역 모임을 통해서도 참여자를 충원한다.
- 지역 커뮤니티에서 심사진을 뽑는다.
- 참여자들이 미리 결정된 심사기준 및 규칙을 확실히 알도록 해야 한다. 몇몇 가이드라인 예를 들면, 무료로 활용할 수 있는 Logika Pitch Guide (logika-usa.com/pitchguide) 등을 참고할 수 있다. 심사규정을 사전에 공지하여 참여자들이 기준을 잘 알 수 있도록 해야 한다. 심사진은 다음 사항들을 살필 것이다.
  - 해당 아이디어가 실질적인 문제를 해결할 수 있는가? 해당 행사의 요점은 무엇인가?
  - 제품이 이용대상자와 협동하여 제작된 것인가? 도서관 메이커스페이스와 마찬가지로 문제 해결방안 개발에 이용자를 반드시 참여시켜야 좋은 아이디어가 나온다. 제품을 소개하는 사람은 문제 해결책을 찾기 위해 다양한 정보원을 접해보았다는 증거가 있어야 한다.
  - 제품의 목적이 분명한가? "이는 잡음이 아니라 신호에 관한 것이어야 한다."[18] 즉, Georgetown University의 홍보 담당자인 Liz Anderson은 "의미 있는 방향을 제공하고, 진실함이나 명료함을 살펴보며, 무엇보다 이해하기 위해 적극적으로 듣고 노력하는 것"은 심사진의 책임이다.

---

18) Makin, "Bridgewater Library Hosts 'Shark Tank'-Like Teen Tycoons."

제 6 장

"그것은 실제 우리와 관련된 것이 아니라 참여자와 소개하는 제품 자체에 관한 것이다. 이는 잡음이 아니라 신호에 관한 것이어야 한다." 라고 언급한다.
- 참여자들이 신청하기 전에 다음 사항을 인지하도록 해야 한다.
  - 자격 : 참여 자격 (예, 연령 제한이나 범주)
  - 저작권 침해 금지 및 독창적 내용에 대한 요구조건
  - 피치 형식 : 피치 소요시간, 프레젠테이션을 위한 가용 자원 등
  - 채점 방식 : 통상적인 피치 "데크(deck)"는 5~10개의 슬라이드로 구성되는데, 여기에는 사업계획과 벤처 아이디어를 포함한다. 채점에 가중치는 부여하는 한 가지 방식은 문제식별 정도, 마케팅 규모 정보포함 여부, 전반적인 제품생산 정보, 시장전략, 차별화, 팀 구성 및 전반적인 업무계획, 재정, 신용, 실현 가능성 등의 항목에 대해 비율을 조정하는 것이다.[19]

피치 행사가 한 사람의 우승자를 결정하는 1회 심사로 진행될 수도 있고, "플레이오프" 형태의 행사를 원하는 경우, 2회전 행사가 될 수 있다.

기타 특별 행사

도서관 커뮤니티의 참여를 이끌어내고 영감을 줄 수 있는 다양한 유형의 기타 메이커 유형의 행사에는 커뮤니티 서비스 프로젝트의 날, 사이멀캐스트(simulcast) 행사, 웨비나,[20] 로봇공학 대회, TEDxLibraries와 같은 프레젠

---

19) "Judging a Pitch Competition." *Beeck Center*. Accessed May 29, 2017. http://beeckcenter.georgetown.edu/judging-a-pitch-competition-tips/.

20) "Judging a Pitch Competition." *Beeck Center*. Accessed May 29, 2017. http://beeckcenter.georgetown.edu/judging-a-pitch-competition-tips/.

테이션 시리즈 등이 있다. 커뮤니티 서비스의 날은 도서관 또는 도서관 근처의 정원(텃밭)을 가꾸거나 기타 커뮤니티 개선 프로젝트를 시작하기 위한 공공 행사이다. 도서관이 A/V 프로그램을 계획하고 있거나 레코딩 스튜디오를 운영하고 있다면 도서관에서 녹화된 웨비나나 사이멀캐스트 행사도 재미있을 것이다.

청소년 로봇공학

소규모 청소년 로봇공학 대회나 전시가 4월 전국 로봇공학 주간(National Robotics Week) 행사와 연계될 경우, 매력적인 공공 행사가 될 수 있다. 도서관 규모에 따라 몇 개의 지역 팀들을 위한 소규모 *FIRST* LEGO League 경기 공간을 제공하고, 대중을 대상으로 행사를 열거나 6세에서 9세 아이들을 위한 미니 트레이드 쇼인 *FIRST* LEGO League Jr. Expo를 개

FIRST LEGO League Jr. 전시. *Theresa Willingham*

최할 수도 있다. *FIRST* LEGO League Jr. 행사는 개최하기 쉽고, 시간과 공간 투자 대비 높은 성과를 올릴 수 있는 도서관에 적합한 행사이다.[21]

FIRST LEGO 주니어 팀들은 소규모인 6명 이하의 학생들로 구성하고, 엑스포는 아이들이 만든 LEGO 모형과 연구 포스터를 테이블 위에서 발표하는 것으로 구성된다. 이러한 행사는 약 두 시간에 걸쳐 진행되며, 일반 대중뿐만 아니라 참여 학생 및 가족에게 친근하고 따뜻한 환대 경험을 선사한다.

해체

"분해" 행사로도 알려진 "해체(deconstruction)" 프로그램은 청소년과 모든 연령층의 사람들이 이미 고장나서 더 고장나는 것을 걱정할 필요가 없는 물건을 도구를 직접 해체하는 체험 기회를 제공한다. 메이커 사서인 Chuck Stephens는 "플로리다 주 파스코 카운티의 Regency Park Library에서 우리가 경험한 가장 재미있고 매력적인 프로그램 중 하나는 해체 행사이다."라고 말한다. "해체는 통제된 혼란(chaos)이다. 아이들에게 도구와 고장 난 전자로봇을 주고, 그것을 분해하게 한다. 우리는 아이들이 그 제품을 이해하도록 하고, 우리가 하는 일은 아이들이 안전하게 나가는지만 확인하는 것이다."

성공적인 해체 행사는 분해하기 좋은 것을 찾는 것, 적합한 도구를 지니는 것, 해체작업 잔여물을 적절히 처리하는 작업이 포함된다. Stephens는 아래와 같은 기본적인 가이드라인을 제공한다.

- 재미있게 분해할 수 있는 재료 수집 : "현대적 기기들은 경이로울 정도로 소형화되고 있어 분해하기에는 지루할 수 있다. 와이어로 연결되고 플라스틱 케이스에 놓인 녹색판 위의 초미니 SMD 부품들은 1980년대 VCR

---

[21] "Junior FIRST LEGO League." *STAR_Net*. Accessed May 29, 2017. www.starnetlibraries.org/portfolio-items/junior-first-lego-league/.

장치, 모터, 밝은 색깔의 회로판과 비교하여 아이들의 관심을 끌지 못한다." Stephens는 VCR, 복사기, 프린터, 팩스, 영사 TV, 유사한 물품 등 다양한 전자기계를 조달하고, 전기회로를 모터, 장치, 광학기기, 모든 종류의 움직이는 물체와 결합할 수 있는 것들을 추천한다. 이러한 행사는 낮 시간을 재미있게 보낼 수 있도록 해준다.

- 적합한 공구 보유 : Stephens 목록에는 나사(screw) 드라이버, 펜치, 와이어 커터, 가위, 망치, "장치들을 특이한 형태의 나사들로 접합시켜 주는" 시큐리티 비트(security bits) 및 헥스 비트 홀더(hex bit holder)를 포함하고 있다. 그는 충전식 나사 드라이버를 사용하지 않는 것을 선호하는데, 아이들이 수공구에 더 좋은 느낌을 받을 수 있기 때문이다. 수공구는 "아이들이 분해 목표뿐만 아니라 그 과정을 천천히 살피면서 집중하게 만든다." 고 말한다.

- 안전우선 실천 : 분해하려는 장치를 연구하여 적절한 계획을 세운다. Stephens는 해체 행사를 개최하려는 사서들의 의욕을 꺾는 것이 아니라, 안전 인식을 가지라고 권고한다. 낡은 후면영사 TV의 렌즈 조립부품은 미네랄 기름을 함유하고 있어, 미리 잘 처리하지 않으면 미끄러운 기름으로 범벅이 될 수 있다. 따라서 프린터, 복사기, 팩스로부터 잉크와 토너를 전부 제거하여 옷이 얼룩지고 부품이 엉망이 되지 않게 해야 한다. 유리, 거울, 렌즈가 깨져서 심각한 부상을 야기할 수도 있다. 톱니바퀴 열, 경첩, 벨트, 기계 연결 장치에 피부가 끼이거나 손가락이 골절될 수도 있다. 압착된 스프링과 가스 실린더를 소홀히 다룰 경우 심각한 부상을 야기할 수 있다. 낡은 TV와 기타 가전제품의 콘덴서는 사람을 사망하게 할 정도의 전류를 지닐 수 있다. 도구 안전과 적절한 보호 장치를 갖출 것을 설명하고 강조해야 한다.

Stephens는 분해는 시작일 뿐이라고 언급하며, 다음과 같이 말한다.

남겨진 부품들은 어떻게 할 것인가? 회로판, 유리, 금속은 재활용이 가능하지만 플라스틱은 다르다. 플라스틱 재활용에는 인력과 자원 집약적인 작업이 필요하다. 플라스틱은 석유제품이기 때문에 생산원가가 유가와 연계된다. 유가가 수년 동안 낮아졌다면 플라스틱 재활용은 새로운 플라스틱 제품생산보다 비용이 더 많이 들게 된다. 이는 아이들과 쓰레기 순환주기에 관해 토론할 경우 흥미로운 논점이 되겠지만, 아이들이 빈손으로 집에 가고 난 뒤 남은 플라스틱 더미를 떠안게 된다면 이 또한 현실적인 우려가 된다. 따라서 나름의 대책을 마련해야 한다.

오래된 전자제품은 더 크고 확인하기 쉬운 부품을 사용했기 때문에 조심스럽게 제거하여 재사용할 수 있어서 좋다. 모터, 스텝퍼 모터(stepper motors), 서보(servos), 디스플레이, 기타 시각 및 기계 부품들은 다른 프로젝트에서도 재사용할 수 있다. 해체 행사를 전자폐기물 재활용 회사와 협력하면 도서관과 해당 회사가 상생 할 수 있다.

수리 클리닉

해체와는 반대개념일 수 있는 수리 클리닉(Fix-It Clinics)은 창의적이고 유용한 방식으로 커뮤니티 요구사항을 처리하려는 도서관에게는 기회가 될 수 있다. 수리 클리닉은 "고장 난 물건을 분해하는 지도를 통하여 교육, 재미, 역량강화, 명료함을 제공하고, 궁극적으로는 계몽을 목표로 하는 것22)"으로 전국 도서관에서 열리고 있으며, 문자 그대로 참여자들의 역량을 강화하는 수단이 되고 있다. 이러한 아이디어는 주민들의 가전제품이나 물건을 수리해 주는 것이 아니라 주민 스스로 수리하는 방법을 가르치는 것이다.

---

22) "Our Mission/Contact Us." *Fixit Clinic*. Accessed July 25, 2017. http://fixitclinic.blogspot.com/p/bring-your-broken-non-functioning.html.

Austin Public Library는 현재 수리 클리닉 프로그램23)을 운영하고 있으며, 프로그램 제공을 위해 Austin Resource Recovery, Reuse Alliance, Texas Chapter, Skillshare Austin과 협력하고 있다. 이 도서관은 매월 첫째 토요일에 수리 클리닉을 열고, 매월 다른 형태의 수리 프로젝트 예를 들면, 옷, 소형 가전제품, 장난감 등을 도서관 이용자들이 자원봉사자들의 도움으로 고장 난 물건들을 수리하는 방법을 가르친다. 도서관에서 수리 클리닉 시작하는 방법에 관한 정보는 fixitclinic.blogspot.com을 방문하면 얻을 수 있다.

TEDxLibraries

TEDxLibraries 프로그램은 거의 모든 도서관에서 운영될 수 있다. 메이커스페이스 도서관에서 TEDx 행사를 개최하는 것은 사람들을 불러들이는 의미 있고 매력적인 방법이다. TEDx 행사는 TED talks의 지역 버전으로 독자적으로 조직되고 제작될 수 있다.

미국도서관협회(American Library Association)의 TEDxLibraries 페이지에는 "TEDx 행사는 도서관 정의를 확장시키는 역할을 하며, 사람과 자원을 함께 모으는 새로운 방법이다."라고 언급한다.24) TEDx의 계획과 실행은 "장서(collection) 개발에서 연결(connection) 개발"로 옮겨가는 것을 지원한다. 대부분의 TEDx 행사가 1년에 한두 번 열리는 반면, TEDxLibrary 행사는 주간, 월간, 또는 분기별로 반복해서 열린다. 도서관들은 TED 및 TEDx 필름을 보여주는 것은 물론, 지역사회 명사와 공연자를 출연시킬 수도 있다.

---

23) "Why Buy New? Fix What You Have! Fixit Clinics Coming to the Library's Recycled Reads Bookstore." *Austin Public Library*. Accessed July 25, 2017. http://library.austintexas.gov/press-release/why-buy-new-fix-what-you-have-fixit-clinics-coming-librarys-recycled-reads-bookstore.

24) "About TEDx and Libraries." *Libraries Transform*. June 10, 2013. Accessed May 29, 2017. www.ala.org/transforminglibraries/tedx-libraries.

제 6 장

도서관에서 행사를 개최하기 위한 TEDxLibrary 라이선스를 확보하려면 다음과 같은 사항을 준수해야 한다.

- TEDx 행사를 개최하는데 따른 규칙을 읽고 이해한다.[25]
- 명명 규칙을 준수한다. : TEDx(장소 이름)
- 라이선스를 신청하기 전에 행사 규모, 빈도, 지속 운영 및 제작 가능성을 지니고 있는지 판단한다.
- 모든 준비가 되면 TEDx.com에서 라이선스를 신청한다.

앞에서 언급한 행사 목록과 개요는 포괄적이긴 하지만 메이커스페이스 관련 프로그램으로 개최할 수 있는 특별 행사를 모두 다루지는 못한다. 새로운 이용자를 도서관으로 끌어들이고, 거기서 이루어지는 멋진 작업들을 보여줄 수 있는 행사 형태를 한정하는 것은 오직 상상력의 한계에 기인할 뿐이다.

---

25) "TEDx Rules." *TED.com*. Accessed May 29, 2017. www.ted.com/participate/organize-a-local-tedx-event/before-you-start/tedx-rules.

제7장 메이커스페이스 물품

제7장

메이커스페이스 물품

> 메이커스페이스는 소란스럽고, 지저분하며, 에너지가 넘친다. 흥분에 들떠 외치는 소리, 바닥에 엎질러진 페인트, 탁자 위에 떨어져 있는 납땜 부스러기, 기타 흐트러짐은 피할 수 없다. 이런 상황을 고려하여 메이커스페이스를 계획하여야 한다.
>
> — Morgan Gariepy, 아이다호 주 East Bonner County Library District 청소년 서비스 담당사서

도서관이 구성 면(예술 및 수공예에서부터 영화 제작 등에 이르기까지)에서 큰 규모로 변모함에 따라 메이커스페이스 작업 공구도 공간의 목적, 이용자의 요구 및 선호사항, 이를 이용하기 위한 적절한 공간 등을 고려해야 한다. 메이커스페이스 물품에는 다음의 두 가지 기본적인 유형이 있다.

1. 공구와 장비
2. 재료와 소모품

공구와 장비는 소비되는 것은 아니지만, 안전과 유지보수 때문에 잘 관리해야 한다. 재료와 소모품은 도서관 프로그램과 프로젝트를 통해 소비되므로 보충되어야 하는 물품들이다. 이들 두 가지 유형의 물품을 관리하는 몇 가지 방법들은 물품을 마련하고 난 후가 아니라 마련하기 전에 장비관리, 보관, 유지보수에 관한 계획을 세워야 한다.

제 7 장

첫 번째 유형의 장비에는 일련번호나 바코드를 부여하거나, 단순히 펙보드(peg board)에 개요를 올리거나, 공구함이나 캐비닛의 목록에 올릴 수 있다. 정기적인 유지보수나 안전장치, 예를 들어 날 덮개(blade guards), 전원 잠금장치, 안전실드 등을 필요로 하는 모든 장비에 대해서 유지보수 및 안전 검사 스케줄을 준비해야 한다. 두 번째 유형의 항목인 재료와 소모품은 정기적인 사용과 회전율이 소진되기 전에 보충해야 하기 때문에 보다 적극적인 물품 관리를 필요로 한다. 만약 공구를 빌려주려면, 대여하는 자원에는 그것을 고유하게 식별할 수 있고 해당 장비를 빌려 간 사람과 연계할 수 있는 일련번호나 식별부호가 있어야 한다.

다양한 유형의 공구와 장비를 살펴보고, 비용과 예산을 고려한다면, 메이커스페이스 구축을 위한 두 가지 가격 컬럼(column) 즉, "예산"과 "고급품"을 만들 것을 추천한다. 왜냐하면 장비 가격은 상호, 공급업체, 원산지, 모델 등에 따라 차이가 나므로 두 가지 가격 대비표를 만들면 예산 범위 내에서 구입할 수 있는 개별 공구나 장비를 고려할 수 있게 된다. 이 장에서 다음과 같은 사항을 살펴보기로 한다.

- 기본사항 : 사용 공간, 전력, 소음, 의도
- 수공구 및 전동공구
- A/V 프로그래밍, 직조, 미술, 3D 프린터 작업을 위한 전문 장비
- 대형장비
- 소프트웨어 및 하드웨어
- 공구 및 자원 대여
- 소재 파악과 물품목록 관리
- 관리

이 장에서 제시하는 것들은 기본적인 권고사항이며 상황에 따라 달라질 수 있다. 이상적인 것은 아니더라도 시설, 예산, 커뮤니티 요구 및 관심분야를 고려하여 최선의 결정을 하여야 할 것이다.

기본사항

기본사항에 관한 훌륭한 안내서로는 Adam Kemp의 *Makerspace Workbench*[1]가 있다. 이는 무료로 사용할 수 있는 *Make* 잡지의 도서로서 물리적인 메이커스페이스 요구사항과 관련된 세부 사항들을 PDF 파일로 받아볼 수 있다. 여기에서는 *Makerspace Workbench*에 나온 일부 내용을 활용하지만, 이 책을 읽고 도서관에 적용 가능한 팁과 아이디어를 얻을 필요가 있다.

또 다른 자원으로는 매사추세츠 주의 Somerville에 있는 규모가 크고 잘 구축된 공공 메이커스페이스인 Artisan's Asylum(artisansasylum.com)의 Gui Cavalcanti와 Molly Rubenstein이 개발한 15쪽 분량의 "Make a Makerspace Worksheet"[2]가 있다. Artisan's Asylum은 회원 기반으로 도서관 메이커스페이스와는 다른 모델로 운영되긴 하지만 메이커스페이스 개발에 관련된 많은 과정이 서로 유사하므로 참고할 수 있다.

이 워크시트는 본 서에서 여러 번 반복하는 기본적인 전제조건으로 시작한다. "이를 시작하기 전에 공간의 목표가 무엇인지를 먼저 알아야 한다. 왜 이것을 하는가? 이러한 과정과 공간에서 얻고자 하는 것은 무엇인가?" 이 워

---

1) Kemp, Adam. *The Makerspace Workbench*. Sebastopol, CA: Make:, 2013. Accessed May 31, 2017. www.farnell.com/datasheets/1895152.pdf.

2) Cavalcanti, Gui, and Molly Rubenstein. "Make a Makerspace Worksheet." *Artisan's Asylum*. January 2015. Accessed May 31, 2017. http://artisansasylum.com/wp-content/uploads/2015/01/Make-a-Makerspace-Worksheet-2014-05-07.pdf.

제 7 장

전기 사포. *Chuck Stephens*

크시트는 도서관 메이커스페이스의 목적에 대한 다양한 고찰과 요약 평가를 할 수 있도록 한다.

공간, 공구, 장비를 구축할 때 가장 먼저 고려해야 할 사항은 업무 장소에 따른 제약사항 속에서 메이커스페이스 자원을 어떻게 이용하게 할 것인가이다. 일단 포커스 그룹과 커뮤니티 자산 매핑으로 얻은 결과물(제2장)을 토대로, 구축하고자 하는 메이커스페이스 유형을 식별하였다면 메이커스페이스 내의 장비와 사람들을 가장 잘 배치할 수 있게 돕는 *Makerspace Workbench* 의 공구차트를 사용할 수 있다. 공구 선택 시 고려해야 할 사항은 다음과 같다.

- **시설 주안점** : 메이커스페이스의 목적은 무엇이며, 어떻게 정해졌는가? 그 것이 하향식이라면 어떤 것을 도입하든 다양한 이용과 관심분야를 해결할 수 있도록 가급적 다면적인 것이어야 한다. 이용자층을 고려하지 않았다면 거의 사용되지도 않는 장비에 지나친 투자를 하지 말아야 한다. 그러나

충분한 대화와 포커스그룹 분석을 통해 커뮤니티의 요구를 잘 알고 있는 경우, 이해당사자들에게 가장 가치 있고 유용한 공구와 장비 형태를 훨씬 더 잘 이해할 수 있을 것이다. 도서관 이용자에 대해 더 잘 알면 알수록 메이커스페이스를 보다 효과적으로 채울 수 있고, 투자 대비 더 많은 성과를 거둘 수 있다.

- 전력 가용성 및 분배 : 수공구 혹은 대규모의 전동공구, 3D 프린터, 레이저 커터, 재봉틀 또는 전력을 필요로 하는 기타 장비를 위한 충분한 전력을 갖추고 있는가? 도서관의 전력분배 시스템이 복합적인 전력 도출을 중요하게 처리할 수 있는가?
- 물리적 작업 공간 : Kemp는 다음과 같이 조언한다. "메이커스페이스의 수용 인원을 결정하는 좋은 법칙은 1인당 50평방피트, 대략 가로 7피트, 세로 7피트 면적을 배정하는 것이다. 이는 바닥 공간을 안전하게 사용할 수 있도록 하는데, 특히 참여자들이 실험실(lab) 환경에서 작업할 경우에 그러하다." 그리고 서로 다른 능력을 갖춘 이용자들에 대한 접근성도 고려해야 한다.[3]
- 소음 문제 : 메이커스페이스가 충분히 방음되지 않을 경우 그에 따른 계획을 세워야 하며, 그러지 못할 경우에 독서나 공부를 하고 있는 이용자 공간으로부터 격리시켜야 한다. 저소음 프로그램 계획이나 조용해야 할 시간과 겹치지 않게 소음유발 활동 시간대를 조절해야 한다. 반대로 메이커스페이스에서 소란스러운 작업이 진행되는 경우에는 조용한 도서관 활동을 계획하지 않아야 한다.
- 환기 : 환기에 대한 계획을 세워야 한다. 많은 도서관들이 이러한 문제를 겪고 있다. 만약 톱밥이나 기타 부스러기(금속껍질, 먼지, 연기나 유독가스, 플라스틱이나 직물 찌꺼기)가 유발되는 장비를 사용할 경우, 공간을

---

[3] Alper, Meryl. "Making Space in the Makerspace: Building a Mixed-Ability Maker Culture." *Annenberg School for Communication and Journalism*. March 2013. Accessed May 31, 2017. https://teethingontech.files.wordpress.com/2013/03/idc13- workshop _meryl-alper.pdf.

구축하는 동안 적절한 여과 및 환기 시스템을 설치해야 한다. 외부 환기 장치를 설치할 수 없는 경우에는 관련 장비에 부착시킬 수 있는 이동 가능한 독립 장치도 있다. 또한 컴퓨터 설계나 디지털 편집 및 A/V 장비 등의 민감한 장비를 배치할 경우, 먼지와 기타 찌꺼기들을 고려해야 하며 이들이 함께 배치되어서는 안 된다.

- 보관함 : 많은 도서관들의 사례와 같이(제3장 참조), 보관함은 계획 초기 단계에 고려해야 한다. 어디에 보관해야 할지 궁리하면서 3D 프린터 필라멘트, 금속 잠금장치, 흩어진 수공구들이 무릎까지 차도록 기다려서는 안 된다. 각 장비의 구성요소와 관련 자재 혹은 물품에 대한 보관함을 계획해야 한다.
- 안전 : 안전은 메이커스페이스 계획의 필수 요소이고, 메이커스페이스 문화에 매우 중요한 것이다. 9장에서 위험요소 관리에 대해 보다 면밀하게 살펴볼 것이나, 여기에서 언급된 메이커스페이스 계획 단계에 위험요소 관리를 메이커스페이스 문화의 핵심 요소로 삼기 바란다. 메이커스페이스에 안전표지를 충분히 설치하고, 안전장비 예를 들면, 잘 관리된 소화기, 보안경, 귀마개 및 구급상자 등을 갖추어야 하며, 오리엔테이션과 교육, 관련 문서 및 이용자 동의서 등을 구비해야 한다.

수공구 및 전동공구

플로리다 주 Pasco County Library Cooperative의 메이커 사서인 Chuck Stephens는 "모든 공구 구매의 전반적인 목표는 커뮤니티에 교육적이고 창의적인 표출수단을 제공하면서 가능한 많은 도서관 이용자들이 참여할 수 있게 하는 것이다." 라고 말한다. Stephens는 새로운 공구 세트를 구매하기 전에, 그에 관한 관심을 알아보기 위해 몇몇 관련 수업이나 워크숍에서 사전에 점검해볼 것을 권고한다. 그는 다음과 같이 말한다.

몇몇 도서관 이용자가 보석 만들기 수업 개설을 요청했을 때, 우리 분관 관리자는 최소한의 공구만으로 가능한 몇 가지 좋은 프로젝트를 찾았다. 이러한 프로젝트는 크게 성공했고, 이제는 보석 만들기와 관련된 공구를 폭넓게 주문하고 있다. 우리는 전자기기 수업에도 유사한 접근방식을 취하고 있으며, 잘 운영되고 있다. 도서관 이용자가 늘어나면서 공구 수집도 그에 수반되어야 한다.

기본적인 수공구(플라이어, 스크루 드라이버, 가위, 렌치, 해머 등)는 항상 모자라기 마련이다. 집단 작업을 할 경우에도 모든 사람이 동시에 바이스 그립 플라이어를 사용하려고 하기 때문에 모든 장비는 여러 개 구비해야 한다.

그렇다면 "모든 것"은 도대체 어떤 것인가? 메이커스페이스의 목적과 의도에 따라 약간씩 달라지겠지만, 대부분의 양호한 워크숍이 구비해야 할 몇 가지 기본적인 수공구 및 전동공구가 있으며, 그러한 워크숍이 갖추고 있는 기본적인 공구 물품을 구비하는 것으로부터 시작해야 한다. 이러한 과정에 도움이 되는 괜찮은 지침으로는 MakerEd사의 전자책인 *High School Makerspace Tools and Materials*[4])가 있다. 이 책은 예산에 맞게 기본적인 비용으로 전자 작업부터 목공 작업까지 다양한 유형의 메이킹에 필요한 여러 유형의 공구를 이해하기에 도움 되는 좋은 자원이다. 이 책은 몇 년 지난 것이긴 하지만 가격은 현 시세와 그리 차이가 나지 않으며 업데이트도 용이하다.

공구와 장비를 구입하는 데 있어 메이커스페이스 패키지 상점, 즉 메이커스페이스에 대한 원스톱 쇼핑을 제공하는 상점을 이용하는 것보다는 신뢰할 수 있는 상점이나 도매 공급업체로부터 물품을 따로따로 구매하는 것이 좋

---

4) *High School Makerspace Tools and Materials*. MakerEd. April 2012. Accessed May 31, 2017. http://makered.org/wp-content/uploads/2014/09/Maker-space-High-School-Makerspace-Tools-And-Materials-April-2012.pdf.

제 7 장

드릴 프레스, Pasco County Library makerspace. *Theresa Willingham*

다. 이미 패키지화된 솔루션은 대체로 불필요한 것들도 함께 묶여 있어 정상적인 소매가나 도매가보다 비쌀 때도 있다.

그러나 자주 이용하는 것에 대해서는 다른 입수방법을 찾거나 적은 투자를 하는 것이 바람직하지 않을 수 있다. Craiglist 목록을 살펴보거나 장비를 기증 받는 것도 도움이 될 수 있지만, 이런 경우에는 안전이나 유용성을 위해 입수하는 공구의 상태가 양호하고 제대로 작동되는지 확인하는 것이 중요하다. Stephens은 공구 구입에 치른 값만큼 이용가치가 있다고 말하며, 교육용으로 사용하는 경우에는 값싼 공구가 결코 싸게 사는 것이 아니라고 말한다.

Dremel, Dewalt, Bosch, Milwaukee와 같은 브랜드를 이미 알고 있는 데는 그만한 이유가 있다. 공공연하게 많이 이용하는 공구는 품질보증이 가능하고 오래 쓸 수 있는 유명 브랜드의 신뢰할 수 있는 공구를 구입하여야 한다. 모든 메이커스페이스는 각기 다른 요구사항, 환경, 이용자를 갖기 때문에 이러한 모든 메이커스페이스에 두루 맞는 공구나 자원에 대한 정확하고 완전한 목록은 없다는 것을 유념하여야 한다.

공구 구입에 있어 해당 공구의 용도를 고려하는 것이 중요하며, 이들 공구는 다음과 같은 광범위한 용도를 지닌다.

조립(assembling)	들어올리기(lifting)
절단(cutting)	측정(measuring)
마감(finishing)	압력/진공(pressure/vacuum)
성형(forming)	프린팅(printing)
융합(fusing)	지렛대(prying)
그립/홀딩(gripping/holding)	안전(safety)
가열(heating)	검사(testing)
이미징(imaging)	직물(textile)
임팩팅(impacting)	

〈표 7.1〉 용도별 공구

분류	용도	공구 이름
수공구	조립	소켓 세트(socket sets)
수공구	조립	토크 렌치(torque wrench)
수공구	조립	헥스키 세트(hex key sets), 임페리얼과 메트릭(imperial and metric)
수공구	조립	톡스키 세트(torx key sets)
수공구	조립	미니 헥스 드라이버(mini hex drivers)
수공구	조립	콤비네이션 렌치(combination wrenches) 메트릭과 인치(metric and inch)
수공구	조립	몽키 렌치(adjustable wrenches)
수공구	조립	스크루드라이버(screwdrivers) 플랫과 필립스(flat and Phillips)

수공구	조립	보석 스크루드라이버(jeweler's screwdrivers)
컴퓨터통제공구	절단	레이저 커터(laser cutter)
컴퓨터통제공구	절단	플라즈마 커터(plasma utter)
컴퓨터통제공구	절단	워터제트(water jet)
전자공구	절단	와이어 스트리퍼(wire stripper)
수공구 혹은 벤치파워 공구	절단	18V 전기드릴(18V electric drill)
수공구 혹은 벤치파워 공구	절단	충전 컷소(reciprocating saw)
수공구 혹은 벤치파워 공구	절단	플란지 라우터(plunge router)
수공구 혹은 벤치파워 공구	절단	드레멜(Dremel)

〈표 7.2〉 분류별 공구

분류	범주	공구 이름
컴퓨터통제공구	절단	레이저 커터(laser cutter)
컴퓨터통제공구	절단	플라즈마 커터(plasma cutter)
컴퓨터통제공구	절단	워터제트(water jet)
전자공구	절단	와이어 스트리퍼(wire stripper)
수공구 혹은 벤치파워 공구	절단	18V 전기드릴(18V electric drill)
수공구 혹은 벤치파워 공구	절단	충전 컷소(reciprocating saw)
수공구 혹은 벤치파워 공구	절단	플란지 라우터(plunge router)
수공구 혹은 벤치파워 공구	절단	드레멜(Dremel)
수공구 혹은 벤치파워 공구	절단	앵글 그라인더(angle grinder)
수공구 혹은 벤치파워 공구	절단	벤치 그라인더(bench grinder)
수공구 혹은 벤치파워 공구	절단	핫 나이프(hot knife)
수공구 혹은 벤치파워 공구	마감	벨트 샌더(belt sander)
수공구	조립	소켓 세트(socket sets)
수공구	조립	토크 렌치(torque wrench)

공구 자체는 다양한 방식으로 분류되고 범주화될 수 있지만 통상 아래와 같은 범주로 구분된다.

- 컴퓨터통제공구
- 전자공구
- 수공구
- 측정공구
- 수동 혹은 벤치전동공구
- 고전력공구
- 전문공구

Eureka! Factory는 장비 구입을 위한 예산 도구을 제시하고, 활용분야에 따른 공구를 정렬해 놓았다. 이를 통해 사서는 공구와 자원을 적절하게 배정하기 위한 방안을 알 수 있고, 이용자들의 요구사항을 충족시키기 위한 비용 대비 효과적인 공구의 조합을 결정하는 데 도움이 된다. 다음에서는 도서관 메이커스페이스를 위한 몇 가지 보편적인 범주를 살펴보고자 한다.

수공구

일반적으로 도서관 메이커스페이스에서 수공구를 사용하는 경우, 아래 물품은 반드시 갖추어야 할 것들이다.

- 콤비네이션 렌치 세트 : SAE(미국 자동차 기술학회 – 영국식 혹은 제국식 측정법으로도 알려진 – 인치 등) 사이즈 1/4인치 ~ 3/4인치, 미터법 사이즈 10mm ~ 24mm
- 소켓 세트 SAE 3/8인치 드라이브, 소켓 5/16인치 ~ 3/4인치

제 7 장

- 렌치류(wrenches), "크레슨트(crescent)" 렌치 6인치와/혹은 8인치 길이, 헥스 렌치 세트 SAE 5/64인치 ~ 1/4인치 미터법 1.5mm ~ 8mm
- 벤치 바이스 4인치 혹은 적어도 2개의 보다 큰 조(jaws)
- 장도리(Claw hammer)
- 다이얼 캘리퍼스(dial calipers)
- 플라이어(pliers)류, 슬립 조인트(slip joint), 니들 노즈 플라이어, 스퀘어 노즈, 잠금용을 포함
- 칼날을 접을 수 있는 유틸리티 나이프
- 플라스틱 혹은 목재 마이터 박스(miter box)
- 오픈 프레임 쇠톱
- 센터 펀치
- 유틸리티/EMT 가위, 직물 가위, 자수 가위
- 줄자 16' 이상
- 스틸 목수용 직각자 16인치 × 24인치
- 클램프, 바 클램프 24인치 이상, C-클램프, 90도/프레이밍 클램프, 3인치 ~ 4인치의 스프링 클램프
- 스테이플 건(staple gun), 헤비 듀티(heavy duty), 매뉴얼
- 와이어 브러시

전자공구

- 연필 납땜인두 30w
- 교체가능/호환성 표시가 되는 온도 조절 납땜 스테이션
- 스폰지가 달린 납땜 스탠드(보다 첨단의 납땜인두가 포함될 수도 있음)
- 작업하는 재료를 잡아주는 장치인 헬핑 핸즈(helping hands)
- 디지털 멀티미터
- 오실로스코프(oscilloscope), 2채널 이상, 500MS/s 이상

- 22~30 게이지 와이어용 와이어 스트리퍼(wire stripper)
- 대각선 플러시 커터(flush diagonal cutters)
- 납 흡착기(solder vacuum)
- 납땜하지 않은 브레드 보드(breadboard), "하프 사이즈" 400포인트
- 납땜하지 않은 브레드 보드, "풀 사이즈" 800플러스 포인트

전동공구

- 드릴, 유무선
- 하이앰프 실톱(high-amp jigsaw)
- 드레멜 공구세트(dremel tool sets)
- 핫 글루건(hot glue gun), 풀사이즈, "미니" 혹은 "수제품" 버전보다는 상업용
- 히트건(heat gun), 300w 이상

전문장비

    3D 프린터는 메이커스페이스 프로그램을 운영하고 있는 도서관에서 가장 익숙한 전문 장비이다. 도서관 메이커스페이스가 처음 시작되었을 때, 3D 프린터는 공급업체가 한정되어 가격이 비쌌으며 주로 메이커봇 제품이었다. 오늘날 공급업체는 수십 개에 이르며, 가격도 수백 달러에서 수만 달러에 이르기까지 다양하다. 예산이 된다면 유명 브랜드를 계속 사용할 수 있지만, 훨씬 싸고 믿을만한 신제품들도 있다. 메이커스페이스가 있든 없든, 대부분의 도서관의 경우, 3D 프린터를 메이커스페이스내에 반드시 설치할 필요는 없다. 가장 비용 효과적이고 신뢰할만한 몇 가지 기기로는 다음과 같은 것들이 있다.

- Prusa[5]
- XYZ Davinci와 Davinci Jr.
- Anet A8 (이 프린터는 조립해야 하지만, 다른 많은 프린터와 달리 전용 필라멘트를 사용하지 않아도 된다.)
- Monoprice MP Mini Delta 3D (본서를 집필하는 시기에는 아직 이용 가능하지 않았지만 이는 저렴하고, 조립되어 있으며, 고품질에 오픈 필라멘트를 사용한다[mpminidelta. monoprice.com].)

메이커스페이스가 의상제작이나 다른 목적으로 직물을 다룰 경우, 다음 품목들을 포함할 수 있다.

- 재봉틀(Janome 같은 튼튼한 상업 브랜드 제품)
- 톱니바퀴(serger)
- 실뜯개(seam ripper)
- 섬유 줄자(cloth tape measure)
- 자동 꺼짐 기능을 갖춘 스팀 다리미
- 입식, 접이식 다림질 판
- 가죽 펀치
- 스냅 세터(snap setter)
- 바느질용 송곳
- 자수 고리, 10인치와 6인치
- 대바늘 모음, 적어도 다른 사이즈로 4쌍

---

[5] "Original Prusa i3 MK2 Review: It Doesn't Get Any Better." *All3DP*. October 3, 2016. Accessed June 1, 2017. https://all3dp.com/original-prusa-i3-mk2-review-reprap-3d-printer-kit/.

메이커스페이스 물품

음향 및 영상 장비. *Chuck Stephens*

메이커스페이스에 비디오나 오디오 레코딩, 게임이나 애니메이션을 위한 A/V 스튜디오 영역이 있는 경우, 관련 편집 소프트웨어와 함께 아래 품목을 준비해야 한다.

- DSLR 카메라
- 스튜디오 캠코더
- 포토/비디오 스튜디오 조명 키트
- 스튜디오 카메라 삼각대
- 뮤직 키보드 워크스테이션
- 전자드럼 스테이션
- 블루레이 라이터(Blu-ray writer)
- 웹캠 C920
- 라펠 마이크크로폰
- 스튜디오 마이크로폰
- 마이크로폰 프리앰프 프로세서
- 프리미엄 12-input 2/2 믹서

- 스튜디오 스피커 시스템
- 오버이어(over-ear) 헤드폰
- 방음 폼(foam), 어쿠스틱 폼, 어쿠스틱 폼 코너 흡음패널 (밀폐 레코딩 영역을 마감작업하고 있는 경우)
- 4-채널 헤드폰 앰프
- 디지털 오디오 워크스테이션 및 MIDI 시퀀스 소프트웨어

예술 작업과 관련한 공구로는 다음과 같은 것들이 필요할 수 있다.

- 이젤, 테이블톱 및 플로어
- LEGO 벽재
- 고급 그래픽 편집 컴퓨터 및 관련 소프트웨어
- 실루엣 디지털 커터

요리법은 도서관 메이커스페이스에서 점점 더 인기를 끌고 있는 프로그램이다. 언뜻 보기에는 제공하기 힘든 프로그램인 것 같지만, 급수시설이나 도서관 휴게실에 대한 접근성이 있으면, 도서관 메이커스페이스에 요리 과정을 운영하는 것은 그렇게 복잡하지 않다. 추가적인 도서관 공간 조정 없이 사용할 수 있는 몇 가지 기본적인 장비는 다음과 같다.

- 더블-인덕션 쿡탑
- 싱글-인덕션 쿡탑
- 인덕션-호환 쿡웨어
- 조리기구 세트

이들 물품들은 사용하지 않을 때는 이동식 카트에 손쉽게 보관할 수 있다.

키트(kits)

도서관 메이커스페이스나 메이커스페이스 프로그램을 제공하는 도서관에서 애용하는 다양한 자원 및 프로그래밍 키트가 있다. 아래와 같은 물품들이 대표적이다.

- 리틀 비츠[6](LittleBits)
- Bare Conductive(bareconductive.com) (인터랙티브(interactive) 물건을 만들기 위한 좋은 방법)
- Boldport(boldport.club) (영국의 회원가입형 전자제품 모방)
- Micro:bit(microbit.org), (영국 아동들이 코딩을 시작할 수 있도록 하기 위한 BBC의 선도 계획(micro:bit 보드는 네덜란드와 아이슬란드에 도입될 것이나 미국과 아시아에는 이후 확대될 것이다))
- 메이키 메이키(MaKey MaKeys)
- 스냅 서킷(Snap Circuits)
- Ozobots
- 큐브로봇(Cubelets)

대형장비

대부분의 도서관 메이커스페이스에서 3D 프린터나 테이블 톱 레이저 커터보다 더 큰 공구를 보유하는 경우는 드물지만, 간혹 더 큰 장비가 필요할 수

---

6) Graves, Colleen. "The Librarians Guide to STEAM." *EDU Librarians Guide*. March 2015. Accessed May 31, 2017. https://d2q6sbo7w75ef4.cloudfront.net/EDU-Librarians Guide-V1-7.pdf.

제 7 장

도 있다. 이러한 장비를 구입해야 한다면 커뮤니티에서 분명하고 강한 요구가 있는 경우이다. 이해당사자들로 부터 충분한 피드백을 얻고, 이들과 포커스 그룹을 수행했다면 메이커스페이스에서 대형 장비에 예산을 투자할 수 있을지, 또는 해야만 하는지를 알 수 있다.

Chuck Stephen는 "대형 공구에 대한 투자의 경우, 이용성 vs 학습곡선 vs 가격 vs 안전요소에 대한 복잡한 고민이 필요하다."라고 언급하면서 다음과 같이 말하고 있다.

어느 누구도 CAD를 배우는데 관심이 없다면 최첨단 3D 프린터는 거의 쓸모없다. 목공반은 법적 책임문제로 인해 변호사들이 폐쇄 요청할 때까지 엄청나게 인기가 있다. 얼마나 많은 사람들이 새로운 재봉 센터가 아닌 레이저 커터로부터 혜택을 받게 될 것인가? 모든 공구 구매는 다양한 목표를 달성할 수 있도록 "안전 영역" 내에 들어가야 한다. 이는 현실적인 도전과제이다.

대형장비에는 다음과 같은 것들이 포함될 수 있다.

- 플로어 드릴 프레스(Floor drill press)
- 테이블 톱(Table saw)
- 밴드 톱(Band saw)
- 선반(Lathe)

이러한 유형의 장비는 이용 감독, 훈련, 정기적인 모니터링 및 유지보수가 필요하다.

메이커스페이스 물품

소프트웨어 및 하드웨어

메이커스페이스가 음악, 영화제작, 애니메이션, 게임 디자인, 그래픽아트, 디지털 디자인 등에 관한 프로그램과 자원을 갖추어야 하는 경우, 최소한 다음과 같은 물품을 갖추어야 할 것이다.

- 고성능 PC/랩톱(PC/laptop)
- 비디오 편집 PC/랩톱
- 3D 제작 소프트웨어
- 27인치 비디오 모니터
- 컬러 이미지 스캐너
- GarageBand (Mac)
- Acoustica Mixcraft (Windows)
- Gimp(free version of Photoshop)
- Corel Painter
- Artweaver
- Autodesk SketchBook Express
- Manga Studio 소프트웨어

공구 및 자원 대출

도서관에서 책이나 비디오를 빌려주는 것처럼 메이커스페이스에서도 공구와 자원을 대출해 줄 수 있다. Public Library Association은 일반적인 도서 관련 대출 자료가 아닌 비전통적인 자원 대출에 관한 괜찮은 지침을 갖고 있다.7) 해당 지침에는 Wi-Fi hotspots, 씨앗 도서관, 수공구, 주방 공구, 가전제품 같은 것들이 포함되어 있다.

캘리포니아 주의 Berkely Public Library(berkeleypubliclibrary.org/borrowing-tools)는 캘리포니아의 Oakland Public Library8)와 마찬가지로 공구 대출 도서관을 운영하고 있는데, 대출 가능한 공구만 약 5,000개가 넘는다. 도서관 회원증을 가지고 있는 지역주민들은 정원관리 공구부터 콘크리트 및 석공 공구 등에 이르기까지 어디서든 3~7일 동안 공구를 대출할 수 있다. 물론 공구를 대출해주는 경우, 고려해야 할 사항들이 있다. Share Starter(sharestarter.org/tools/)는 공구 대출을 시작하려는 도서관을 위한 정보를 가지고 있으며, LocalTools.org는 메이커스페이스 물품을 추적하고 유지 보수하는 것을 돕는 관리 소프트웨어를 제공한다.

또 다른 대출 시스템으로는 캔자스 주 Overland Park에 있는 Blue Valley School District에서 "Tinker Tubs"9) 라 불리는 모바일 키트가 있다. 이 모바일 메이커스페이스 키트는 해당 학군의 도서관을 통해서만 대출이 가능하다. 학교도서관 사서들은 이러한 이동식 통(tub)을 한 번에 2주 간 대출할 수 있고, 향후 구입이나 기존의 메이커스페이스 공구를 보완하기 위한 목적으로 활용한다. 바퀴가 달린 각 통에는 기술관련 공구(Sphero 로봇 키트, 가상현실 헤드셋 및 관련 장비, 코딩 도구 및 자원 등), 매뉴얼, 물품 목록, 배터리를 포함한 필수 물품이 포함되어 있다.

---

7) "Nontraditional Circulating Materials." *Public Library Association.* April 14, 2017. Accessed June 1, 2017. www.ala.org/pla/resources/tools/circulation-technical-services/nontraditional-circulating-materials.
8) "Tool List and Lending Guidelines." *Oakland Public Library.* Accessed June 1, 2017. www.oaklandlibrary.org/locations/tool-lending-library/tool-list-lend- ing-guidelines.
9) Munson, Becca. "Tinker Tubs: District-Wide Mobile Makerspaces." *Knowledge Quest.* May 22, 2017. Accessed June 1, 2017. http://knowledgequest. aasl.org/tinker-tubs-district-wide-mobile-makerspaces.

Becca Munson은 Knowledge Quest 잡지의 기사에서 키트에 관해 다음과 같이 기술한다. "사서들은 한정된 예산으로 많은 기술 공구를 구입하고자 한다. 따라서 이 통(tub)을 이용한 다음에 이용성, 편의성, 통합 가능성을 토대로 공구들을 구매할 수 있다. 그리고 다양한 수준에 맞는 도구를 제공함으로써 사서들이 자신의 수준에 맞는 최선의 공구를 결정할 수 있다."[10]

이러한 아이디어는 공공도서관의 분관에서도 효과적일 수 있다. 키트를 대출하는 도서관의 가장 큰 해결과제는 지속적으로 물품들을 추가하고, 관리하는 것이다. 다음 절에서는 이러한 물품의 소재를 파악하고 관리하는 것에 대해 논의할 것이다.

소재파악 및 점검

필요한 물품들을 갖추었다면 도구와 장비뿐만 아니라 관련 소모품에 대한 소재를 파악하고 유지 보수해야 한다. 소모품은 사용하여 없어지는 것으로, 3D 프린터 필라멘트, 조임쇠, 실 등이 해당된다. 바느질 실이나 색연필처럼 쉽게 손실되거나 사용해서 없어지는 것들도 포함된다.

Chuck Stephens는 "날(blade), 비트, 사포, 광물성 알코올, 땜납, 실 등의 모든 것에 돈이 들어가며, 그 모든 것이 합산된다." 라고 말하며 다음과 같이 언급한다.

> 3D 프린터는 매력적이지만 필라멘트에 대한 예산을 수립하지 않았다면, 그냥 이야기거리에 지나지 않는다. 목공반을 운영한다면 사포, 못, 나사못, 니스, 접착제, 페인트, 비트, 날이 필요할 것이고, 이 모든 것들은 닳거나 사용

---

10) Munson, "Tinker Tubs."

해서 없어진다. 이용자에게 공구 이용시간을 제한하거나 3D 프린터 필라멘트 그램 당 사용료를 부과할 것인가? 기증 받은 하드웨어와 페인트는 누가 정리할 것인가? (기증 받는 하드웨어와 페인트가 있을 것이다. 어떤 것을 재활용하고, 처분할 것인지, 실제로 사용할 것인지를 아는 것이 중요하다.) 기존의 예산계획에 정기적인 소모품 구입을 어떻게 포함시킬 것인가?

Stephens는 공공, 개인, 단체 소유의 도구나 버려진 공구 이용에 대한 정책을 세울 것을 조언한다. 그는 "어떤 공구가 분실되었을 때, 누가 그것을 이용하였는지 확인하는 것은 이미 늦었다."고 말한다.

기증받는 공구에 관한 문제는 공공이나 민간 메이커스페이스 모두에게 공통된 사안이다.[11] Tampa 지역 메이커스페이스는 마치 공구 피난처인 것처럼 일상적으로 공구와 장비의 기증을 받는다. 어떤 면에서 이것이 인상적일 수 있지만 한편으로 문제가 될 수도 있는데, 그 이유는 기증 받은 공구가 멀쩡한 것일 수도 있고, 메이커스페이스에 쓸모없는 것일 수도 있기 때문이다. 도서관은 안전과 신뢰성 모두를 고려하여 장비가 양호한 상태인 것을 확인하는 것이 중요하다.

따라서 사전에 기증 정책을 마련하는 것이 중요하다. 예를 들어, 위스콘신 주 Appleton Makerspace(appletonmakerspace.org/donations/)는 필요한 물품에 대해 명확한 목록과 기증 절차를 온라인에 게시하고 있다. 무엇을 수령할 것인지에 대해 조기에 결정하고, 메이커스페이스에서 기증품을 받는 것에 대한 것과 원하지 않은 기증품에 대한 거절 및 처분 정책을 마련해야 한다.

Johnson County Public Library System(jocolibrary.org/makerspace)은 이용자가 메이커스페이스 공구를 온라인에서 쉽게 예약하고 이용자를 추적

---

11) List, Jenny. "The Complex Issue of Hackspace Donations." *Hackaday*. April 14, 2017. Accessed June 1, 2017. http://hackaday.com/2017/04/14/the-complex-issue-of-hackspace-donations/.

할 수 있게 하는 물품 및 메이커스페이스 예약 관리 시스템을 갖추고 있다. 이 도서관은 Springshare(springshare.com)의 솔루션을 구입하였고, IT부서가 장비의 예약과 보유물품 관리를 한다. 메이커스페이스 관리자인 Meredith Nelson은 모든 것은 양호하고 안전한 상태로 유지하여야 하므로 장비 교체 계획 일정도 추가하였다고 언급했다.

최근에 Demco사는 수많은 도서관이 행사, 프로그램, 공간 관리를 위해 사용하는 시스템을 개발한 회사인 Evanced(evancedsolutions.com)사와 합병되었으며, 새로운 도서관 메이커스페이스 관리 툴을 개발하고 있다.

중요한 것은 서류나 바코드, 특정 시스템 등을 활용하여 장비를 관리하고, 이용과 관리를 꾸준하게 체크하여야 이용 상태를 파악할 수 있고, 장비를 적절하게 관리할 수 있다는 것이다.

관리

일단 공구와 장비를 확보하고 나면 이들을 관리하는 것과 더불어 이들이 비치된 공간도 관리해야 한다. 다음과 같은 물품이 관리에 필요한 것들이다.

- 작업장 진공청소기
- 표준적인 바닥 진공청소기
- 빗자루 및 쓰레받기
- 이동식 혹은 빌트인 환기장치

다음으로는 장비 수명, 안전, 이용자 만족을 위해 직원과 이용자가 준수해야 할 정기적인 관리 계획을 수립해야 한다. 이는 코드에 칼자국이 나지 않

제 7 장

았는지, 칼날의 이가 빠지거나 부러지지 않았는지 등의 모든 것이 양호한 상태인지 점검하는 것으로 주기적으로 간단하게 체크할 수 있다. 미 연방직업안전보건국(OSHA)12) 같은 전문 집단에 의뢰하거나 우수 사례를 활용하여 장비 상태를 정기적으로 평가할 수도 있다. Choose Hand Safety 웹사이트는 수공구를 위한 "안전 점검 체크리스트"를 제공한다.13) 해당 체크리스트에 포함된 내용은 다음과 같은 상식적인 주의사항들이다.

- 공구가 본래 용도에 맞게 사용되고 있는지를 확인하라. 이용자들이 해당 작업에 적합한 공구를 사용하고 있는지를 확인하라.
- 공구들이 잘 수리되어 있고 필요할 만큼 날이 서 있으며, 이가 빠지거나 지나치게 닳아 있거나 금속피로도가 발생하지 않았는지 매일 혹은 적어도 매주 점검하라.
- 공구를 사용 정도에 따라 정기적으로, 가령 매월 혹은 분기별로 청소하고 날을 세워라.
- 손상, 결함 혹은 낡은 공구는 제거하거나 꼬리표를 붙이고, 신속하게 수리하거나 교체하라.
- 작업공간의 조명을 정기적으로 확인하여 전기가 들어오지 않거나 깜빡이는 전등이 없도록 하라.
- 공구가 날카로운 모서리와 뾰족한 끝이 감싸진 상태로 제자리에 올바른 방법으로 보관되고 있는지, 여기저기 흩어져 있어 사람 머리에 떨어질 수 있는 높은 작업공간에 놓인 공구들이 없는지 반드시 확인하라.

---

12) *Hand and Power Tools*. U.S. Department of Labor/Occupational Safety and Health Administration. 2002. Accessed May 31, 2017. www.osha.gov/Publica-tions/ osha 3080.pdf.
13) "Safety Walkaround Checklist: Hand Tools." *Choose Hand Safety*. 2001. Accessed June 1, 2017. www.choosehandsafety.org/sites/default/files/docs/walk_around_checkl ist_-_hand_tools.pdf.

적절한 청소

도서관은 메이커스페이스 공구를 사용하는 도서관 이용자들이 작업을 끝내고 나가기 전에 그들이 사용한 공구와 공간을 깨끗이 청소하도록 안내해야 한다. 야외의 "흔적을 남기지 마라." 는 표현은 메이커스페이스에서도 매우 적절하다. 공구와 작업공간이 사용된 후에 기본적인 청소가 되어 있지 않다면, 그 이용성과 유용성은 저하될 것이다. 이용빈도에 따라 공구와 장비를 어디서든 일주일에 한 번이나 적어도 한 달에 한 번은 철저하게 세척해야 한다. 많이 이용되는 자원들은 소독도 해야 한다. 대부분의 물품 청소는 아주 단순한 방식이다. 즉, 찌꺼기나 핸드 오일을 물로 씻거나 닦아내고, 적절한 살균제 처리를 하는 것이다. 공구 사용자들에게 사용 후 청소할 것을 안내하는 한편, 작업 공간 전체의 청결과 정돈을 책임지는 핵심 자원봉사자 그룹을 활용하는 것도 좋은 생각이다.

LEGO의 세탁

도서관 LEGO(장난감이면서 공구인)는 세척이 간과되기 쉬운 것으로, 대부분의 도서관에서 그렇게 자주 세척하지 않고 있다. 이를 청소하는 방법으로는 몇 가지가 있다. 일부 사서들은 뜨거운 물이 든 통에 베이킹 소다 반 컵과 식초 반 컵을 넣고, LEGO를 담가 씻은 다음 헹구고, 수건 위에 가지런히 펴서 말리기를 권고한다. 그렇지만 Chuck Stephens는 계획적이고 노동력이 많이 들지 않는 방법을 활용하라고 하면서 다음과 같이 말한다.

나는 6주~8주 간격으로 LEGO를 세척한다. 이들을 모두 분리하고, 두 겹 그물망에 담아 세탁기에 넣고, 세제를 조금(의류를 세탁할 때 사용하는 양의 약 1/4쯤) 첨가하여 세척한다. 나는 두 세트의 두 겹 그물망을 사용하는데,

제 7 장

그래야 세탁 부하가 균형을 이룬다. 세탁을 한 다음 시트 위에 그것을 펴서 햇볕에 말리는 과정에서 몇 번 뒤집어 준다.

수공구

수공구의 경우, 이용빈도에 따라 1년에 몇 번 권장되는 세척 제품(예, Lestoil, Pine-Sol)으로 청소하거나, 살균 물티슈로 닦을 수도 있다. 어떤 방식이든 이후에는 와이어 브러시를 사용하여 녹 찌꺼기를 제거하고, 완전하게 건조시키고, WD-40을 살짝 뿌린 다음 깨끗한 천으로 닦아준다. 목재 손잡이는 아마인유 천으로 닦을 수 있다.

전동공구

코드가 칼로 베이거나 파손된 곳은 없는지, 케이스나 프레임이 금이 간 곳은 없는지를 파워 타월로 확인하고, 살균 물티슈로 닦은 다음, 필요한 만큼 기름칠을 하여야 한다. 이용자들이 전동공구를 사용한 후에는 매번 닦도

레고. *Chuck Stephens*

록 해야 하며, 공구 주변 바닥을 항상 빗질하여 찌꺼기가 없도록 청소하도록 안내해야 한다.

  다음 장에서는 메이커스페이스 운영을 가능하게 하는 직원과 자원봉사자, 커뮤니티 이해관계자 등에 대해 다루고, 메이커스페이스 성공방안에 대해 살펴보고자 한다.

제8장 메이커

메이커

> 여러분이 모든 것을 할 필요는 없다. 여러분이 잘 할 수 있는 것을 하고, 나머지는 그냥 두면 된다. 여러분이 속해있는 커뮤니티를 이용하라. 나 자신이 모든 일에 전문가가 될 필요는 없다. 거기에는 이미 다른 누군가가 있기 때문이다.
>
> — Rasheil Stanger, Valley of the Tetons Library, Idaho

메이커스페이스에서 중요한 것은 공간이 아니라, 그 공간을 이용하는 사람이다. 메이커스페이스는 그 공간의 운영자, 강사, 멘토, 관리자, 이용자들이 함께 만들어가면서 공유하고, 서로의 창의력과 경제적인 역량 강화에 영감을 부여하는 곳이기도 하다. 사람이 없는 메이커스페이스는 아무런 가치가 없다. 그냥 공간일 뿐이다. 이용되지 않는 공구가 단순한 금속, 플라스틱, 고무 덩어리인 것처럼 말이다. 도서관 메이커스페이스에 있는 많은 공구와 자원 중에서 메이커(Maker)보다 중요한 것은 없다. 그 공간을 유지하는 직원과 자원봉사 메이커, 공간을 이용하는 이용자 메이커 모두가 중요하다.

인적 자본은 메이커스페이스의 심장이며, 육성하고 개발해야 할 가장 중요한 부분이다. 메이커스페이스를 이용하는 사람들에 대한 시간투자나 교육 노력, 지원, 정성이 클수록 도서관은 메이커스페이스에 대한 주인의식과 커뮤니티에 대한 자긍심을 갖게 되고, 나아가 더 많은 재정적 및 정서적 지원을 확보할 수 있다. 본 장에서는 다양한 유형의 사람들에 대해 살펴보는데, 이들은 적절한 훈련, 지원, 자율성을 갖추고 있으며, 메이커스페이스를 효과적이고 즐거운 공간으로 만든다. 다양한 유형의 '사람들'에는 다음과 같은 메이커들이 포함된다.

- 직원 메이커
- 자원봉사 메이커
- 이용자 메이커
- 커뮤니티 메이커
- 재정지원 메이커

위에 대한 사항을 살펴보고 난 뒤에 관련성 높고 즐거운 프로그램을 만드는 방법을 간단하게 소개하고자 한다. 우선 직원들을 메이커 문화에 참여시키고, 이를 즐기고 메이커스페이스에 도움이 될 수 있도록 하는 방법부터 살펴보겠다.

직원 메이커

앞서 출간한 『*Makerspaces in Libraries*』에서 다음과 같이 기술한 바 있다.

> 도서관 사서는 메이커 문화를 받아들이기 전에, 먼저 메이커 문화를 이해해야 한다. 도서관의 경우, 직원들에게 창의적인 프로그램을 개발할 수 있도록 기회를 제공하고, 이들이 가지고 있는 기술과 관심분야를 발견하여, 이를 바탕으로 사서가 자신감과 열정을 갖고 도서관 프로그램에 활기를 불어넣고, 그 과정을 즐길 수 있도록 해야 한다.[1]

---

[1] Willingham, Theresa, and Jeroen De Boer. *Makerspaces in Libraries*. Lan-ham, MD: Rowman & Littlefield, 2015, 69.

현재의 사서들은 "메이커 문화"가 낯설지 않겠지만, 이제 막 메이커스페이스를 받아들인 도서관이라면 모든 사람, 특히 직원들은 무엇이 왜 진행되고 있으며 그 과정에 자신이 얼마나 중요한지를 이해할 필요가 있다. 도서관뿐 아니라 어떤 프로그램이라도 직원의 참여는 중요하지만, 더 중요한 것은 직원들이 스스로 무슨 일이 진행되고 있는지를 이해하고 즐겁게 참여하는 것이다.

메이커 경험의 본질은 즐겁게 창조한 창작물을 공유하는 커뮤니티에 바탕을 두고 있다. 사람들이 사서가 책에 대한 전문가이길 바라고 독서와 책을 좋아하길 기대하는 것과 마찬가지로 메이커스페이스의 사서들은 그 공간에서 공유되는 창조적 경험을 안내하고 함께 즐겁게 시간을 보낼 수 있도록 창의적인 사람이 되어야 한다.

메이커 문화

사서들에게 메이커 문화를 소개하는 좋은 방법 가운데 하나는 그들이 이미 메이커라는 것을 알려주는 것이다. 직원들이 휴식하고 있거나 독서를 하고 있지 않을 때, 실제로 무엇을 하고자 하는지 살펴보는 것도 좋은 생각이다. 어떤 이들은 보드 게임, 카드 게임, 비디오 게임을 즐기는데, 그래픽 아트에 대한 지식과 애정이 있을 수도 있고, 디지털 스토리텔링, 애니메이션, 게임 이론, 게임 만들기 등을 즐길 수도 있다. 또 어떤 이들은 퀼트(quilting), 뜨개질, 조각, 장신구 등 수공예를 좋아할 수도 있고, 동아리나 단체에 가입된 사람도 있을 수 있다. 또 영화광도 있을 것이다.

휴일에 직원들이 무엇을 하는지 알아보고자 한다면, 반드시 해야만 하는 업무에서 삶의 관심사로 화제를 옮겨가며 토론을 해보면 알 수 있다. 요점은 "무엇을 읽고 싶으세요?" 뿐만 아니라 "무엇을 하고 싶으세요?" 라는 질문을 하고 질문을 받게 만드는 것이다. 도서관 직원들의 창의적인 능력과 관심을 인지하

제 8 장

고 존중하는 것은 도서관 내 메이커 문화를 만드는 데에 매우 중요한 부분이며 도서관 문화에 대한 인식을 바꾸는 첫걸음이다. 메이커 문화를 조성하지 않고서는 효과적이고 지속 가능한 메이커스페이스를 만들 수 없음을 알아야 한다. 이 두 가지는 서로 밀접하게 연관되어 있는 것이다.

직원 개발

직원 메이커 프로그램은 직원 개발의 좋은 방법이다. Eureka! Factory는 메이킹에 대한 다양한 직원 개발 강좌를 운영 중이며 우리가 조사한 도서관 시스템 중 가장 인기 있는 직원 개발 프로그램을 운영하고 있다. Madison Public Library의 Holly Storck-Post는 직원을 대상으로 한 메이커 프로그램 운영의 이점 즉, 전문성 개발 과정에 직원을 참여하게 함으로써 얻을 수 장점 4가지를 다음과 같이 소개하고 있다.

- 지지 : Storck-Post는 청소년 서비스 지지를 가리키고 있으나, 직원을 위한 메이커 프로그램은 모든 부서로부터 지지를 이끌어내는 한 형태로서 이를 통해 개개 직원들이 본인의 일과 메이커 프로그램이 어떤 관련이 있는지 알 수 있게 하고, 어떤 사서나 부서도 소외되지 않도록 하는 효과가 있다.
- 마케팅 : 도서관 직원이 메이커 문화, 목표, 메이커스페이스 개발 의도를 이해하면 그 가치와 장점을 이용자에게 더 잘 설명할 수 있다.
- 팀 개발 : 메이커 프로그램은 자연스럽게 팀 개발 기술을 길러준다. 대부분의 프로젝트는 협업을 통해 업무량을 경감시키고, 기술과 재능을 서로 공유하도록 한다.
- 재미 : 당연한 일이다. 무언가를 만드는 일은 재미있다. 공예 재료를 다루고, 납땜을 배우며, 사물에 불을 켜거나 소리가 나게 하며 움직이도록 한다. 어찌 좋아하지 않을 수 있겠는가?[2)]

물론, 창작 과정을 즐기지 않는 직원도 있을 수 있다. 그래도 좋다. 이것 또한 정보가 된다. 그런 직원은 메이커스페이스나 프로그램에 배정하지 않으면 된다. 자신이 원하는 곳에 있는 것도 좋다. 이것 또한 직원 개발 프로그램을 운영하는 중요한 이유이다. 이 프로그램을 통해 직원들에게 직접적인 경험을 제공하고, 개인이 어떻게 반응하는지 확인하고 그에 따라 적절한 곳에 배정하면 된다.

직원 개발 도구와 교육

직원들에게 메이킹을 경험시키는 가장 좋은 방법은 직원 메이커 데이(Maker day)를 갖는 것이다. 변화를 도입하기 전에 개별 도서관이나 시 단위 행사를 개최하여 직원들이 "메이킹"에 대해 생각해 보도록 하고 메이킹이라는 어휘와 메이킹을 직접 경험하여 편안해지도록 한다.

훌륭한 직원 개발 세션은 다음과 같은 내용을 포함한다.

- 스퀴시 서킷(Squishy Circuits)[3] : 미네소타 주 세인트 폴(St. Paul, Minnesota)에 있는 세인트 토마스 대학에서 개발된 프로젝트로 *Makerspaces in Libraries*에 포함되어 있다. 2015년 책을 출판한 이 후 시중의 점토[4]를 이용해 준비 시간은 줄이고 재미, 창의력, 교육 효과를 가져 올 수 있도록 프로젝트를 재정비하였다.

---

2) Storck-Post, Holly. "Four Benefits of a Library Makerspace Staff Day." *Demco*. August 30, 2016. Accessed June 1, 2017. http://ideas.demco.com/blog/4-benefits-holding-maker-program-library-staff/.

3) "Squishy Circuits: How To." *University of St. Thomas*. Accessed June 1, 2017. http://courseweb.stthomas.edu/apthomas/SquishyCircuits/howTo.htm.

4) Eureka! Factory. "Making Squishy Circuits from COTS Playdough." *Instructables.com*. June 2016. Accessed June 1, 2017. www.instructables.com/id/Making-Squishy-Circuits-from-COTS-Playdough/.

- 지터버그(Jitterbugs)5) : Pasco County Library Cooperative의 Chuck Stephens이 개발한 지터버그는 "브러시 봇(brush bots)"6)의 상호작용을 강화하였다. 브러시 봇은 보통 손톱 붓이나 칫솔에 작은 배터리로 작동하는 진동 모터를 달아서 만든다. 지터버그 또한 진동 모터와 배터리를 이용하지만 최종 결과물을 더욱 재미있게 만드는 약간의 간단한 납땜과 와이어 "다리"와 안테나가 추가되어 있다.
- 마인드스톰 로보틱스(Mindstorms robotics) : 여러 도서관이 보유하고 있는 레고 마인드스톰 교육 키트로, 좋은 직원 개발 도구이다. 5살도 사용할 수 있을 정도로 단순한 드래그-드롭 프로그래밍 시스템이며, 친숙한 레고 포맷을 이용해 코딩과 로봇 공학을 소개한다.
- 음악, 악기, 소리 메이킹(Music, instrument, or sound making) : 즉각적이며 즐거운 피드백이 주어지는 소리 만들기 프로젝트는 재미있다. 간단한 수제 악기로는 크고 작은 카혼 박스 드럼(cajon box drums)이나 PVC 파이프 타악기(ala the Blue Man Group)부터 카람바(kalimba)나 룸바 박스(rhumba boxes)까지 다양하다. 아타리 펑크 콘솔(Atari Punk Console)7) 같은 프로젝트는 음악적이기보다는 시끄럽기도 하지만 악기 연주 능력이나 리듬과 관계없이 아주 재미있다. 간단한 전자 악기나 소리 조작을 체험해 볼 수 있는 기회도 있다. 아타리 펑크 콘솔 프로젝트의 경우 악기가 하나둘씩 완성되며 삑삑 소리와 끽끽 소리가 울려 퍼지고, 소리를 만드는 전자 장치를 만들어낸 사서들의 즐거운 감탄이 이어진다.

---

5) Stephens, Chuck. "Jitterbugs! Vibrating Robotic Bugs." *Instructables.com.* May 12, 2016. Accessed June 1, 2017. www.instructables.com/id/Jitterbugs-Vibrating-Robotic-Bugs/.

6) "DevineDIY." *YouTube.* August 7, 2013. Accessed June 1, 2017. www.you-tube.com/watch?v=X4LEPZKVd7M.

7) Stephens, Chuck. "Eureka!Factory Atari Punk Console V2." *Instructables.com.* Summer 2015. Accessed June 1, 2017. www.instructables.com/id/EurekaFactory-Atari-Punk-Console-v2/.

- 메이키 메이키 또는 스냅서킷(MaKey MaKeys or SnapCircuits) : 대부분의 도서관에 비치되어 있으나 일부 사서는 체험해 볼 기회가 없었을 수도 있다. 이 경우는 직원들을 위한 체험 세션이 있어야 할 것이다.

메이킹과 학습(Making and Learning) 웹사이트[8] 에서 직원 개발 자료와 아이디어를 많이 얻을 수 있다. 요점은 사서들에게 이전에 없던 무언가를 만드는 즐거운 기회를 선사하면 자신감과 영감을 주고, 이로 인해 새로운 도구, 자원, 프로그램을 시도해 보는 이용자들을 더욱 잘 이해하게 된다는 것이다. 또 하나 고려하여야 할 사항은 21세기 메이커스페이스에서 "사서"의 자질은 무엇인가 하는 것이다.

직원 자격 및 자질 재고

"MLS의 재구상: 사서 교육의 미래"라는 기사에서, University of Maryland의 도서관학(MLS) 교수와 담당자들은 공공도서관의 미래를 고려할 때 "공공도서관 사서들의 미래, 어떻게 하면 이들을 역동적이고 진화하는 서비스 현장에 맞게 준비시킬지를 고려해야 한다." 고 말하고 있다.[9]

2014년 8월, University of Maryland iSchool과 Information Policy and Access Center(iPAC)는 "MLS의 재구상"이라는 다년간의 프로젝트를 시작하여 다음과 같은 내용을 더욱 깊이 이해하고자 노력하고 있다.

---

[8] "Introduction to Tools." *Making and Learning*. Accessed June 1, 2017. https://makingandlearning.squarespace.com/tools.

[9] Bertot, John, Lindsay Sarin, and Paul Jaeger. "Re-Envisioning the MLS: The Future of Librarian Education." *Public Libraries Online*. January 6, 2016. Accessed June 1, 2017. http://publiclibrariesonline.org/2016/01/re-envisioning-the-mls-the-future-of-librarian-education/.

- MLS 학위는 어떤 가치가 있는가?
- MLS 학위의 미래는 어떠할 것인가?
- 미래 도서관·정보전문가는 어떤 역량, 태도, 능력을 지녀야 하는가?

메이커스페이스 프로그램과 관련한 주요 결과는 아래와 같다.

- 물리적 장서(디지털 콘텐츠 포함)에 대한 강조가 약화되는 반면, 개개인과 커뮤니티의 학습, 메이킹, 콘텐츠 제작, 기타 활동 및 참여에 중점을 둔다.
- 도서관은 "교수 설계/교육, 디자인, 사회복지, 공중보건, 애널리틱스, IT/IS, 인적자원 관리, 그리고 다양한 요구를 충족시킬 수 있는 기술을 가진 사람"을 원하고 있기 때문에 MLS 학위는 무의미하거나 심지어 필요하지 않을 수도 있다. "정보기관은 MLS 이외에 다양한 학위를 가진 이들에게 열려 있어야 한다."라고 권고한다.
- 도서관계를 이해하고 활용할 수 있는 정보전문가가 필요하며, 이들은 도서관이 서비스하는 "다양한 이용자 집단 및 커뮤니티의 요구, 애로사항, 기회를 알아내는 능력" 을 갖추고 있어야 한다. 또한 "커뮤니티는 정보기관의 서비스와 자원의 일부로서 역할할 수 있어야 한다. 커뮤니티의 인적자원을 활용함으로써 학습, 교육, 전문성 및 혁신을 강화할 수 있다."
- "개개인의 특정 관심사, 요구 및 교육 목표를 파악하고 학습을 도와줄 수 있는 도서관 전문가" 가 필요하다. 유아나 유치원생을 포함한 유소년의 학습에 중점을 두어, 주요 데이터/정보원(기록자료 포함)에 대한 이해를 높이고, 도서관에서 메이킹, STEAM(과학, 기술, 공학, 예술, 수학), 코딩, 기타 활동 등을 통해 학습을 촉진하는 것도 좋은 기회가 될 수 있다.[10]

---

10) Bertot, John Carlo, Lindsay C. Sarin, and Johnna Percell. "Re-Envisioning the MLS: Findings, Issues, and Considerations." *College of Information Studies, University of Maryland College Park.* August 1, 2015. Accessed May 31, 2017. http://mls.umd.edu/wp-content/uploads/2015/08/ReEnvisioningFinalReport.pdf.

도서관 업무의 새로운 일부 영역에서 MLS가 필수적인지 혹은 바람직한지에 대한 논의가 자주되고 있다. Fayetteville Free Library에서 프로그램(제3장)을 운영할 교육자를 고용한 것과 마찬가지로, 2014년 DC Public Library는 도서관을 이용하는 노숙자를 돕기 위해 "보건·복지 서비스 담당자"로 사회복지사11)를 고용하였다.

최근 몇 년 동안 MLS 학위 이외의 분야의 직원을 고용하는 것에 대한 논란이 계속되고 있다. 2010년 캐나다 온타리오 주의 해밀턴에 소재한 McMaster University Library는 도서관 운영을 위해 박사학위를 가진 주제 전문가와 정보기술 전문가를 채용하고자 하였으나 비판의 대상이 되었고, 2011년에는 미국 플로리다 주 알라추아 카운티의 Alachua County Library District가 도서관 관장을 MLS가 아닌 다른 분야의 학위 소지자를 모집해 논란이 되었다.

그러나 2011년 1,500개 이상의 대학을 대표하는 500명의 대학도서관장과 8,000개 이상의 도서관을 대표하는 370명의 공공도서관 도서관장을 대상으로 한 도서관 서비스 평가와 측정 설문조사에서 대학도서관장의 40% 이상은 업무 특성상 학위가 필요치 않기 때문에 MLS 이외의 영역으로 지원자 범위를 확대해야 한다고 응답하였다. 그렇지만 공공도서관장의 80%는 MLS 학위소지자 이외의 인력을 채용하는 데 있어 예산이 가장 큰 걸림돌이라고 지적한다.12) 그러나 그것은 당시의 사정이고, 지금 도서관은 학위가 없어도 기술을 가진 사람을 귀중한 자산으로 인식할 것이고, 이러한 전문성에 부합되는 적절한 보상을 하는 방안을 고려해야 할 시점이다.

---

11) Jenkins, Mark. "D.C. Adds a Social Worker to Library System to Work with Homeless Patrons." *Washington Post*. August 27, 2014. Accessed June 1, 2017. www.washingtonpost.com/local/dc-adds-a-social-worker-to-library-system-to-work-with-homeless-patrons/2014/08/26/2d80200c-2c96-11e4-be9e-60cc44c01e7f_story.html.

12) Simpson, Betsy. "Hiring Non-MLS Librarians: Trends and Training Implications." *Library Leadership and Management* 28, no. 1 (November 2013): 1–15. Accessed June 1, 2017. https://journals.tdl.org/llm/index.php/llm/article/viewFile/7019/6260.

iSchool 연구의 저자는 "미래는 비판적인 사고 능력과 창의력을 적용할 수 있고, 서비스 대상인 커뮤니티를 보다 잘 이해할 수 있는 사람들이 미래를 주도할 것이다."라고 말하며, "겁 없고, 용감하며, 위험을 감수할 의지가 있고, 대범하고, 관습에 대항할 수 있는 이들에게 미래가 있다."13) 고 결론짓는다.

대범하게 관습에 대항할 방법 하나는 메이커스페이스 직원이나 관련 프로그램 직원을 채용할 때에 상황에 따라서는 학위가 필요치 않을 수 있다는 점을 고려하는 것이다. 플로리다 주 Pasco County Library Cooperative는 사업가, 예술가, 음악가 등과 같이 MLS 분야는 아니지만, 효율적으로 메이커스페이스를 운영하고자 할 때 필요한 장점이 있는 Chuck Stephens를 고용하였다. Stephens의 배경은 메이커스페이스 설계와 프로그램 요구에 대해 시설 담당자와 소통하는 데에 도움이 되었고, 그의 열정과 창의적인 생각은 프로그램을 즐겁게 만들고, 영감을 주고, 역량을 강화시켜주는 동료 메이커가 될 수 있게 하였다.

이를 위해서는 용기가 필요하고, 채용 과정에서 "대담하고 두려운" 위험을 감수하는 가장 좋은 방법은 도서관이 혁신적이고 변혁적인 길로 가지 못하게 막고 있는 현재의 직위와 관습을 재고하는 것이라 할 수 있다.

LTA와 그 외 도서관의 역할 재고

도서관 메이커스페이스는 대부분 직원이 공간 운영을 맡고, 프로그램은 종종 도서관 보조(library assistant, LA), 혹은 도서관 기술보조(library technical assistant, LTA)가 맡아 운영한다. Stephens는 사실상 도서관 보조인데 그의 업무에 대한 열정이나 풍부한 전문지식, 그리고 도서관 시스템에 미치는 긍정적인 효과 등에 대해 말로 표현하기 어렵지만 금전적으로 상

---

13) Bertot, Sarin, and Percell. "Re-Envisioning the MLS."

응하는 보상을 받지 못하고 있다. 어쩌면 LTA 직위를 재고하여 공공도서관을 위해 기술을 활용하고 관심을 쏟는 이들에게 적절한 임금을 주어 보다 제대로된 직위를 주는 것을 고려하여야 할 시점이다.

아마도 LTA 대신 도서관 메이커스페이스에 필요한 업무와 직책은 기계 공장, 공예 스튜디오, 목공소 등에서 발견할 수 있을 것이다. 아래에는 그러한 예시이다.

- 메이커스페이스 현장 감독
- 메이커스페이스 기술자
- 메이커스페이스 프로그램 전문가
- 메이커스페이스 공예 장인

21세기 도서관의 또 한 가지 고민은 신성불가침으로 되어 있는 "참고사서" 역할을 재조정하는 것이다. 참고서비스가 중요하지 않다는 말이 아니라, 이제 참고데스크는 기술 공포증을 가진 사람의 전용 데스크로 변모하였다는 사실이다. 이는 도서관의 참고데스크에 변화가 필요하다는 많은 연구결과를 반영한 의견이기도 하다. 일반 프로그램 참여는 지속적으로 증가하고 있지만, 컴퓨터와 스마트폰을 통한 접근성 강화로 인해 특히 대규모 커뮤니티에서 참고업무는 2003년부터 꾸준히 감소하고 있다. 지난 10년간 참고 업무는 약 14% 감소하였다.14)

예일대학 도서관은 2008년 참고데스크를 폐쇄하였다. 2016년 기사에서 예일대 도서관 영문학 사서인 Todd Gilman은 "진작에 그랬어야 했다. 그렇지만 이런 말을 하면 모두가 불편해하는 것을 느낀다. '안 돼! 참고데스크

---

14) *Public Libraries in the United States Survey: Fiscal Year 2012. Institute of Museum and Library Services.* December 2012. Accessed June 1, 2017. www.imls.gov/sites/default/files/legacy/assets/1/AssetManager/PLS_FY2012.pdf.

는 안 돼! 누군가를 도와주기 위해 참고데스크에 앉아 있지 않으면 우리는 온종일 뭘 해야 하지?'"라고 쓰기도 했다.

같은 내용의 기사에서 컬럼비아 대학 인문·역사 도서관장 Barbara Rockenbach는 "참고데스크를 갖고 있는 것이 목표는 아닙니다. 연구를 도울 준비가 되어 있고, 학생과 교수의 연구에 협력자가 되는 것이 목표이죠."라고 밝히고 있다.15)

또한 그녀는 참고데스크는 사서직의 유산의 일부이자 상징일 수 있으나 참고데스크 이용이 급격히 줄고, 연구 상담이 늘고 있다는 것은 변치 않는 사실이라 하였다. 그러므로 도서관은 참고데스크와 디지털 인문 센터를 통합하여 참고업무를 줄이고 더 많은 이용자와 교류할 수 있도록 하고 있다고 밝혔다. Rochenbach은 다음과 같이 말한다.

> 상징적 가치 때문에 참고데스크가 중요하고 지켜야 한다는 것은 도서관 중심에서 본 관점이다. 물론 참고데스크는 오랜 전통이 있고, 이를 존중하지만, 연구는 진화하고 있고, 사서는 참고데스크를 벗어나 교수, 학생들과 협력관계로 교류할 기회가 있다.

참고서비스를 제공하는 방식에는 여러 가지가 있으며, 대부분의 도서관은 정적인 데스크 지원보다 즉각적인 대응이 가능한 이메일, 문자메시지, 그리고 소셜미디어와 같은 모바일 기술 쪽으로 서비스를 전환하고 있다. Mississippi State University의 Mitchell Memorial Library의 인문학 참고사서인 David Nolen은 도서관이 서비스 제공 방식이나 방법에 얽매이지 않고 참고업무의 사명을 지속할 수 있다고 주장한다.16)

---

15) "Are Library Reference Desks Obsolete?" *McGraw-Hill Education.* July 21, 2016. Accessed June 1, 2017. http://mcgrawhillprofessionalblog.com/reference-desks-obsolete-1acs/.

Dallas Public Library는 2012년 "로빙 레퍼런스(Roving Reference)" 라는 이동식 현장 참고서비스(point-of-service reference) 모델을 도입하여 이용자의 "참고데스크 장벽"을 없앴다. 이로 인해 직원들은 참고데스크에서 서비스하던 것에서 탈피하여 자유롭게 이용자를 지원할 수 있게 되었다.17) 도서관은 참고데스크 외부에 컴퓨터 워크스테이션을 포함한 다양한 모바일 참고 프로그램을 도입하여 사서들이 이용자와 나란히 서서 일을 할 수 있도록 하였으며, 워크스테이션과 서가가 혼합된 공간에서도 모바일 기술을 이용할 수 있도록 하였다. 참고데스크를 재설계한 첫 해의 성과는 아래와 같다.

- 참고사서는 참고데스크에서 이용자가 다가오길 기다리지 않고, 이용자의 요구가 있는 곳으로 다가갈 수 있어 더욱 생산적이고 다양한 업무를 수행할 수 있었다.
- 서비스 구역에서 일하는 사서의 시야가 넓어져 안전 문제나 문제행동이 감소하였다.
- 모바일 참고업무 기술의 이용으로 젊은 이용자의 도서관 이용이 증가하였다.

학위 요건을 완화하고 21세기의 도서관 직원에 어울리는 직책과 그에 상응하는 보상을 주고 구 시대적 도서관 서비스 방식에서 벗어나면 메이커스페이스와 같은 21세기에 어울리는 도서관을 만들 수 있을 것이다.

---

16) Nolen, David S. "Reforming or Rejecting the Reference Desk: Conflict and Continuity in the Concept of Reference." *Library Philosophy and Practice*. 2010. Accessed June 1, 2017. www.webpages.uidaho.edu/~mbolin/nolen.htm.

17) "Retooling Reference for Relevant Service @ Dallas Public Library." *Urban Libraries Council*. Accessed June 1, 2017. www.urbanlibraries.org/retooling-ref-erence-for-relevant-service-dallas-public-library-innovation-151.php?page_id=38.

제 8 장

직원의 관심과 재능 이용

도서관 직원을 어떻게 부르든 간에 메이커스페이스를 운영하기 시작하면, 직원들이 여가 시간에 뭘 하는지 어떤 취미, 기술, 그리고 능력을 지니고 있는지 등을 이해하면 이를 새로운 공간, 프로그램 제작에 이용할 수 있다. 앞서 언급한 질문 - 뭘 좋아합니까? - 는 매우 중요하면서도 획기적인 질문이다.

흔히 사서를 위한 전문적인 개발 프로그램을 운영하다 보면 가끔은 도서관 관리자가 알지 못하고 있는 기술을 가진 사서들을 발견하게 된다. 어떤 사서는 메이커스페이스 프로그램에 적용할 수 있는 수준의 구리 장신구를 만들고, 바느질, 정원 관리, 및 요리를 하는 사서도 있다. 사서들이 좋아하는 일을 직장에서 할 수 있는 기회를 주는 것은 그들뿐 아니라 이용자에게도 선물이 된다. 무언가를 너무나 좋아하는 사람에게 직접 배우는 것만큼 좋은 학습법은 없기 때문이다. 아래 항목을 통해 직원들이 지닌 기술들을 발견하고 육성해 보자.

- 메이커스페이스 개발 초기에 설문조사를 실시하여 이해가 빠른 사람과 관련 프로그램에 호기심이나 관심이 있는 직원들을 파악하라.
- 메이커스페이스 프로그램 구상 시 직원들에게 자신의 기술과 관심을 공유할 수 있는 기회를 제공하라.
- 의견함, 정기적인 피드백, 지속적인 설문, 직원 회의 등을 통해 직원들이 아이디어와 관심사를 공유할 수 있는 다양한 방법을 제공하여 접근성과 지원을 강화하라.

혁신에 대한 기념과 지원

메이커스페이스 프로그램의 성공에는 민첩하고 열린 마음을 가진 도서관 관리자가 필요하다. 특히, 제작 중인 공간에서 직원의 참여를 신뢰하고 지원해야 한다. 관심, 기술, 재능 등에 대해 피드백을 얻으면 직원들이 그 관심, 기술, 재능을 펼칠 수 있도록 자율성을 부여해야 한다. 워크숍이나 프로그램, 혹은 새로운 메이커스페이스에 대한 디자인 아이디어가 있다면, 시도해 볼 기회를 주어야 한다. 메이커스페이스 프로그램에서는 아무것도 시도하지 않으면 아무것도 얻을 수 없다

"이달의 직원 프로젝트"는 새로운 아이디어들을 실험해 볼 매우 좋은 방법이다. 성공한 아이디어는 기념하고 성공하지 못한 것들을 평가하는 시간을 갖자. 그런 아이디어에서 배울 점은 무엇인지 생각해 본다. 미리 계획된 프로그램도 좋지만 메이커스페이스에 대한 아이디어를 가진 사람들의 의견을 듣고 지원한다면 메이커스페이스가 더욱 재미있어지며, 더 많은 직원과 이용자의 참여를 끌어낼 수 있다. 관심이 없거나 의견을 존중받지 못하는 직원은 좋은 공간을 만들 수 없다. 직원의 주인의식은 이용자와 커뮤니티 모두에게 중요하고 지속 가능한 탄탄한 메이커스페이스를 만들 기회를 극대화한다.

자원봉사 메이커

지금까지 직원의 관심과 참여를 지지하고 육성하는 것이 중요하다는 이야기를 하였다. 대부분 도서관이 알고 있듯, 메이커스페이스와 관계없이, 자원봉사자도 도서관의 성공에 중요한 부분이다. 메이커스페이스와 관련해서는

자원봉사자가 더욱 중요할 수 있다.

서가정리 봉사자를 찾는 것과 목공, 조각, 철 공예, 애니메이션, 음악, 코딩, 멘토링 등을 위한 봉사자를 찾는 것은 완전히 다른 일이다. 이런 기술을 가진 봉사자는 프로그램의 수준을 높이고, 직원의 부담을 덜어줄 수 있으며 새로운 이용자를 끌어들일 수도 있다. 이들은 전문성을 제공해 도서관의 시간과 돈도 아껴줄 수 있다.

미국에서 가장 오래된 도서관 메이커스페이스인 Fayetteville Free Library 팹랩의 관장 Sue Considine은 커뮤니티를 인구통계학적 자산으로 볼 수 있게 한 책 *Abundant Community* 를 소개한다.

John McKnight와 Peter Block이 쓴 *Abundant Community*(2012)는 "우리 이웃들은 우리의 인간적 요구를 해결할 능력이 있고, 이를 대체할 수 있는 요소나 풀어야 할 문제로 보는 시스템에는 불가능한 부분이다. 우리는 모두 필요 없어 보이는 사람일지라도, 재능을 갖고 있다."18) 저자들은 동네마다 어려움을 해결하고 부족함을 채울 재능을 가진 사람들이 살고 있다고 말한다. Considine은 도서관 메이커스페이스에 재능을 공유해 줄 사람들이 가득하다고 말하고 있다.

봉사자의 전문성과 관심사는 직원과 마찬가지로 설문조사, 포커스 그룹, 정기적 피드백, 의견함 등을 통해 알아볼 수 있다. 또한 홍보 자료, 특별 행사, 게스트 메이커, 교사, 발표자 등을 초대해 봉사자의 참여를 늘릴 수 있다. 전속 메이커(Maker-in-residence) 프로그램은 수준 높은 봉사자를 참여시킬 좋은 방법이다.

---

18) McKnight, John, and Peter Block. *The Abundant Community*. Oakland, CA: Berrett-Koehler, 2012.

전속 메이커

캔자스의 Johnson County Library(jocolibrary.org/makerspace)는 Black & Veatch[19])의 지원을 통해 지역 메이커에게 4개월마다 전속 메이커(Maker-in-residence) 기회를 제공한다. 관심 있는 참여자에게 어떤 메이커가 될 것인지, 왜 전속 메이커가 되고 싶은지, 대중을 어떻게 참여시킬 것인지, 주당 10시간을 도서관 메이커스페이스에서 보낼 수 있는지 등을 묻는다. 신청서는 신청자의 메이커 활동에 대해 설명하고 전속 메이커 프로그램의 넓은 의미를 설명한다.

"우리는 시간을 보내고, 빠져들고, 메이킹에 대한 애정을 공유할 사람을 찾고 있습니다." 라고 하며 이렇게 묻는다. "다른 사람의 작업을 돕는 것, 아이들에게 기본적인 기술을 가르치는 것에 대해 어떻게 생각하나요?" 그리고 "전속 메이커로서 기대하는 것은 무엇인가요? 어떻게 하면 한 단계 더 발전할 계기가 될 수 있을까요?" 라고 묻는다.

이 두 가지 질문은 전속 메이커가 도움을 줄 이용자와 전속 메이커 본인에게 도서관 메이커스페이스 프로그램의 고차원적 가치를 인식시킨다.

도서관 메이커스페이스의 성공에 봉사자 메이커는 매우 중요하다. 그러므로 초기부터 자주 소통하여 그들의 공로를 인정하고 칭찬해야 한다. 봉사자가 적극적이고 관심도가 높다라면 커뮤니티의 높은 참여를 기대할 수 있으며, 메이커 프로그램이 성장할 수 있는 가장 좋은 방법이기도 하다.

---

19) "Application: Maker-in-Residence." *Google*. Accessed June 1, 2017. https://docs.google.com/forms/d/1nNaTs3h-qw_wWYfu2sblJkkTk7TiWd8bGAAk4hm-WnHY/viewform.

제 8 장

이용자 메이커

　이용자 메이커는 직원과 봉사자가 운영하는 프로그램과 활동에 유용한 정보를 제공해 준다. 가장 효과적인 메이커스페이스 프로그램 운영은 이용자의 요구를 받아들이는 것이다. 하향식이나 기관 중심, 직원 주도로 운영하는 프로그램은 몇몇 단체가 참여하여 어느 정도의 요구를 충족시킬 수는 있으나, 커뮤니티가 주도적으로 참여하지 않으면 에너지가 고갈되고 정체될 수 있다. 도서관이 준비하는 프로그램으로만 메이커스페이스가 운영된다면, 이는 좋은 징조가 아니다.
　직원과 봉사자가 함께, 포커스 그룹이나 설문을 통해 이용자 피드백을 입수하고, 이를 프로그램 운영에 고려하여야 한다. 직원과 봉사자가 바느질을 좋아하더라도 이용자 피드백이 정원 관리 활동에 선호를 보인다면, 이용자의 의견에 따라 정원 관련 프로그램을 시작해야 한다. 언제든 모자, 장갑, 차양, 가방 만들기 등 정원 관리에 관련된 바느질 내용을 도입할 수 있어야 한다. 이용자가 표출한 관심 분야는 꼭 여러분이 원하는 것이 아닐 수도 있다.
　이용자의 관심을 확인하고 나면, 이용자가 요구한 사항에 부합하는 몇몇 시범 프로그램을 시작한다. 사람들이 요구하는 것과 참여하는 것 사이에는 언제나 차이가 있으므로 소규모로 시작해야 한다. 정원 관리(또는 텃밭 가꾸기)를 예로 든다면, 곧바로 커뮤니티의 큰 정원을 만들기 위해 도서관 땅을 갈아엎어서는 안 된다. 소규모 수경재배, 온실, 씨앗 나눔 등으로 시작하라. 나비나 박쥐 집을 만드는 것도 좋다. 이용자의 관심이 꾸준하고 더 커진다면 그에 따라 관련 프로그램으로 확장한다. 프로그램을 전후하여 정기적인 피드백을 받아 의견을 수렴하여야 할 것이다.
　언제든지 새로운 프로그램으로 전환할 준비를 해야 한다. 이용자가 주어진 자원에 더욱 익숙해지고 새로운 기술을 배우면 그들의 메이커스페이스에 대한 관심도 처음보다 더욱 커질 것이다. 정원 관리에 대한 관심이 목공이나 식물 섬유로 이어질 수도 있다. 관련성이 높은 프로그램과 메이커 기회를 제공하기 위해서는 이용자들과의 정기적인 소통이 중요하다.

주인의식을 갖도록 하는 것뿐 아니라 책임감 있는 메이커스페이스 문화를 만드는 것도 중요하다. 공구와 장비는 비싸기 때문에 오랫동안 활용하기 위해서는 적절한 관리가 이루어져야 한다. 이용자는 처음부터 책임감 있는 메이커스페이스 사용자가 되어야 한다. 장비 사용 전에 오리엔테이션과 교육을 받아야 하고, 공간과 장비 사용에 관한 명확한 정보를 전달받아야 한다. 본인이 사용하는 공간을 청소하고 정리하는 것을 자랑스럽게 생각해야 한다. 주인의식과 책임감에 대한 문화를 일찍 조성해 두면 모두가 협력해 메이커스페이스를 책임감 있게 가꾸어 나갈 수 있다.

책임감을 주입하는 또 다른 방법은 본인이 만든 것을 공유하고, 서로 가르치고 멘토링 하도록 장려하는 것이다. 메이커들이 만든 작품을 진열장이나 도서관 특별 행사에서 전시하는 기회를 만들어 이를 누구나 감상하고, 작품을 보고 영감을 얻을 수 있도록 한다. 지역 신문이나 도서관 매체를 통해 이용자 메이커의 이야기를 게재하는 것을 고려할 필요가 있다. 이처럼 메이커스페이스는 대단한 일을 할 수 있는 곳이다.

커뮤니티 메이커

커뮤니티 메이커는 도서관의 협력 파트너로 특별 이익 단체, 기업, 상점, 예술가 조합, 음악 단체, 문화 단체, 직장인 네트워크나 모임, 은퇴자 모임, 기업가 협회, 상공회의소, 그 외 정부 기관 등의 대규모 공식적인 단체들이 있다. 이런 대규모 단체와 협력하면 커뮤니티의 참여율을 높일 수 있고, 새로운 이용자와 다양한 메이커들을 끌어모을 수 있다.

다문화 커뮤니티에 속해있다면, 지역의 문화 관련 단체와 접촉해 관련 문화 프로그램을 추가하여 프로그램을 충분히 활용할 수 없었던 커뮤니티 구성원을 대상으로 봉사할 수도 있다. 이러한 유형의 프로그램은 국가별 전통 요리부터 공예나 음악, 예술 프로그램까지 다양하게 구성할 수 있다.

특별 이익 단체와 협력하는 것은 도서관 메이커스페이스에 큰 힘이 될 수도 있고, 골칫거리가 될 수도 있다. 예술 클럽이나 목공 그룹과 같은 특별 이익 단체와는 명확한 규약과 범위를 마련하는 것이 중요하다. 이러한 단체는 메이커스페이스를 너무 편하게 생각할 수도 있고, 과도한 소유권을 주장할 수도 있다. 프로그램이 지나치게 한쪽으로 치우치게 되면, 이러한 단체가 도서관의 사명과 목표를 무시한 채 장비와 공간을 그저 공짜로 사용하는 것은 아닌지, 커뮤니티가 원하는 프로그램을 제공하고 있는지 등을 주의 깊게 살펴봐야 한다. 공간을 사용한 후에는 청소하고 정리하는 것도 매우 중요하다.

어떤 단체가 공간을 사용하고 즐기는 것은 좋은 일이지만, 다른 이용자나 단체의 관심을 배제해서는 안 된다. 명확한 메이커스페이스 규약을 제공하여 많은 사람들과 단체가 평등하게 이용할 수 있도록 해야 한다. 특정 단체가 공간을 과용하거나 오용하여 다른 이용자들을 배제한다면 역효과가 발생할 수 있으므로 초기에 가이드라인을 만들고, 모두가 이해할 수 있도록 공지하여야 한다.

그리고 커뮤니티의 메이커 단체를 소개하는 것도 중요하다. 이를 위해 메이커스페이스를 활용한 다양한 단체를 소개하는 안내판을 공간 내부에 설치하거나 공지나 언론을 통해 커뮤니티 메이커 단체를 소개할 수 있다. 메이커스페이스는 소통의 장이며, 이곳에서 이루어지는 일을 일반 대중에게 소개해야 그 소통의 장이 더 커지고 파급력도 더 향상되게 된다.

재정지원 메이커

도서관에 메이커스페이스를 추가하는 것은 재정상의 문제를 발생시킬 수 있다. 그렇지만 메이커스페이스의 특성상 지금까지의 관행과는 다른 새로운 자금조달 기회가 있을 수 있다. 플로리다 주의 Palm Harbor Library에 있는 어린이를 위한 메이커스페이스인 Hazel L. Incantalupo Makerspace[20]는 세금 투입 없이 명명권(naming rights) 부여와 개인 기부를 통해 자금을 충당하고 있다.

명명권은 녹음 스튜디오나 드릴 프레스 같은 대형 장비 등 공구부터 개별 메이커스페이스 작업실에까지 적용할 수 있다. 도서관에 이미 명명권 정책이 있다면 메이커스페이스도 포함되도록 개정하거나 메이커스페이스 전용 정책을 새로 마련할 수도 있다. 명명권 정책이 아직 없다면, 다른 도서관의 괜찮은 사례를 찾아보아도 좋다.

일리노이 주의 Highland Park Public Library는 웹사이트에 도서관에 기부할 수 있는 다양한 방법과 함께 명명권 정책을 명확히 게시하고 있다.[21] 대부분의 도서관과 마찬가지로 Highland Park 도서관 이사회가 새로운 자산이나 기존 자산에 대한 명명권을 승인하여야 하고, 기부 금액에 따라 명명권의 기한을 정하고 있다. $10,000 이하의 금액은 10년, $100,000 이상의 명명권은 20년으로 하고 있다. 명명권 기부자에게는 적절한 위치에 충분한 크기의 표지판을 붙여 감사를 표한다. 향후 새로운 기부자를 확보할 수 있도록 명명권이 있는 이외의 장소에도 표시를 해두면 좋다.

---

20) Palm Harbor Library Children's Page. Accessed June 4, 2017. http://phlib-kids.wixsite.com/phlchildren/makerspace.

21) "Gifts and Donations." *Highland Park Public Library*. Accessed June 4, 2017. www.hplibrary.org/volunteer-gifts-donations.

제 8 장

　현물 기부는 도서관 메이커스페이스에 의미 있는 것이지만, 기부 받게 될 장비와 자원의 유용성과 상태, 품질을 살펴보아야 한다. 현물 기부는 치워버리고 싶은 잡동사니를 기부 받는 것이 아니라 현금 가치를 지닌 물품이어야 한다. 특히 공구나 관련 장비의 경우 안전과 효용성이 보장되어야 한다. 고장이 났거나 안전하지 않은 기부품은 자산이 아니다. 현물 기부자에게는 메이커스페이스나 공구, 장비에 명패 혹은 이름표를 붙여 감사를 표하는 것도 좋은 생각이다.

　메이커스페이스는 프로그램 지원을 위한 장비나 설비를 제공하는 지역 사업체들과 협력을 할 수 있다. Highland Park Public Library는 기부자 모집 페이지에 주요 프로그램별로 소요 비용을 표기해 개별 프로그램을 후원할 후원자를 모집한다. 같은 아이디어를 메이커스페이스 프로그램에도 적용할 수 있다. 예를 들어, 기계 관련 프로그램을 운영하는 경우, 지역의 자동차 회사의 지원을 기대할 수 있고, 예술 프로그램을 위한 액자 상점의 지원을 받을 수 있다. 사업적 협력은 프로그램 멘토링이나 물리적 노동, 자재 제공 등 금전적인 것일 수도 있고 물리적인 것일 수도 있다. Lowes나 Home Depot와 같은 지역의 대형 상점도 잊지 않아야 한다. 사람들이 새로운 기술을 배움에 따라 그러한 상점에 새로운 고객을 유치할 수도 있고, 창의적이고 생산적인 프로그램에 참여하고자 하는 관리자가 있을 수도 있다.

　도서관 메이커스페이스를 통해 과거와는 다른 비전통적인 기부 기회가 있을 수도 있다. Knight Foundation은 미국 내의 다양한 프로젝트를 지원하고 있으며, 2016년에는 재정지원이 필요한 도서관 혁신 프로젝트를 공모하였다.[22] 유럽의 많은 도서관은 교육 및 유소년 프로젝트에 중점을 둔 Erasmus+Programme을 통해 재정지원을 받고 있다.[23] 소규모 지원 재단

---

[22] "Knight Foundation News Challenge on Libraries." *Electronic Librarian*. Accessed June 4, 2017. www.electroniclibrarian.org/2016-knight/.

Awesome Foundation은 새로운 도서관 프로젝트에 매달 $1,000을 지원하는 Innovation in Libraries initiative[24]을 운영하고 있다. 도서관 메이커스페이스를 통해 지원받을 수 있는 다른 지원금이나 재정기회에 대한 정보는 아래와 같은 것을 참고하면 된다.

- Lowe's Toolbox for Education Grant(toolboxforeducation.com)
- Demco Grants Search Tool[25]
- Harbor Freight Donations(harborfreightdonations.com)
- DonorsChoose(donorschoose.org)
- TechSoup for Libraries[26]
- 3Mgives[27]

지역의 경제개발 부서나 인문 혹은 예술 지원금, 건설 지원금 등을 포함하여 우리가 살고있는 구역이나 지역에 있는 기부 자원을 확인해 보는 것이 좋다. 일반적인 도서관 권역을 벗어나 생각하면 더 많은 기회가 있을 수 있다.

---

23) "Erasmus+Programme - Call for Proposals 2017." *European Commission*. Fall 2016. Accessed June 4, 2017. https://ec.europa.eu/programmes/erasmus-plus/calls-for-proposals-tenders/2016-eac-a03_en.
24) "Innovation in Libraries." *Awesome Foundation*. Accessed June 4, 2017. www.awesomefoundation.org/en/chapters/libraries.
25) "Free Library and Education Grant Search." *Demco.com*. Accessed June 4, 2017. www.demco.com/goto?grants&intcmp=RC1_sep14_grants.
26) Gilbert-Knight, Ariel. "What TechSoup Offers Libraries." *TechSoup.org*. January 16, 2012. Accessed June 4, 2017. www.techsoup.org/support/articles-and-how-tos/what-techsoup-offers-libraries.
27) "Nonprofit Guidelines." *3Mgives*. Accessed June 4, 2017. http://solutions.3m.com/wps/portal/3M/en_US/Community-Giving/US-Home/nonprof-its/eligibility-guidelines/.

제8장

메이커 마을 유지

 메이커 문화를 이해하고 즐기며, 메이커스페이스의 프로그램과 창조 커뮤니티의 주요 구성원으로서 자부심을 느끼는 직원과 적극적으로 참여하는 자원봉사자, 그리고 창조 커뮤니티에 대해 지지자와 후원자들이 있다면 축하의 말을 전하고 싶다. 하지만 여기에서 만족해서는 안 된다. 아직 끝난 것이 아니다. 사실, 제대로 된 도서관 메이커스페이스는 결코 완성될 수 없다. 메이커스페이스는 그 특성상 역동적이고 민첩해야 하며, 이용자의 요구가 진화함에 따라 프로그램과 자원을 변화시킬 수 있어야 한다.
 이용자와 메이커 커뮤니티에 적합하도록 유지하기 위해서 가장 좋은 방법은 정기적인 설문, 포커스 그룹, 타운 홀(town hall) 회의 등을 통해 도서관이 제공하는 것을 정기적으로 평가하는 것이다. 메이커스페이스 타운 홀은 이용자와 만나고, 이들이 사용하는 공간에 대해 지속적으로 주인 의식과 책임감을 느낄 수 있도록 하는 좋은 방법이다. 이용자들이 모여 프로젝트부터 메이커스페이스에 필요한 것이나 문제 등의 모든 것을 논의할 수 있는 타운 홀 혹은 메이커스페이스 자문회의는 매달 또는 분기별로 개최하는 것이 좋다.
 이용자들이 도서관 직원에게 걱정거리나 아이디어를 가져오도록 장려하고, 이들의 아이디어를 수용하고 피드백을 제공해야 한다. 그리고 메이커스페이스 에너지와 열정을 쏟는 개인과 단체에 감사를 표해야 할 것이다. 메이커스페이스를 활성화하고 도서관의 사명을 달성하는 가장 좋은 방법은 이를 가능케 하는 메이커들을 존중하고, 존경하며, 기념하는 것이다.

위험요소 관리 101 　제9장

제9장

위험요소 관리 101

메이커스페이스에서는 모든 사람들이 좋은 아이디어를 가지고 위험을 감수하면서 작업을 할 수 있는 권한이 있어야 한다. 이는 직원과 관리자가 위험을 감수할 수 있어야 하며, 그러한 위험을 효과적으로 관리할 수 있는 경우에만 가능하다. 혁신 문화가 있어야 하고, 이러한 문화가 지원되어야만 커뮤니티 전반으로 퍼져나갈 수 있다.

Lauren Britton Smedley, "A Fabulous Laboratory:
Fayetteville Free Library 메이커스페이스"[1]

앞서 언급하였지만, 다시 강조하고 싶은 것은 칼날 끝(최첨단)에 서 있기를 원한다면, 칼에 베이는 것을 두려워해서는 안 된다는 것이다. 창조적 자유와 혁신을 제한하지 않고도 위험요소를 감소시키고 관리할 수 있다. 우리는 메이커스페이스의 법률적 사안에 대한 프레젠테이션의 한 문장을 인용함으로써 이 장을 시작하고자 한다. "여기서 언급하는 모든 것을 법적 조언으로 받아들여서는 안 된다. 법적인 문제에 부딪히는 경우, 적당한 법률가와 상의하는 것이 좋다."[2] 다음의 내용은 여러 도서관과 기관에서 적용하고 있

---

1) Smedley, Lauren Britton. "A Fabulous Laboratory: The Makerspace at Fayetteville Free Library." *Public Libraries Online*. October 26, 2012. Accessed June 1, 2017. http://publiclibrariesonline.org/2012/10/a-fabulous-labaratory-the-makerspace-at-fayetteville-free-library/.

2) "Makerspaces: Library's Legal Answers Workshop Slide Deck." *LinkedIn SlideShare*. June 18, 2015. Accessed June 1, 2017. https://www.slideshare.net/ALATechSource/makerspaces-librarys-legal-answers-workshop.

는 우수 사례를 토대로 한 기본적인 권고사항으로 더 많은 정보를 얻기 위해서는 참고자료를 살펴보아야 한다. 도서관에 가장 적합한 수칙과 절차와 관련해서는 관련 도서관 시스템이나 지역의 법무 부서에 문의해야 할 것이다.

도서관 메이커스페이스에서의 위험요소는 일반적으로 다음과 같은 세 가지 범주로 구분할 수 있다.

1. 특허권 및 저작권 문제
2. 결함 혹은 위해의 위험
3. 표현의 자유 및 프라이버시

이러한 위험요소를 처리하기 위한 주요 방식은 다음과 같다.

- 포기각서 및 동의서
- 장비 안전관리
- 개인 안전관리
- 직원과 도서관 이용자들에 대한 적절한 교육
- 안내표지

여기서 소개하는 권고 사항은 광범위할 수 있다. 그러나 이러한 내용은 메이커스페이스와 관련 있는 것들로 유용하며, 도서관의 위험요소 관리자와 협업하기 위한 시발점이 될 수 있다.

포기각서 및 동의서

위험요소 관리는 다루기 힘든 주제일 수 있다. 모든 것을 안전을 이유로 제한하게 되면, 이러한 환경에서는 창의적인 어떤 것도, 즐거운 것도, 혹은 변화를 가져오는 다른 어떤 일도 일어날 수 없게 된다. 이렇게 되면 메이커스페이스는 무용지물이 되고, 프로그램은 아무런 영감도 주지 못할 것이며 비효율적인 공간이 된다. 그렇다고 규칙을 너무 유연하게 만들면 사람과 자산에 대한 관리가 제대로 되지 않게 되어, 모든 사람의 즐거움을 망칠 수도 있다. 그러나 메이커스페이스를 운영하는 도서관은 대개 효과적으로 운영할 수 있는 최적의 방안을 알고 있고, 이를 활용하고 있다. 이 책을 집필하기 위해 설문조사를 실시한 2년 이상의 메이커스페이스 운영 도서관 20곳을 살펴보면, 단지 몇 곳에서만 경미한 부상사고가 보고되었다.

설문조사에 참여한 대부분의 도서관들은 다음과 같은 세 가지 기본적인 방식으로 위험요소를 관리하고 있었다.

1. 포기각서 및 면책 동의서
2. 현장 감독
3. 장비에 대한 잠금장치

이러한 내용 이외의 기타 사항으로는 장비사용에 연령 제한을 둔다거나, 위험이 야기될 수 있는 장비에 대해서는 사용하지 못하도록 하는 것이다. 그렇지만 가장 일반적인 안전 예방책은 포기각서 및 동의서와 현장 감독을 활용하는 것이다.

명확하고 합리적이면서 쉽게 접할 수 있는 메이커스페이스 정책과 동의서

제 9 장

메이커스페이스 정책. *Infoplease—Fair Use*

를 만드는 것이 중요하다. Powers Memorial Public Library Makerspace는 온라인상에 우수 사례를 올려놓고 있다.3) 해당 사례는 메이커스페이스에 대한 설명과 함께 장비사용에 대한 명확한 조건, 규칙, 요구사항을 기술하고 있다. 다른 도서관 메이커스페이스와 마찬가지로 Powers Memorial Public Library는 장비를 사용하고자 하는 모든 사람이 오리엔테이션을 받도록 요구한다.

Cleveland Public Library의 TechCentral Makerspace 역시 도서관 이용자가 동의서를 작성하여 회신하는 온라인 이용자 동의서가 있다.4) 이용자

---

3) "Powers Memorial Library Makerspace Policy." *Powers Memorial Library*. Accessed June 1, 2017. http://www.palmyra.lib.wi.us/makerspace-policy/.

4) "Cleveland Public Library TechCentral Makerspace User Agreement." *Cleveland Public Library*. October 13, 2013. Accessed June 1, 2017. https://cpl.org/wp-content/uploads/

동의서가 접수 완료되면, 도서관 이용자는 도서관으로부터 "메이커스페이스 ID"를 받게 된다. 특정 재료나 장비, 공구를 사용하거나 대여하기 위해서는 메이커스페이스 ID나 도서관 카드가 필요하다.

뉴욕 주의 Fayetteville Free Library 팹랩은 3D 프린터, 재봉틀, 레이저 및 비닐커터, CNC 밀링 대신을 비롯한 일부 장비를 이용하기 위한 인증서를 요구한다. 인증 교육은 온라인 또는 대면하여 직접 받을 수 있다. 온라인의 경우 웹사이트(www.fflib.org/make)에 접속하여 교육용 비디오를 보고, 퀴즈를 푸는 것으로 되어 있다. 교육이 완료되면 도서관 이용자는 본인의 도서관 카드에 확인을 받게 되고, 이를 통해 직원은 이들이 관련 장비를 사용하기 위한 절차를 거쳤다는 것을 알게 된다. 도서관은 또한 "FFL 팹랩 메이커 동의서" 제도를 보유하고 있는데, 여기에는 면책 동의서와 메이커스페이스 규칙 및 정책이 포함되어 있다.[5]

대부분의 도서관 메이커스페이스에서 이용자 동의서는 간단한 저작권 문제를 언급하고 있는데, 대체로 메이커스페이스에서 만들어지는 오디오/비디오 제작물과 관련된 것이다. 또한 3D 프린팅과 관련된 사안들도 포함되어 있는 경우가 있다. 미국도서관협회(ALA) Office for Intellectual Freedom의 Barbara Jones는 Association for Information Science and Technology (www.asist.org)의 기사에서 기존의 법률을 활용할 수 있는 간단한 정책 사례를 제시한다. 즉, 도서관 메이커스페이스 동의서에 "불법적인 행위는 금지된다."라고 간단하게 언급함으로써 지식재산권 침해나 3D 프린터의 안전하지 않은 사용 등의 불법적인 내용을 다룰 수 있다. 또한 해당 기사는 3D 프린팅 정책에 포함하여야 할 중요한 원칙도 다루는데, 이러한 원칙에는 윤

MakerSpace-Agreement-Final-Plus-FORM-12.27.16.pdf.
5) "FFL FabLab Maker Agreement." *Fayetteville Free Library*. Accessed June 1, 2017. https://www.fflib.org/sites/default/files/fflfablabmakeragreement2015.pdf.

리, 지적자유, 프라이버시 등이 있다.6) 이와 관련된 내용은 ALA의 Privacy Tool Kit(www.ala.org/advocacy/privacy/toolkit)에서 찾아볼 수 있으며, 여기에는 도서관 이용자 동의서와 정책을 만들기 위한 표준문안이나 기타 유용한 자료들이 있다. 여기서 중요한 것은 메이커스페이스를 시작하기 전에 정책과 절차에 대해 철저한 준비를 하라는 것이다.

현장 감독

포기각서와 동의서는 필수적인데, 대부분의 걱정거리는 잘 만들어진 포기각서와 동의서로 해결할 수 있다. 그럼에도 불구하고 훈련받은 경험 있는 현장 감독을 대체할 만한 것은 없다. 메이커스페이스를 시작하기 전에, 직원과 자원봉사 감독자들은 장비를 사용하는 데 필요한 어느 정도의 전문지식을 갖추도록 훈련받아야 하며, 도서관 메이커스페이스 이용 수칙에 익숙해지도록 해야 한다. 현장 감독자들은 아래와 같은 사람이어야 한다.

- 무언가를 만드는 것을 즐기는 사람
- 메이커스페이스를 이용하는 사람들에게 온화하고 친근하며, 용기를 줄 수 있는 사람
- 쉽고도 명료하게 가르치고 공유할 수 있는 사람
- 응급처치 교육을 받은 사람

---

6) Jones, Barbara M. "3D Printing in Libraries." *Association for Information Science and Technology*. October 5, 2015. Accessed June 1, 2017. https://www.asist.org/publications/bulletin/oct-15/3d-printing-in-libraries.

메이커스페이스에 들어오는 도서관 이용자에게 겨우 손짓 인사만 하는 무관심한 관리자는 이용자들에게 영감을 줄 수 없다. 도서관 메이커스페이스는 이용자가 들어오는 순간부터 나가는 순간까지 재미있고 영감을 줄 수 있는 곳이어야 한다. 현장 관리자는 이용자를 반기고 이들을 지지하는 것만으로도 메이커스페이스가 창의적이고 활기 넘치는 곳으로 만드는 데 도움을 줄 수 있다. 또한 메이커스페이스의 안전과 생산적인 이용을 위해서 적극적으로 참여하는 현장 감독자가 되어야 한다. 그러므로 메이커스페이스를 관리하게 될 직원과 자원봉사자 교육에서 핵심 사항은 "고객 서비스"가 되도록 하는 것이 중요하다.

현장 감독자는 책상 뒤에서 단순히 무언가를 읽어주는 사람이 아니라 메이커스페이스를 적극적이고 주도적으로 관리하는 사람이어야 한다. 도서관 메이커스페이스 관리자는 이용자들이 공간을 효과적으로 이용할 수 있도록 적극적으로 도와주어야 하며, 장비와 일반적인 공구, 그리고 자원 사용에 관한 지식이 있어야 하며, 이용자들이 장비를 적절히 사용하도록 도와 줄 수 있어야 한다. 관리자는 정책과 절차를 집행하고, 위험하거나 부적절한 행동을 하는 이용자를 내보낼 권한이 있어야 하며, 도서관의 교육 및 창조적 이용에 관한 지침 내에서 현장 작업반장으로서의 임무를 수행해야 한다.

현장 관리와 감시는 메이커스페이스를 이용하는 커뮤니티 단체가 있는 경우에도 중요하다. 공간을 이용하고, 특히 창작 서비스를 제공하거나 활동적인 모임을 가지는 단체들이 주인의식을 가지도록 격려하는 것이 중요하며, 단체들이 예의 바르고 안전하게 이용하는 것도 매우 중요하다. 정기적으로 이용하는 단체는 너무 편안하게 대하기 쉬우나 개개인을 위해서나 프로그램과 워크숍을 제공하기 위해서든 도서관의 사명과 목표를 지키고, 이들과 전문적인 업무 관계를 유지하는 것이 중요하다.

제9장

안전 문화

포기각서와 철저한 교육을 받은 현장 감독 이외에, 도서관은 다각적인 측면에서 안전한 메이커스페이스 이용 설계, 구성, 집행을 통해 메이커스페이스의 핵심적인 문화요소로 안전제일을 달성해야 한다. 안전대책 가운데 쉽고 효과적인 것으로는 다음 몇 가지가 있다.

- 분명하고 구체적이며, 충분한 안내표지를 활용하라.
- 안전장비에 쉽게 접근할 수 있게 하라.
- 위험하거나 민감한 장비에는 잠금장치를 사용하라.
- 정기적인 유지보수 절차를 실행하라.
- 청소 절차를 확립하고 집행하라.

모든 메이커스페이스에서 안내표지는 제대로 활용되고 있지 않다. 그렇지만 이는 안전과 정책, 이용 수칙을 지키기 위한 쉬우면서도 효과적인 방법이다. 다음 내용과 관련하여 크고, 선명하고, 분명하며, 굵은 활자체의 안내표지를 부착하여야 한다.

- 메이커스페이스 등록 장소
- 공구 보관 및 공구 반납을 위한 지시사항
- 장비에 대한 이용자 지시사항이나 정책(블릿 기호를 활용하고, 너무 글이 많지 않도록 할 것)
- 청소 정책
- 보안경, 장갑, 귀마개, 혹은 기타 관련 보호 요구사항에 대한 안전 수칙
- 구급상자, 소화기, 기타 긴급 상황 자원이 있는 곳

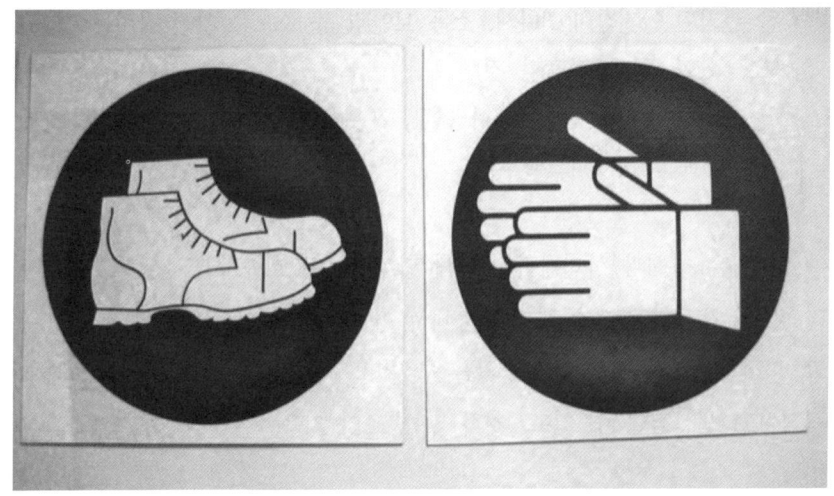

안내표지. *Copyright Free CC*

• 긴급 상황에 대한 지시사항(관련 전화번호 및 연락정보 포함)

눈길을 끄는 안내표지일수록 더 좋다. 언어 장벽을 해결할 수 있도록 아이콘을 활용하라. ALA 온라인 상점에서는 "Makerspace Safety Poster"(www.alastore.ala.org/detail. aspx?ID=11244)를 판매하고 있는데, 여기에는 기본 사항 및 기타 관련 안내표지 등이 있다.

이외에도 기본적인 안전과 관련하여 다음과 같은 것이 있다.

• 전문 장비에 대한 잠금장치(Seton[7]은 하나의 옵션임)
• 미끄럼 방지 바닥재(예, 작업대 혹은 독립장비 앞의 고무 매트)
• 쉽게 사용할 수 있는 물티슈 및 진공청소기 등의 청소 자원
• 쉽게 이용 가능한 장비 매뉴얼

---

7) "Lockout Devices." *Seton*. Accessed June 1, 2017. http://www.seton.com/safety-security/lockout-tagout/lockout-devices.html.

- 잘 관리된 안전장비(귀마개, 소독 보안경 등 소모품 안전 장비는 정기적으로 확인, 청소, 보충할 것)
- 잘 관리된 장비와 손상되거나 닳은, 혹은 잘 작동되지 않는 장비를 이용자들이 보고하는 피드백 과정

도서관은 상식과 사전계획을 통해 합리적이고 효과적으로 위험요소를 관리 할 수 있다. 위험요소 관리를 통해서 이용자를 위험으로부터 보호할 수 있고, 도서관은 소송에 휘말리지 않을 수 있다. 이를 통해 메이커스페이스는 매력적이고 생산적일 수 있고, 지적 및 창조의 자유를 유지할 수 있다.

제10장 마무리

마무리

이 책의 마지막 장까지 왔으나 이는 시작에 불과하다. 이 책을 통해 살펴본 다음의 내용을 잘 숙지하고 있어야 한다.

- 도서관 메이커스페이스 운동의 역사, 현황, 목표
- 커뮤니티 이해관계자들의 이익을 반영하는 커뮤니티 주도의 메이커스페이스 개발의 우수 사례
- 메이커스페이스 물품 구비, 인력배치, 관리 및 관련 프로그램 운영을 위한 자원
- 직원 개발, 자원봉사자 모집 및 커뮤니티 참여를 위한 우수 사례
- 재원 조달을 위한 아이디어
- 메이커스페이스에서 지적 및 창작의 자유를 위한 안전, 그리고 위험 요소 관리 문화의 형성

이처럼 정리할 정보는 매우 많다. 본 장에서는 필요한 정보를 신속하게 획득할 수 있도록 몇 가지 체크 리스트를 제시하고자 한다.

메이커스페이스 기획

제2장에서 언급한 바와 같이, 메이커스페이스 프로그램 개발은 다음과 같은 단계로 요약할 수 있다.

- 1단계 : 행정적 지원을 확보할 것
  - 행정업무 담당자와 도서관 직원이 모두 참여하는 회의를 개최하여 이들 모두가 메이커스페이스의 사명, 목표 및 예상 결과를 공유하도록 할 것
  - 메이커스페이스 운영이 가장 효율적으로 되기 위해서는 행정상의 감독이 합리적으로 이루어져야 하며, 도서관은 프로그램, 예산 및 관리와 관련하여 창작의 자유로움과 운영상의 민첩성을 가지도록 할 것
- 2단계 : 커뮤니티 요구와 관심분야를 파악할 것
  - 포커스 그룹을 조직할 것
  - 설문조사를 실시할 것
  - 포커스 그룹의 결과를 평가하고, 다양한 수준에서 이해관계자 취향을 파악하기 위해 설문조사를 할 것
- 3단계 : 커뮤니티 자산 맵 개발
  - 커뮤니티 자산 맵을 작성하여 커뮤니티의 잠재적 협력자와 자원을 확인하고, 이를 바탕으로 커뮤니티의 요구와 관심 분야를 지원할 것
- 4단계 : 메이커스페이스 예산 및 계획을 수립할 것
  - 설문조사 결과와 커뮤니티 자산과 자원을 바탕으로 메이커스페이스 예산 및 계획을 수립할 것
- 5단계 : 문서를 조직할 것
  - 도서관 메이커스페이스 임무, 목표, 안전 및 행동 강령을 성문화하여 문서화할 것

우수 사례 참고

제3장은 메이커스페이스가 운영되고 있는 많은 도서관 중에서 우수 사례에 대한 포괄적인 개요를 제공하고 있다. 팹랩에서 K-12 학교도서관 메이커

마무리

스페이스 및 공공도서관 팝업 메이커스페이스에 이르기까지 성공적인 메이커스페이스는 다음과 같은 특징이 있다.

- 커뮤니티 중심
- 설계와 프로그램 기획성의 목적성
- 이용자의 관심분야에 따라 변경할 수 있는 적응성과 유연성
- 자원봉사자에서 직원에 이르기까지 메이커스페이스를 운영하는 사람들에게 권한을 부여하여 창의력과 독창성을 행사할 수 있도록 할 것
- 지나치게 위험을 회피하지 않고 실패로부터 나아가는 능력, 의도하거나 기대하였던 대로 되지 않은 프로젝트나 프로그램, 그리고 노력에서 배울 수 있는 능력을 지닐 것
- 메이커스페이스로부터 나오는 소음이나 지저분함을 편안한 마음으로 받아들일 것
- 커뮤니티의 전문가(전문지식)를 적극적으로 활용할 수 있는 능력이 있을 것

모두를 위한 설계

제4장에서는 메이커스페이스 설계에 대해 살펴보았다. 구체적인 사항은 다음과 같다.

- 접근성 및 이용성 : 작업공간은 1인당 75~100제곱피트의 독립된 공간이 제공되어야 하며, 미국 장애인법(Americans with Disabilities Act: ADA)을 준수하여야 한다.
- 조명 : 기계와 공구 작업을 위한 적절한 수준의 조명이 필요하다.
- 배전 : 전원 콘센트는 쉽게 이용할 수 있어야 하고, 많은 전력을 필요로

하는 전자기기의 경우 전용 회로가 있어야 한다.
- 보관함 : 모든 소모품이나 도구는 충분한 보관 공간이 있어야 하며, 메이커스페이스 설계 초기 단계에 고려하여야 한다.
- 안전 및 보안 : 메이커스페이스 설계에 있어 안전과 보안을 염두에 두어야 하며, 대부분 화재 법규에서 요구하는 25~35%의 개방된 바닥 공간이 있어야 하며, 응급치료실과 출구에 쉽게 접근할 수 있어야 하고, 적절한 안내판이 있어야 한다.
- 적응성 : 이용자 요구와 관심의 변화에 적절하게 적응할 수 있어야 한다.

무한한 프로그램 개발

제5장은 도서관 메이커스페이스에서 운영 가능한 다양한 유형의 프로그램을 다루었다. 프로그램은 다음과 같은 기본 범주로 구분할 수 있다.

- 취미 프로그램(직업적 업무와 관련 없는 것으로 사람들이 하고 싶어 하는 다양한 것)
- 전문 프로그램(기술 개발 및 기업가적 프로그램)
- 성인과 청소년을 위한 교육 프로그램(기술 개발 포함)
- 청소년 프로그램
- 시민 프로그램(예, 커뮤니티 정원(텃밭), 커뮤니티 개발 프로젝트)

프로그램의 유형을 불문하고 성공적인 결과를 얻고 커뮤니티의 일반 시민들이 참여하도록 하기 위한 다음의 몇 가지 기본적인 실천방안이 있다.

- 이용자 피드백을 존중하여 이용자의 관심과 요청을 반영하는 프로그램을 제공하도록 할 것

마무리

- 소셜 미디어와 다양한 안내판을 활용하여 일찍 그리고 자주 홍보할 것
- 지역사회 전문가들이 공예와 기술을 가르치고 공유할 수 있도록 할 것
- 프로그램 세션에서 만들어진 것을 보여주고 발표하는 형식의 도서관 전시를 기획할 것
- 프로그램 세션에 관련 서적과 기타 매체를 연관시킬 것
- 사진을 찍고, 소셜 미디어와 기사, 블로그를 통해 일어난 일과 앞으로 있을 예정 활동을 공유할 것
- 같은 아이디어를 다양한 방식으로 시도하여 이용자의 참여가 높은 방식을 찾을 것
- 참여자에게 피드백을 요청하고 경청할 것

프로그램 운영에 있어 다음의 사항을 명심하여야 한다.

- 필요할 것으로 생각되는 것보다 더 많은 소모품과 자료를 준비할 것
- 워크스테이션에 참여자들이 프로그램에서 사용할 필요한 재료와 도구를 미리 갖추어 놓을 것
- 제공하는 활동이나 프로그램에 대한 수행 방법을 알고 있을 것. 이해하지 못하거나 경험 있는 교육자를 알지 못하면 프로그램을 개최하지 않을 것
- 안전을 최우선으로 할 것. 필요한 안전 장비(예, 안전 안경, 청력보호기)를 확보해 놓을 것
- 정시에 시작하고 끝낼 것
- 모든 사람이 다른 사람의 작품을 감상할 수 있도록, 질문하고, 보여주고, 발표하는 시간을 고려할 것

제 10 장

행사 활용

제6장은 도서관에서 개최할 수 있는 다양한 메이커 관련 행사에 대해 다루었다. 이러한 행사는 메이커 프로그램에 대한 인식을 높이고 메이커스페이스에서 이루어질 수 있는 것들에 대해 알릴 수 있는 수단이기도 하다. 이러한 유형의 행사에는 다음과 같은 것이 있다.

- 메이커 페스티벌
- 코딩 행사
- "오픈 메이크" 행사 (블록 대회 포함)
- 대중문화 행사(예, 코스프레, 게임, 만화, 그리고 애니메이션 페스티벌)
- 기업가 행사(예, 1 Million Cup, Alligator Zone, 피치 행사)
- 기타 특별 행사(예, 청소년 로봇공학 이벤트, 해체, 수리 클리닉, TEDxLibraries, 웨비나, 커뮤니티 서비스 프로젝트)

개최하는 행사의 유형과 관계없이 다음의 사항을 필수적으로 고려하여야 한다.

- 행사 업무를 좋아하는 사람들로 기획팀을 구성할 것
- 좋은 날짜 선택과 충분한 준비시간을 가질 것. 특히 첫 행사인 경우는 적어도 6개월 이상 충분한 준비시간을 가질 것
- 행사를 위한 실내 및 옥외의 충분한 공간을 확보할 것
- 행사의 다양한 측면을 도와줄 수 있는 협력 파트너를 확인할 것
- 엔터테인먼트와 프레젠테이션을 계획하여 재미있고 교육적으로 만들 것
- 홍보하고 또 홍보할 것

마무리

메이커스페이스 물품

제7장에서는 메이커스페이스의 물품 목록에 대해 다루었다. 특히 다양한 유형의 공구와 공구의 범주 및 용도에 대한 상세한 개요를 살펴보았다. 장비, 공구, 자원에 대한 물품 목록을 준비하는데 신중히 고려해야 할 사항은 다음과 같다.

- **시설의 주안점** : 메이커스페이스의 목적은 무엇인가?
- **전력의 가용성 및 배분** : 전력을 충분히 이용할 수 있는가? 도서관은 대규모의 전동공구, 3D 프린터, 레이저 커터, 재봉틀, 전기가 필요한 기타 장비에 대한 부하를 처리할 수 있는가?
- **물리적 작업공간** : 1인당 50제곱피트의 물리적 공간을 제공하고, 이용자의 능력에 따른 접근성을 고려할 것
- **소음 문제** : 시끄러운 장비와 프로그램에 대해 적절한 계획을 짤 것
- **환기** : 메이커스페이스 구축 시 적절한 공기정화 및 환기 시스템을 설치하는 것을 사전에 계획하고, 컴퓨터 지원(CAD) 설계용 컴퓨터나 디지털 편집기, A/V 시각 장비와 같이 민감한 장비는 먼지를 유발하는 장비와 같은 곳에 배치하지 않도록 할 것
- **보관** : 모든 장비와 장비에 관련된 재료 또는 소모품에 대해서는 적절한 보관 계획을 수립할 것
- **안전** : 안전을 메이커스페이스 계획과 문화에서 필수적인 부분으로 만들 것

제 10 장

인력 개발

제8장은 메이커스페이스에서 가장 중요한 요소 즉, 사람에 대해 살펴보았다. 사람은 메이커스페이스를 가능하게 하고, 실행하고, 즐거운 곳으로 만든다. 도서관 메이커스페이스의 인적자원은 다음과 같다.

- 직원 메이커
- 자원봉사자 메이커
- 이용자 메이커
- 커뮤니티 메이커
- 재정지원 메이커

이 장에서는 직원의 전문성 개발에서부터 자원봉사자와 다양한 유형의 메이커 관련 전문지식을 도서관으로 유입시킬 수 있는 전속 메이커(Maker-in-residence)를 포함한 모든 유형의 커뮤니티 집단을 살펴보았다. 더 나아가 다음과 같은 사항도 다루었다.

- 메이커스페이스 직원 고용과 관련한 도서관학 석사(MLS)의 가치에 대한 최근 연구 및 인식 변화
- 도서관 보조직원(LA) 및 도서관 기술 보조직원(LTA)과 같은 도서관 직원의 직함에 대한 제고
- 정적인 참고 데스크 모델에 대한 재검토

마무리

위험요소 관리

제9장은 도서관 메이커스페이스가 지적이고 창작의 즐거움을 제공하는 가운데 나타나는 위험요소 관리의 필요성에 대해 다루었다. 위험요소는 다음 세 가지 기본적 범주로 나누어진다.

- 특허와 저작권 문제
- 결함이나 위해의 위험
- 표현의 자유 및 프라이버시

이러한 위험요소는 도서관 메이커스페이스에서 다음의 방식으로 완화될 수 있다.

- 포기각서 및 동의서
- 잠금장치 및 현장 감독을 통한 장비 안전관리
- 개인 안전
- 직원과 이용자에 대한 적절한 교육
- 안내표지

도서관 메이커스페이스에서 위험요소 관리와 관련하여 가장 중요한 것은 메이커스페이스 계획 초기 단계에서 안전에 대한 문화를 조성하여 직원과 자원봉사자, 그리고 이용자가 이러한 문화를 지키도록 하는 것이다.

우리는 커뮤니티의 요구와 관심분야에 따라 메이커스페이스를 만들고자 하는 도서관에 도움을 주고자 이 책을 집필하였다. 이 책이 이러한 여정을

제 10 장

위한 지침이 되기를 희망하고, 여기에 담긴 내용을 바탕으로 한 발짝 나아가 더욱 창조적이고 멋진 도서관 메이커스페이스가 탄생하기를 기대하는 바이다.

부 록　견본 문서

견본 문서

[도서관 이름]

혁신가 여러분께

　　_____ 도서관은 우리 지역 공동체를 위해 획기적인 창작 공간을 만들고자 합니다. 여러분의 도서관에서 도구와 장비를 이용하여 원하는 것을 창작한다고 상상해보십시오. _____ 도서관에서 계획 중인 _____ 메이커스페이스에서 여러분이 상상했던 것을 설계하고, 구축하고, 만들 수 있습니다.

　우리의 비전을 달성하고, 기존의 도서관 이용자뿐 만 아니라 전체 지역 공동체에 대한 더 나은 서비스를 제공하기 위해, <날짜, 시간>에 _____ 도서관은 Eureka! Factory와 협력하여 <그룹 명> 포커스 그룹 면담을 개최합니다. 여러분들이 참석할 수 있기를 간곡히 희망합니다. 포커스 그룹 면담은 약 60분 간 진행되며, 공정한 사회자가 대화를 중재하며, 다음과 같은 토론 주제를 다룰 것입니다.

- 도서관 이용 현황
- 도서관 경험을 개선할 수 있는 신규 서비스, 행사, 프로그램 또는 협력 방안
- 현재와 미래 지역 공동체에서 도서관의 역할
- 사업, 학업 및 기술 개발, 그리고 개인 성취에 도움이 될 수 있는 자원의 유형

　이 포커스 그룹의 목적은 처음 시작하는 도서관 메이커스페이스나 관련 서비스에 대한 여러분의 생각, 권고사항, 통찰력, 가능성을 알아보고자 하는 것입니다. 여러분의 귀중한 통찰력과 제안은 메이커스페이스 구축과 도서관에서 제공하는 창의적 프로그램에 필수적입니다. 이번 토론에서 수집하는 데이터는 내부용으로만 사용하며, 귀하의 동의 없이 공개되지 않을 것입니다.

　꼭 참석하시어 귀하의 생각과 의견을 공유하기를 희망하며, 여러분의 비전과 요구사항을 명확하게 이해하고, 이들을 수용할 수 있도록 도와주시길 희망합니다. 그림 <언제>까지 <어디로> 회신하여 주시기 바랍니다. 궁금한 점이 있으시면 언제든지 _____ 에게 연락하시기 바랍니다.

※ 도서관과 메이커스페이스/창의적 프로그램에 대한 간략한 설명 추가할 것

부 록

[도서관 이름]

도서관 메이커스페이스 설문조사

메이커스페이스(Makerspace)는 예술과 공예에서부터 기계 공학, 전자 공학, 웹과 앱 개발, 그리고 기타 영역에 이르기까지 다양한 영역에서 창의적이고, 직접 실천하는 활동을 위해 마련된 물리적 공간입니다. 메이커스페이스는 도서관과 학교에서 일상적인 시설이 되고 있으며, 새로운 도서관 서비스와 공공 자원 가용성을 제공합니다. 여러분의 도서관도 메이커스페이스를 설치하고, 창의적인 프로그램을 운영하고자 합니다. 따라서 이러한 공간에서 필요하다고 생각하는 자원, 공구, 활동에 대한 여러분의 의견을 주시면 감사하겠습니다. 본 설문조사를 위해 시간을 내주셔서 감사드립니다.

1. 도서관을 정기적으로 이용하십니까?
   ☐ 네   ☐ 아니요

2. (만약 그렇다면) 도서관을 얼마나 자주 이용하십니까?
   ☐ 매일   ☐ 매월
   ☐ 매주   ☐ 1년에 몇 번

3. 귀하께서는 이 도서관의 메이커스페이스를 이용하시겠습니까?
   ☐ 네
   ☐ 아니요
   ☐ 아마도 이용

4. 귀하나 귀하의 가족이 흥미를 가지는 메이커스페이스 요소/활동/아이디어는 무엇입니까?
   ☐ 게임 디자인   ☐ 전통 공예 (목공, 금속 가공, 직물 등)
   ☐ 취미 전자 제품   ☐ 일반적인 팅거링 (발명, 시제품 제작 등)

견본 문서

- ☐ 컴퓨터 프로그래밍
- ☐ 3D 프린팅
- ☐ 앱 개발
- ☐ A/V 제작
- ☐ 음악 제작
- ☐ 소규모 가정용 물품 수리 (소형 가전 제품, 고장 수리, 등)
- ☐ 로봇 공학
- ☐ 기타 : _____
- ☐ 그래픽 디자인

5. 귀하가 생각하는 도서관 메이커스페이스에서 가장 가치 있는 공구와 자원은 무엇입니까?
   - ☐ 수공구
   - ☐ 전동 공구
   - ☐ 멀티미디어 장비 (카메라, A/V 장비 등)
   - ☐ 3D 프린터
   - ☐ 재봉틀
   - ☐ 전자 장비 (멀티 미터, 오실로스코프 등)
   - ☐ 레이저 커터
   - ☐ 웹과 앱 개발자 자원
   - ☐ 기타 : _____

6. 귀하는 어떤 워크샵과 수업이 유용하다고 생각합니까?
   - ☐ 전자 제품
   - ☐ 목공
   - ☐ 기계 설계
   - ☐ CAD(computer-aided design)
   - ☐ 3D 프린팅
   - ☐ 바느질
   - ☐ 애니메이션
   - ☐ 영화 제작
   - ☐ 가정용품 수리
   - ☐ 웹 개발
   - ☐ 제품 개발 (특허, 마케팅 등)
   - ☐ 로봇 공학
   - ☐ 기타

7. 메이커스페이스는 귀하의 도서관 이용을 증가시킬 것으로 생각합니까?
   - ☐ 네
   - ☐ 아니요
   - ☐ 아마도 증가

부 록

8. 현재 귀하가 가지고 있는 기술(skill), 취미 또는 일(trade)은 어떤 것이 있습니까? 도서관 메이커스페이스에서 귀하의 기술이나 관심사를 다른 사람들과 공유하는 데 관심이 있습니까? 네 _____ 아니요 _____

_____
_____
_____

9. 다른 질문이나, 의견 혹은 아이디어가 있으시면 작성하여 주십시오.

_____
_____
_____

10. 도서관 메이커스페이스 진행 과정에 대한 최신 정보를 받고자 하시면, 귀하의 이름과 연락처를 작성하여 주시기 바랍니다.

_____
_____
_____

견본 문서

[도서관 이름]

메이커스페이스와 창의적 프로그램 포커스 그룹 제안서/개요

포커스 그룹 목적

메이커스페이스/창의적 프로그램 포커스 그룹의 목적은 기존 및 잠재적 도서관 이용자로부터 선호도, 권장사항, 통찰력을 얻고자 하는 것이며, 도서관 이용자와 봉사 대상 지역 공동체에 가장 적절하고 유용한 공간 구축 방안을 도출하고자 하는 것이다.

포커스 그룹은 10~12명의 사람으로 구성되며, 다음과 같은 이해관계자를 포함할 것이다.

- 현 도서관 이용자
- 현 이용자 집단(클럽/조직)
- 10대 자문위원회/청소년 집단
- 도서관 직원 및 자원봉사자
- 지역 공동체의 비 도서관 이용자
- 사업 커뮤니티

포커스 그룹은 약 60~90분 정도 진행되며, 다양한 토론 주제에 대해 공정한 사회자가 토론을 진행합니다. 이를 통해 수집하는 데이터는 도서관 내부용으로만 사용하며, 참가자의 동의 없이 공개되지 않을 것입니다. 전체 보고서는 권고 사항을 포함하여 도서관과 메이커스페이스 프로그램 기획부서로 보내질 것입니다.

다음의 내용을 다루는 것이 목표이지만 아래 내용에 국한되지는 않을 것입니다.

- 도서관 공간에 대한 새로운 용도 및 새로운 프로그램에 대한 소개
- 이해 관계자의 도서관에 대한 인식 및 기대사항
- 현 서비스, 행사, 프로그램에 대한 이용자의 느낌(유용하다고 느끼는 것, 유용

하지 않다고 느끼는 것)
- 새로운 프로그램과 공간 활용에 대한 인지도 및 관심도
- 이용자, 직원, 자원봉사자의 기술 수준과 관심사
- 이해 관계자 커뮤니티 이해를 통한 메이커스페이스 유형 개발에 대한 해결과제 및 기회 탐색

주요 토론 주제는 다음과 같습니다.

- 현 이용자의 도서관 이용 방법
- 새로운 서비스, 행사, 프로그램, 그리고 협력에 대한 생각
- 커뮤니티에서 도서관의 현재 및 미래 역할
- 사업 개발, 학업 및 기술 개발, 개인 성취에 도움이 될 수 있는 자원 유형

유용한 자원

기사

"#HACKLIBSCHOOL." *In the Library with the Lead Pipe*. www.inthelibrary-withtheleadpipe.org/2010/hacklibschool/.

"Hiring Non-MLS Librarians: Trends and Training Implications." *Texas Digital Library*. https://journals.tdl.org/llm/index.php/llm/article/viewFile/7019/6260.

"How Libraries Are Becoming Modern Makerspaces." *Atlantic*. \www.theatlantic.com/technology/archive/2016/03/everyone-is-a-maker/473286/.

"Launching a Makerspace: Lessons Learned from a Transformed School Library." *KQED News*. ww2.kqed.org/mindshift/2016/07/31/launching-a-makerspace-lessons-learned-from-a-transformed-school-library/.

"Libraries for All: Expanding Services to People with Disabilities." *Illinois Library Association*. www.ila.org/publications/ila-reporter/article/55/libraries-for-all-ex-panding-services-to-people-with-disabilities.

"Makerspace: Towards a New Civic Infrastructure." *Places Journal*. https://places-journal.org/article/makerspace-towards-a-new-civic-infrastructure/.

"Making a Makerspace? Guidelines for Accessibility and Universal Design." *DO-IT*. www.washington.edu/doit/making-makerspace-guidelines-accessibility-and-universal-design.

"Power, Access, Status: The Discourse of Race, Gender, and Class in the Maker Movement." *Technology and Social Change Group, University of Washington*. http://tascha.uw.edu/2015/03/power-access-status-the-discourse-of-race-gen-der-and-class-in-the-maker-movement/.

"The State of the European Sharing Movement." *Resilience.org*. www.resilience.org/stories/2014-04-21/the-state-of-the-european-sharing-movement.

"Wikipedia: The 'Intellectual Makerspace' of Libraries." *Programming Librarian*. http://programminglibrarian.org/articles/wikipedia-intellectual-makerspace-libraries.

"Young Digital Makers." *Nesta*. www.nesta.org.uk/publications/young-digital-makers.

자산 매핑

"Assessing Community Needs and Resources." *Community Tool Box*. http://ctb.ku.edu/en/table-of-contents/assessment/assessing-community-needs-and- resources/identify-community-assets/main.

자산 매핑 도구

"Asset Mapping." *National Endowment for the Arts*. www.arts.gov/exploring-our-town/project-type/asset-mapping.

Participatory Asset Mapping. Community Science. www.communityscience.com/knowledge4equity/AssetMappingToolkit.pdf

도서

Batykefer, Erinn, and Laura Damon-Moore. *The Artist's Library: A Field Guide from the Library as Incubator Project*. Minneapolis, MN: Coffee House Press, 2014.

Hamelink, Mariska, Ista Boszhard, and Karien Vermeulen. *Teacher Maker Camp Cookbook*. http://waag.org/sites/waag/files/public/media/publicaties/teacher-maker-camp-cookbook_0.pdf

Kemp, Adam. *The Makerspace Workbench*. Sebastopol, CA: *Make:*, 2013. www.farnell.com/datasheets/1895152.pdf.

Maddigan, Beth Christina, and Susan C. Bloos. *Community Library Programs That Work: Building Youth and Family Literacy*. Santa Barbara. CA: Libraries Unlimited, 2013.

Weber, Mary Beth, ed. *Rethinking Library Technical Services: Redefining Our Profession for the Future*. Lanham, MD: Rowman & Littlefield, 2015.

유용한 자원

웹사이트

Abundant Community, www.abundantcommunity.com

ALA Privacy Toolkit, www.ala.org/advocacy/privacy/toolkit

Black Girls Code, www.blackgirlscode.com

Blockly, https://blockly-games.appspot.com

Business Reference and Services Section (BRASS) www.ala.org/rusa/sections/brass

Code Academy, www.codecademy.com

Cosplay, Comics, and Geek Culture in the Library, http://ccgclibraries.com

Definitive Maker Map Mapping, http://district.life/2015/04/21/definitive-maker-map-mapping/

Dialog on Public Libraries, http://csreports.aspeninstitute.org/Dialogue-on-Public-Libraries

Digital Commons Network, http://network.bepress.com Directory of Tool Lending Libraries, http://localtools.org/find DIYability, http://diyability.org

EIFL (Electronic Information for Libraries), www.eifl.net/page/about

Essential Elements of Digital Literacies, www.digitalliteraci.es

Evolve Project, https://evolveproject.org

Find 3D, www.ifind3d.com

Fixit Clinics, http://fixitclinic.blogspot.com

Future of Libraries, http://tascha.uw.edu/research/libraries

Girls Who Code, https://girlswhocode.com

Grants for Makerspace Schools, http://makergrants.blogspot.com Great Science for Girls, www.fhi360.org/projects/great-science-girls Hack Library School, https://hacklibraryschool.com

Idaho Libraries Programs and Activities, http://libraries.idaho.gov/page/program-ideas-activities-and-events

In the Library with a Lead Pipe, www.inthelibrarywiththeleadpipe.org

Let's Make Guide, www.letsmakeguide.com

Libraries and Makerspace Culture, http://library-maker-culture.weebly.com/makerspaces-in-libraries.html

부 록

Library as Incubator Project, www.libraryasincubatorproject.org

Library of the Future, www.ala.org/transforminglibraries/future

Library Programming Catalog, www.ctlibrarians.org/?page=programming

Library Publishing Toolkit, https://rusapubtools.wordpress.com

Maker and DIY Programs Wiki, http://wikis.ala.org/yalsa/index.php/Maker_%26_DIY_Programs

Maker Bridge, http://makerbridge.si.umich.edu/makerspaces-in-libraries-muse-ums-map

Maker Library, http://design.britishcouncil.org/projects/makerlibraries

Makerspaces and Programming, https://colleengraves.org/makerspace-resources-and-programming-ideas

Makerspaces in Libraries, www.urbanlibraries.org/-makerspaces-in-libraries-pages-338.php

Makerspaces in Libraries, Museums, and Schools, www.google.com/maps/d/viewer?mid=1wKXDd1rOs4ls1EiZswQr-upFq7o&hl=en_US Mobile Lab Coalition, www.mobilelabcoalition.com/wp

Model Programme for Public Libraries: Spaces and Zones, http://modelprogrammer.slks.dk/en/challenges/zones-and-spaces

New Mexico Makerstate Initiative, www.newmexicoculture.org/libraries/new-mexico-makerstate

Open Dataset of U.K. Makerspaces: A User's Guide, www.nesta.org.uk/publications/open-dataset-uk-makerspaces-users-guide

People First Language, www.disabilityisnatural.com/people-first-language.html

Program Ideas, Activities, and Events, http://libraries.idaho.gov/page/program-ideas-activities-and-events

Programming Librarian, www.programminglibrarian.org/programs

Public Libraries 2020, http://publiclibraries2020.eu

Shapeways, www.shapeways.com

Tech Soup for Libraries, www.techsoupforlibraries.org

TinkerCad, www.tinkercad.com

Tool Lending Library Directory, http://localtools.org/find

Tool Library, http://torontotoollibrary.com/about-2/ourlocationandhour/

Urban Libraries Council, www.urbanlibraries.org/workforce-and-economic-development-pages-533.php

Virtual Makerspace Canada, http://library.georgiancollege.ca/c.php?g=192109&p=1565637

Young Adult Services Wiki, http://wikis.ala.org/yalsa/index.php/Maker_%26_DIY_ProgramsResource Directories

기타 자료, 가이드 라인, 웨비나

"Final Recommendations Europeana Association Network Task Force on Public Libraries." *Europeana Pro.* http://pro.europeana.eu/files/Europeana_Profes-sional/Europeana_Network/europeana-task-force-on-public-libraries-final-re-port-dec2015.pdf.

Gaming in Libraries: Building Relationships between Communities and Libraries. Colorado Department of Education. www.cde.state.co.us/cdelib/teengaming-pack.

"Makerspaces in Libraries: Legal Issues." *Infopeple.* https://infopeople.org/sites/default/files/webinar/2014/07-22-2014/Makerspace_Libraries.pdf.

Mobile Makerspace Guide. San Jose Public Library www.sjpl.org/sites/default/files/documents/MobileMakerspaceGuideBook.pdf.

국문 색인

ㄱ

가구 · 147
게임 · 191
게임 행사 · 218
고객 서비스 · 297
공공도서관 · 26
공구 · 235
공구 및 자원 대출 · 253
공중품위법 · 219
과학 카페 · 181
관리 문서 · 75
교육 및 기술 프로그램 · 176
교육 활동 모델 · 81
규정 · 196
기관(도서관) 기반 모델 · 80
기부 · 285
기술 카페 · 181
기술개발 · 174
기업가 행사 · 222
기증 정책 · 256
기증품 · 256

ㄷ

다문화 커뮤니티 · 284
대중문화 행사 · 218
대형 장비 · 251
도구 도서관 · 28
도서관 기술보조 · 274
도서관 보조 · 274
도서관 친구 · 59, 73

동의서 · 293
드론 · 178
디스커버리 세션 · 59, 60
디지털 배지 · 173
디지털 커먼스 · 90

ㄹ

라벨 · 154
로봇공학 · 187, 227
로빙 레퍼런스 · 277
리틀 비츠 · 251
리틀 프리 라이브러리 · 192

ㅁ

마법의 삼각형 · 145
마인드스톰 로보틱스 · 270
멀티로터 · 178
메이커 · 24
메이커 단체 · 284
메이커 문화 · 267
메이커 파티 · 206
메이커 페스티벌 · 204
메이커 페어 · 204
메이커봇 · 247
메이커스페이스 · 25, 34
메이커스페이스 관리자 · 297
메이커스페이스 규약 · 284
메이커스페이스 문화 · 283
메이커스페이스 자문회의 · 288
메이커스페이스 프로그램 · 166

색인

메이키 메이키 ……………………… 271
메이킹 ………………………………… 24
메트로 콘 …………………………… 219
멘토링 ……………………………… 283
면책 동의서 ………………… 78, 293
명명권 ……………………… 69, 285
모바일 기술 ………………………… 276
모바일 메이커 스테이션 ………… 159
모바일 메이커 차량 ……………… 159
모바일 메이커스페이스 ……… 36, 158
모바일 팹랩 ………………………… 36
물리적 작업 공간 ………………… 239
물품 및 메이커스페이스
예약 관리 시스템 ………………… 257
물품이 관리 ……………………… 257
미국도서관협회 …………………… 11

ㅂ

반사필터 …………………………… 190
배전 ………………………… 134, 149
밴드 배틀 ………………………… 218
보관 공간 ………………………… 151
보관함 ……………………… 135, 240
보안 ………………………………… 156
보조금 기반 모델 ………………… 80
보편적 설계 ……………………… 141
복도 ………………………………… 141
부품 ………………………………… 230
분해 ………………………………… 228
비즈니스 모델 ……………………… 79

ㅅ

사이멀캐스트 ……………………… 226
샤크탱크 …………………………… 224

설문 ………………………………… 288
설문 개발 …………………………… 63
설문조사 …………………………… 62
소리 메이킹 ……………………… 270
소모품 ……………………………… 235
소음 문제 ………………………… 239
소재파악 …………………………… 255
소프트웨어 ………………………… 253
수공구 ……………………… 241, 245
수리 카페 ………………………… 182
수리 클리닉 ……………………… 230
스냅서킷 …………………………… 271
스크래치 …………………………… 212
스퀴시 서킷 ……………………… 269
스타트업 …………………………… 223
스팀펑크 …………………………… 221
시뮬레이터 ………………………… 179
시민 참여 프로그램 ……………… 192
시설 주안점 ……………………… 238

ㅇ

안내표지 …………………………… 298
안전 문화 …………………… 157, 298
안전 및 보안 ……………………… 135
안전 ………………………… 156, 240
안전장비 …………………………… 300
애니메 ……………………………… 218
애니메이션 ………………………… 184
역사 ………………………………… 27
영화제작 …………………………… 190
예산 ………………………………… 79
오픈 메이크 ………………… 171, 216
오픈 하우스 ………………………… 68
온라인 이용자 동의서 …………… 294

색 인

요리법	250
웨비나	226
윤리	296
융통성	135
음식	214, 221
음악, 악기	270
이용성:	134
이용자 동의서 양식	78
이용자 메이커	282
이용자 참여	171
이용자 피드백	282
인증 교육	295
입구	141

ㅈ

자격	271
자격증	174, 175
자산 맵	68
자외족	155
자원봉사 메이커	279
자질	271
작업공간	134
잠금장치	293
장비	235
재료	235
재정지원 메이커	285
적응력	161
전국 시민 해킹의 날	212
전동 공구	247
전력 가용성 및 분배	239
전문 장비	247
전문 프로그램	174
전문성 개발 과정	268
전속 메이커	281

전자 공구	246
점검	255
접근성	134, 139, 193
정책	155
정책 및 규칙	76
제3의 공간	40
제3의 장소	88
조력자	43
조명	134, 148
주인의식	283
지도 학습	217
지적자유	296
지터버그	270
직원 개발	268
직원 메이커	266
직원 메이커 데이	269
직원의 관심과 재능	278

ㅊ

참고데스크	275
참고사서	275
참고업무	275
참여적 자산 매핑	67
책임감	283
청소	259
청소년 메이커스페이스	37
청소년 프로그램	183
초대장	60
취미 프로그램	167

ㅋ

커뮤니티 메이커	283
커뮤니티 요구	55
커뮤니티 자산 매핑	66

색 인

코딩 시간 ········· 212
코딩 행사 ········· 208
커뮤니티 정원 ········· 192
코믹 ········· 218
코믹콘 ········· 218
코스프레 ········· 185, 218
코스플레이어 ········· 185
크로마키 ········· 190
키트 ········· 251

////////// ㅌ //////////
타운 홀 ········· 288
통로 ········· 141
통합 공간 ········· 136
팅커러 ········· 24
팅커링 ········· 28

////////// ㅍ //////////
팝업 메이커스페이스 ········· 36
패키지 상점 ········· 241
팹 헌장 ········· 35
팹랩 ········· 89, 90
포기각서 ········· 293
포용성 ········· 139

포용적 프로그램 ········· 193
포커스 그룹 ········· 59, 288
표지판 ········· 141
프라이버시 ········· 296
피치 행사 ········· 224

////////// ㅎ //////////
하드웨어 ········· 253
해체 ········· 228
해커데이 ········· 217
해커스페이스 ········· 36, 90
해커톤 ········· 214
해커톤 일정 ········· 215
해킹 ········· 25
혁신 센터 ········· 37
현물 기부 ········· 286
현장 감독 ········· 293, 296
현장 관리자 ········· 297
현장 참고서비스 ········· 277
현황 ········· 87
환기 ········· 239
회원/이용자 동의서 ········· 78
해비타트 ········· 192

색 인

영문 색인

1 Million Cups ······················ 222
3D Printing Incubator for
  Children and Youth ············· 110
3D 프린터 ···························· 177
3D 프린팅 ···························· 176

A · B

A/V 스튜디오 ························ 249
ABCD Institute ······················ 66
Alligator Zone ················ 222, 223
anime ································· 218
Appleton Makerspace ·············· 256
Artisan's Asylum ··················· 237
Asset Mapping Toolkit ·············· 66
Awesome Foundation ·············· 287
Berkely Public Library ············ 254
Bill and Melinda Gates
  Foundation ······················ 196
Boise Public Library ·············· 168

C · D

c-base ································· 89
Carnegie Library of Pittsburgh ···· 27
Central Ohio Tool Library ········· 28
Chicago Public Library ············ 26
Choose Hand Safety ··············· 258
chroma key ·························· 190
Code Day ···························· 211
Code Week EU ····················· 211
Code.org ····························· 208
Coder Dojo ·························· 183
Colorado Springs Mini

Maker Faire ························ 204
comic ································ 218
ComicCons ························· 218
Community Research Lab ········· 67
Community Tool Box ·············· 55
Computer Science Week ·········· 202
cosplay ························· 185, 218
Cosplay, Comics, and Greek Culture in
  the Library ······················ 218
cosplayer ···························· 185
CraftLab ····························· 170
Create+Collaborate Innovate ······ 202
DC Comic ·························· 218
Discovery Lab ······················ 124
Discovery Session ············· 59, 60
DIY(do-it-yourself) ·················· 90

E · F

Erasmus+Programme ·············· 286
Eureka! Factory Instructable ······ 207
Fab Charter ·························· 35
Fayetteville Free Library ··········· 31
Fayetteville Free Library
  FabLab ··························· 91
Fayetteville Free Library Fabulous
  Laboratory ······················· 23
Federal Aviation
  Administration ················· 178
Filling-in-form-ability ··············· 49
Filmmaking ························· 190
FIRST ························· 183, 187
FIRST LEGO ······················ 227

331

색 인

FIRST LEGO League 187, 188
FIRST LEGO League Jr. 188
FIRST Robotic 188
FIRST Tech Challenge 188
Fix-It Clinics 230
FLASTEM 100
Focus group 59
Foundry 107
Free Comic Book Day 218
FryskLab 32, 160

G · H

G.E.N.I.U.S. Hour 116
Global Cardboard Challenge
.... 202
Gowanda Free Library 27
Grow-like-weed-itude 48
Gulf Coast MakerCon 205
HacD 28
Hack Day Manifesto 213
Hackaday 217
Hackaday.com 217
Hacking 25
Hazel L. Incantalupo
  Makerspace 109
High Low-Tech 183
High School Makerspace
  Tools and Materials 241
HIVE 97
HOMAGO 40
Hour of Code 208, 212

I · J

iFind3D 177
iLab 99

Impact Survey 56
Innovation Lab 99
Instructables.com 183
Integrated Space 136
International Games Day 202
Jitterbugs 270
Johnson County Library
  Makerspace and FabLab 105

K · L

Kauffman 222
Knight Foundation 286
Lauren Britton Smedley 23
LEGO Mindstorms 187
Let's Make Guide 196
library assistant 274
Library ComicCons 185
library friends 73
library technical assistant 274
LocalTools.org 254
Logika Pitch Guide 225

M · N

Make It @ Your Library
.... 122, 127, 183
Make 잡지 28, 47, 237
Maker Boot Camp 100
Maker Boxes 118
Maker Faire 204
Maker Party 206
MakerFest 205
Makers 24
Makers @PPL 206
Makerspace Safety Poster 299
Makerspace Workbench 237

색 인

Makerspaces ·············· 25
Makerspaces in Libraries ·········· 12
Maker[Space]Ship ············ 160
Making ················· 24
Manitoba Crafts Museum
　and Library ············· 28
Mansion Maniac ············ 191
MetroCon ··············· 219
Mindstorms robotics ·········· 270
Minecraft ··············· 191
Minority Male Maker
　Program ·············· 194
MLS ················· 271
naming rights ··········· 69, 285
National Coding Week ········· 211
National Day of Civic
　Hacking ·············· 212
National Maker Events ········· 202
National Robotics Week ········ 202
National Week of Making ······· 202
NYC Resistor ············· 28

O · P

Office of Community Services
　················· 56
Open make ·············· 216
open make ·············· 171
Orange County Library System
　················ 210
Participatory Asset Mapping ······ 67
Pasco County Library
　Cooperative ············ 107
Phantom ··············· 178
pop-up ················ 36

Portland Public Library ········ 206
Powers Memorial Public
　Library Makerspace ········ 294

R · S

Ray Oldenburg ············ 88
Robotics ··············· 187
Scratch Day ············· 212
Shark Tank ·············· 224
simulcast ··············· 226
Social-interesting-ness ········· 49
Squishy Circuits ··········· 269
St. Petersburg College ········· 99
startup ················ 223
steampunk ·············· 221
Sue Considine ············ 91

T

TEDx ················ 231
TEDxLibraries ············ 231
The Makery ············· 29
Tinker Tubs ············· 254
Tinkercad ·············· 177
tinkerers ··············· 24
Tom Sawyer 효과 ·········· 144
town hall ··············· 288

U · V · W

UTA FabLab ············ 102
uTEC ················ 41
Valley of the Tetons Library ····· 112
What-would-Andre-say ········ 49
Whoop ··············· 178
Wi-Fi ················ 213

원저자 소개

Theresa Willingham은 도서관 및 관련 기관에서 창의 공간 및 프로그램 개발을 지원하는 Eureka! Factory의 책임자이다. 2011년부터 2017년까지는 플로리다 주의 *FIRST* 청소년 로봇공학 담당자로서 업무를 수행하였다. 작가이자 사진가, 예술가이다. 건강 관련 도서 2권을 집필하였으며, 『*Makerspaces in Libraries*』의 공저자이기도 하다.

도움을 주신 분들

Chuck Stephens는 플로리다 주의 Pasco County 도서관의 메이커스페이스 코디네이터로 일하고 있다. STEM 프로그램을 개발하였고, 다양한 *FIRST* 팀을 지도하고 있다.

Steve Willingham은 Eureka! Factory의 회장으로 시스템 공학분야에 30년 경력이 있다. 유인 우주선, 위성통신, 민간항공 등과 관련한 다양한 정부 프로젝트의 책임자이다. 플로리다 주 탬파의 John F. Germany Library의 공공 커뮤니티 혁신 센터인 HIVE 공간을 설계하였다. 플로리다 주의 세 개의 카운티에 있는 도서관 메이커스페이스 개발에 관여하였다.

Jeroen De Boer은 『*Makerspaces in Libraries*』의 공저자이며, 문화, 교육, 정부, 예술 교육 부문에 경력이 있다. 현재는 공공도서관 부문에서 혁신 및 디지털 영역에 중점을 두고 일하고 있으며, 유럽의 최초 모바일 메이커스페이스인 Frysklab 개발을 주도하였다.

역자 소개

이 종 욱 (jongwook@knu.ac.kr)
경북대학교 문헌정보학과/영어영문학과 졸업
미국 Indiana University-Bloomington 정보학 석사
미국 Florida State University 정보학 박사
한국도서관협회 국제교류위원회 위원 역임
공주대학교 문헌정보교육과 조교수
경북대학교 문헌정보학과 조교수 (현)

오 영 옥 (oyok0219@naver.com)
한남대학교 외국어교육과 졸업
가톨릭대학교 교육학 석사
서울시교육청 마포평생학습관 정보자료과장
숭의여자대학교 평생교육원 강사 (현)